ITALIAANS LEREN

TALEN ALS TARGET

ITALIAANS LEREN

Niveau Beginners
A2

Federico Benedetti
Nederlandse bewerking door **Carine Caljon**

DE REEKS
TALEN ALS TARGET

OVER HET GEMEENSCHAPPELIJK EUROPEES REFERENTIEKADER VOOR TALEN

Vanaf wanneer kan men zeggen dat men een vreemde taal "spreekt"? Dat men ze bovendien "correct" en vlot spreekt? Laat staan dat men ze "beheerst"? Dit zijn vragen die linguïsten en taalleraren al lang bezighouden. Ook wie zijn kennis moet omschrijven, bijvoorbeeld bij het solliciteren, heeft baat bij een duidelijk antwoord.

Wel, dat antwoord kwam er in 2001, met het door de Raad van Europa opgestelde Gemeenschappelijk Europees Referentiekader voor Talen, meestal "Europees Referentiekader" (ERK) genoemd. De hoofddoelstelling was het aanbieden van een voor alle Europese talen bruikbare methode waarmee objectief het kennisniveau kan geëvalueerd worden. Deze richtlijnen vormden een dankbaar alternatief voor de talrijke, meestal taalgebonden evaluatietests die tot dan toe gangbaar waren.
Meer dan 15 jaar na de invoering ervan kent het referentiekader ook succes buiten Europa. Het wordt in landen over de hele wereld gebruikt en de richtlijnen zijn beschikbaar in 39 talen. Lesgevers, recruters, bedrijven en taalgebruikers vinden voortaan een houvast in de vaste, erkende referentieniveaus.

DE 6 NIVEAUS IN HET EUROPEES REFERENTIEKADER

Het Europees referentiekader bestaat uit
3 gebruikerscategorieën
en
6 taalvaardigheidsniveaus:

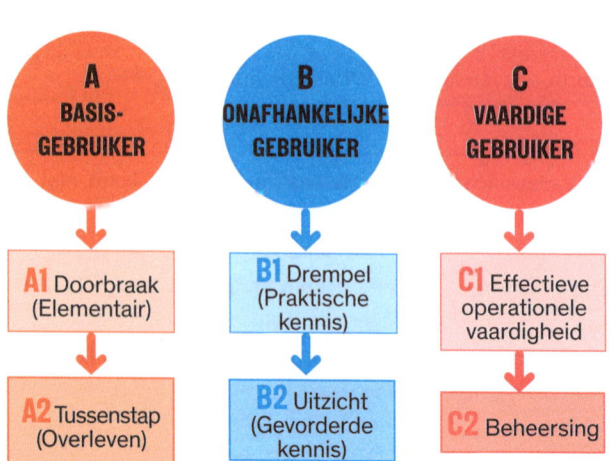

Elk vaardigheidsniveau heeft criteria voor het evalueren van verschillende aspecten van communicatie:
- productie (spreken en schrijven)
- receptie (gesproken en geschreven taal begrijpen)
- interactie (mondeling en schriftelijk)
- mediatie (mondeling en schriftelijk)
- niet-verbale communicatie.

In onze cursus beperken we ons uiteraard (in hoofdzaak) tot de taal begrijpen en (in mindere mate) ze mondeling en schriftelijk weergeven. Interactie is de volgende stap. In deze reeks reiken we de lezers de basis aan die nodig is om met native speakers te beginnen communiceren.

DE VAARDIGHEDEN BIJ NIVEAU A2

Bij niveau A2 kan men:
- woordenschat en uitdrukkingen uit het dagelijks leven **begrijpen** en gebruiken
- korte teksten **lezen** en informatie opzoeken in gewone documenten
- **communiceren** door rechtstreeks informatie uit te wisselen bij eenvoudige routinetaken
- in eenvoudige bewoordingen persoonlijke gegevens (gezin, opleiding, werkomgeving,...) en behoeften **uitdrukken**
- korte, eenvoudige notities en berichten **schrijven**.

De meeste zelfstudiemethodes vermelden een ERK-niveau (doorgaans B2), maar deze classificatie gebeurde vaak achteraf en komt niet altijd overeen met de ERK-richtlijnen.
Als je de lessen volgt zoals aangegeven, de dialogen beluistert en de oefeningen maakt, zal je met onze reeks **Talen als target** niveau A2 bereiken. Dit levert de basis voor de belangrijkste stap: communiceren met native speakers. Oefenen is hierbij essentieel: je gaat de nieuwe taal steeds beter begrijpen en er je steeds vlotter in uitdrukken. Jouw opgedane kennis moet uitbreiden, niet verwateren!

ITALIAANS LEREN

UITSPRAAK

- UITSPRAAK VAN KLINKERS, MEDEKLINKERS EN LETTERCOMBINATIES
- KLEMTOON
- REGIONALE VERSCHILLEN
- INTONATIE IN STELLENDE, AANMANENDE EN VRAGENDE ZINNEN

■ UITSPRAAK

Voordat we de Italiaanse grammatica en zinsbouw benaderen en diverse aspecten van het dagelijks leven in Italië bekijken, willen we **het verband tussen geschreven en gesproken Italiaans** overlopen.

In principe wordt **een Italiaans woord uitgesproken zoals het geschreven staat**, mits rekening te houden met een aantal letter(combinatie)s die anders klinken dan in het Nederlands.

Oefenen is de beste manier om deze nieuwe klanken correct te leren uitspreken. Beluister de audiofragmenten van voorbeelden en oefenzinnen, en herhaal ze dan hardop, zo vaak als nodig. Doe dit verder bij elke les, met de dialoog en de oefeningen. Dit bevordert meteen ook vlotheid en begripsvermogen!

◆ KLINKERS

DE VIJF BASISKLINKERS

- De klank van de Italiaanse **a** ligt tussen een open en gesloten a
- de **e** klinkt in het ene geval zoals in *beek,* in het andere zoals in *bek* (let hier ook op bij een eind-**e** die dus nooit dof uitgesproken wordt: **cane** *(kane) hond*)
- de **i** is scherp zoals in *riet* of *risico*
- de **o** klinkt in het ene geval zoals in *boos,* in het andere zoals in *bos*
- de **u** komt overeen met onze oe-klank.

Luister hoe de dagen van de week in het Italiaans heten en herhaal dan deze woorden:

a. lunedì *(maandag)* **b. martedì** *(dinsdag)* **c. mercoledì** *(woensdag)* **d. giovedì** *(donderdag)* **e. venerdì** *(vrijdag)* **f. sabato** *(zaterdag)* **g. domenica** *(zondag)*

KLINKERCOMBINATIES

Opeenvolgende klinkers worden ieder apart uitgesproken, bv. **ei** (**e** + **i**), **ie** (**i** + **e**, niet zoals in ons 'lief'), **iu** (**i** + **u** [oe]), **ua** (**u** [oe] + **a**), **ue** (**u** [oe] + **e**), **ui** (**u** [oe] + **i**, niet zoals in 'thuis'), **uo** (**u** [oe] + **o**).

Luister hoe de klanken uitgesproken worden en herhaal dan de woorden:
a. mai *(nooit)* **b. autunno** *(herfst)* **c. lei** *(zij, u* (ev.)*)* **d. grazie** *(bedankt)* **e. lezione** *(les)* **f. poi** *(dan)* **g. quanto** *(hoeveel)* **h. uomo** *(man)*

◆ MEDEKLINKERS EN LETTERCOMBINATIES

'C' EN 'CH'

• De letter **c** klinkt als [k] voor de klinkers **a, o, u**: **caffè** [kaffe] *koffie, café*, **cosa** [koza] *ding, zaak*, **cura** [koera] *zorg*,
• maar zoals [tsj] in *tsj*ilpen voor een **e** of **i**: **piacere** [piatsjere] *plezier, genoegen*, **Sicilia** [sitsjielia] *Sicilië*, **Ciao!** [tsjao] *Hallo!*
• Voor **e** of **i** wordt de k-klank met **ch** geschreven: **che** [ke] *dat, wat*, **chiodo** [kiodo] *spijker*.

Beluister de opname en lees dan de volgende woorden en zinnen hardop:
a. Mi chiamo Chiara. *Ik heet Chiara.* **b. occhio** *oog* **c. Non mi è mai piaciuta la cioccolata.** *Ik heb nooit chocolade gelust.* **d. pacchetto** *pakje* **e. parcheggio** *parkeerplaats* **f. Taci, per piacere!** *Zwijg, alsjeblieft!*

'G' EN 'GH'

• De letter **g** klinkt hard zoals in *garçon, goal* [G] voor de klinkers **a, o, u**: **gatto** [Gatto] *kat*, **goccia** [Gotsja] *druppel*, **gusto** [Goesto] *smaak*,
• maar zoals in *jungle* [dzj] voor een **e** of **i**: **gelato** [dzjelato] *ijsje*, **Parigi** [pariedzji] *Parijs*, **Norvegia** [norvedzja] *Noorwegen*, **giocare** [dzjokare] *spelen*, **giusto** [dzjoesto] *juist*.
• Voor **e** of **i** wordt de harde g-klank met **gh** geschreven: **colleghi** [kolleGi] *collega's*, **funghi** [foenGi] *paddenstoelen*.

Beluister de opname en lees dan de volgende voorbeelden hardop:
a. i colleghi belgi *de Belgische collega's* **b. il giorno di pioggia** *de regendag* **c. le paghe dei giusti** *de lonen van de rechtvaardigen* **d. i gerani e i mughetti** *de geraniums en de meiklokjes*

'GLI' EN 'GN'

• De combinatie **gli** klinkt zoals [lj] in *miljoen*: **famiglia** [famielja] *familie, gezin*.
• De combinatie **gn** klinkt zoals [nj] in *anjer*: **gnocchi** [njokki].

Beluister de opname en herhaal dan deze woorden:
a. figlio *zoon* **b. voglio** *(ik) wil* **c. migliore** *beter, best* **d. paglia** *stro* **e. bagno** *bad(kamer)* **f. signore** *meneer, heer* **g. lasagne** *lasagne*

'H'

De letter **h** wordt op zich niet uitgesproken: **ho** [o] *(ik) heb*.

'QU'

Op de letter **q** volgt altijd een **u**; deze combinatie klinkt als [koe] (die naar [kw] neigt): **quadro** [koeadro] *kader, vierkant, schilderij*.

Beluister de opname en lees dan de volgende voorbeelden hardop:
a. Pasqua *Pasen* **b. i parchi acquatici** *de waterparken* **c. Quanti quaderni volete? – Quarantaquattro.** *Hoeveel schriftjes willen jullie? – Vierenveertig.* **d. Vieni qui!** *Kom hier!*

'R' EN 'RR'

In het Italiaans wordt de **r** gerold (met het tipje van de tong trillend tegen het gehemelte). Bij **rr** houdt de trilling wat langer aan dan bij een enkele **r**.

Beluister de opname en herhaal dan deze woorden:
a. rosso *rood* **b. bere** *drinken* **c. forte** *sterk* **d. burro** *boter* **e. guerra** *oorlog*

'SC'

- De combinatie **sc** klinkt als [sk] voor **a, o, u**: **scala** [skala] *trap*, **sconto** [skonto] *korting*, **scuola** [skwola] *school*,
- maar zoals [sj] in *meisje* voor **e** of **i**: **pesce** [pesje] *vis*, **sci** [sjie] *ski*, **lasciare** [lasjare] *laten*, **liscio** [liesjo] *glad, vlot*, **pastasciutta** [pastasjoetta] *gekookte, toebereide pasta*.
- Voor **e** of **i** wordt de sk-klank met **sch** geschreven: **affreschi** [affreski] *fresco's*.

Beluister de opname en lees dan de volgende voorbeelden hardop:
a. Peschiamo pesce a Scilla. *We vissen vis in Scilla.* **b. Lascia parlare gli sciocchi.** *Laat de gekken spreken.* **c. Fischia quando la sciarpa è asciutta.** *Fluit wanneer de sjaal droog is.*

'S' EN 'Z'

- De **s** wordt als [z] uitgesproken tussen klinkers of voor de medeklinkers **b, d, g, l, m, n, r** of **v**: **casa** [kaza] *huis*, **smettere** [zmettere] *ophouden*.

• De **z** klinkt als [dz/ts]: **zero** [dzero], **senza** [sentsa] *zonder*.

Beluister de opname en herhaal dan deze woorden:
a. **rosa** *roos* b. **sbadato** *onoplettend* c. **importanza** *belang* d. **lezione** *les*

Zijn de meeste bijzonderheden van de Italiaanse uitspraak geassimileerd? Ga het na door het vakje met de juiste klankweergave aan te vinken (zie 'Oplossingen van de oefeningen' achterin dit boek):

	[k]	[tsj]	[sj]	[G]	[dzj]
parchi *parken*					
porci *varkens*					
giardino *tuin*					
prosciutto *ham*					
fischiare *fluiten*					
piccolo *klein*					
lasciare *laten*					
lanciare *gooien, werpen*					
lunghissimo *heel lang*					

DUBBELE MEDEKLINKERS

Om een dubbele medeklinker uit te spreken, wordt de eerste als het ware langer aangehouden. Voor een Nederlandstalige lijkt het effect wat 'overdreven', maar het onderscheid is belangrijk, daar sommige woorden alleen te onderscheiden zijn door het verschil tussen de enkele of dubbele medeklinker, bv.: **sono** *(ik) ben, (ze) zijn* / **sonno** *slaap*; **nona** *negende* (v.) / **nonna** *grootmoeder*. Dus verwar **la Nona di Beethoven** *de Negende van Beethoven* niet met **la nonna di Beethoven** *de grootmoeder van Beethoven*!

Beluister de opname en lees dan de volgende zinnen en woorden hardop:
a. **Ho tanta sete.** *Ik heb veel dorst.* / **ottantasette** *zevenentachtig*
b. **il tono di voce** *de stemtoon* / **il tonno in scatola** *de tonijn in blik*
c. **i tori di Siviglia** *de stieren van Sevilla* / **le torri di Siviglia** *de torens van Sevilla*
d. **Arriva!** *Hij/Zij/Het komt aan!* / **a riva** *aan de waterkant*

◆ KLEMTOON

Italiaans wordt vaak als een muzikale taal beschouwd. Dit heeft te maken met intonatie en klemtoon, met welke lettergreep in een woord meer nadruk krijgt en zo langer aangehouden of intenser uitgesproken wordt. Doorgaans valt de klemtoon op de voorlaatste lettergreep, bv. **buongiorno** *goeiedag*, maar dus niet altijd. En net als bij dubbele medeklinkers kan de plaats van de klemtoon betekenisbepalend zijn, bv.:
ancora is *anker*, maar **ancora** betekent *nog*
perdono is *pardon*, maar **perdono** betekent *(ze) verliezen*.

Italiaanse woorden worden, afhankelijk van waar de klemtoon valt, onderverdeeld in de volgende groepen:
- **parole piane** *vlakke woorden*, de meerderheid, waarbij de klemtoon op de voorlaatste lettergreep valt: **amico** *vriend*, **mangiare** *eten*
- **parole sdrucciole** *glijdende woorden* met de klemtoon op de derdelaatste lettergreep : **ultimo** *laatste*, **chiamali** *roep hen*
- **parole bisdrucciole** *dubbelglijdende woorden* met de klemtoon op de vierdelaatste lettergreep (vaak werkwoordconstructies): **abitano** *(ze) wonen*, **portacelo** *breng het ons*, **diteglielo** *zeggen jullie het hem*
- **parole tronche** *afgekapte woorden* (zo genoemd omdat de oorspronkelijke eindlettergreep is 'weggevallen') beklemtoond op de laatste lettergreep, wat geschreven herkenbaar is aan het accent boven de klinker: **città** *stad*, **virtù** *deugd(zaamheid)*.

Beluister de opname en onderstreep in onderstaande woorden de beklemtoonde lettergreep (zie 'Oplossingen van de oefeningen'):

Firenze *Florence*   **cantavamo** *(we) zongen*   **raccontatemelo** *vertellen jullie het me*
canzone *lied*   **felicità** *geluk*
Federico *Frederik*   **macchina** *machine, auto*   **raccontamelo** *vertel het me*
cantavano *(ze) zongen*   **fantastico** *fantastisch*

◆ REGIONALE VERSCHILLEN

We zullen hier niet dieper ingaan op andere uitspraakmogelijkheden, maar net als in andere landen bestaan die ook in Italië. Van streek tot streek kunnen bv. de **e** en **o** meer open of gesloten uitgesproken worden, de **s** en **z** harder of zachter klinken. Door die regionale varianten zijn Italianen soms zelf niet zeker van de correcte uitspraak van een woord… en worden onze foutjes wellicht makkelijker door de vingers gezien. Hoewel traditioneel Toscaans (de taal van Dante, de 14e-eeuwse dichter) beschouwd wordt als referentie voor 'de Italiaanse taal', bestaan er heel wat regionale dialecten en worden uitspraakvarianten aanvaard. Het is niet ongewoon dat regeringsleiders of academici, net als hun minder erudiete landgenoten, zich complexloos en zelfs met zekere trots uitdrukken met een herkenbaar regionaal accent. Iemand uit Toscane of Bologna zal, bijvoorbeeld, het woord **pesca** uitspreken met de **e** zoals in 'bek' voor *perzik* en met de **e** zoals in 'beek' voor *visvangst*; in Lombardije of Veneto hoor je telkens [peeska] zonder dat dit tot ernstige verwarring leidt!

◆ INTONATIE IN STELLENDE, AANMANENDE EN VRAGENDE ZINNEN

Italiaans staat bekend als een zeer expressieve taal, waarbij woorden in een zin en lettergrepen in een woord feller benadrukt worden dan in het Nederlands. Op eenzelfde manier gestructureerde zinnen kunnen louter door de aangewende intonatie een heel andere interpretatie krijgen:

Andiamo. *We gaan.*
Andiamo! *We gaan! Laten we gaan! Daar gaan we!*
Andiamo? *Gaan we? Zullen we gaan?*

Beluister de opname, lees de zinnen dan hardop en let goed op de verschillende intonaties:

a. **Andiamo. / Andiamo! / Andiamo?**
b. **Dimmi quanto hai speso.** *Zeg me hoeveel je uitgegeven hebt.*
   Dimmi: quanto hai speso? *Zeg me: hoeveel heb je uitgegeven?*
   Quanto hai speso! *Wat heb je veel uitgegeven!*
c. **Sei di Milano.** *Je komt uit (bent (afkomstig) van) Milaan.*
   Sei di Milano? *Kom je uit Milaan?*
   Incredibile: sei di Milano! *Ongelooflijk: je komt uit Milaan!*
d. **Mangi più di me.** *Je eet meer dan ik.*
   Mangi più di me? *Eet je meer dan ik?*
   Mangi più di me! *Je eet meer dan ik!*

I.
EEN EERSTE ONTMOETING

II.
HET DAGELIJKS LEVEN

1.
ZICH VOORSTELLEN EN MENSEN BEGROETEN   21

2.
OVER ZICHZELF PRATEN   29

3.
DE AANSPREEKVORMEN *TU*(JIJ) EN *LEI*(U)   37

4.
OM INFORMATIE EN UITLEG VRAGEN   45

5.
ADMINISTRATIEVE PROCEDURES   53

6.
MENSEN BESCHRIJVEN   63

7.
DE DAGELIJKSE ACTIVITEITEN   75

8.
EEN WOONRUIMTE ZOEKEN   83

9.
AFSPREKEN MET EEN VRIEND   91

10.
DE WEG VRAGEN   99

11.
BOODSCHAPPEN DOEN   107

12.
NAAR DE DOKTER GAAN   115

III. ZAKEN REGELEN EN AAN HET WERK

13. NAAR DE BANK GAAN   125

14. EEN KLACHT INDIENEN (BIJ HET POSTKANTOOR)   133

15. HET SOLLICITATIE-GESPREK   141

16. DEELNEMEN AAN EEN WERKVERGADERING   149

17. AAN DE TELEFOON   157

18. INFORMATICA EN INTERNET   165

19. EEN E-MAIL SCHRIJVEN   173

20. PRAKTISCHE INSTRUCTIES GEVEN   181

IV. VRIJE TIJD

21. EEN HOTELKAMER BOEKEN   191

22. IN HET STATION EN OP DE LUCHTHAVEN   199

23. SPORT EN VRIJE TIJD   207

24. BIOSCOOP EN THEATER   215

25. EEN UITSTAP ONDER VRIENDEN ORGANISEREN   223

26. EEN KUNSTTENTOON-STELLING BEZOEKEN   231

27. IN HET RESTAURANT   239

28. WINKELEN   247

I

EEN

EERSTE

ONTMOETING

1. ZICH VOORSTELLEN EN MENSEN BEGROETEN
PRESENTAZIONI E SALUTI

DOELSTELLINGEN

- IEMAND BEGROETEN
- ZICH VOORSTELLEN
- AFSCHEID NEMEN

BEGRIPPEN

- BEPAALDE LIDWOORDEN
- NAAMWOORDEN OP *-O/-A* EN HUN MEERVOUD
- PERSOONLIJKE VOORNAAMWOORDEN ALS ONDERWERP
- HET VOEGWOORD *E*
- O.T.T. VAN HET WERKWOORD *ESSERE* (ZIJN)

DE NIEUWE BUURVROUW

<u>Carlo</u>: Hallo! Ík heet [me noem] Carlo. En jij, hoe heet jij [hoe je noemt]?

<u>Luisa</u>: Goeiedag! Ík ben Luisa. Aangenaam [Plezier]!

<u>Carlo</u>: Ben (je) de nieuwe buurvrouw?

<u>Luisa</u>: Ja, (ik) woon hier sinds gisteren; (ik) kom uit Milaan.

<u>Carlo</u>: O, (je) bent (afkomstig) van Milaan.

<u>Luisa</u>: Nee, nee, (we) zijn Sicilianen, maar mijn ouders [de mijne] werken in[-]het noorden sinds jaren.

<u>Carlo</u>: Ík daarentegen ben van hier (afkomstig), [de] mijn familie woont in Bologna sinds generaties en generaties.

<u>Luisa</u>: (Het) is een mooie stad, (niet)waar?

<u>Carlo</u>: Heel mooi! (Het) is de mijne! En het zit er vol [is vol van] jongelui!

<u>Luisa</u>: Nou, ík moet nu naar de les gaan [nu moet gaan naar les]. [De] Mijn bus komt eraan [langs] over twee minuten. We zien elkaar nog [Elkaar zien]!

<u>Carlo</u>: Ik ben ook student [Ben student ook ik], weet (je)? Wel, tot ziens! Tot[-]de volgende! En… zie dat je de bus niet mist [aandacht aan niet missen de bus]!

Voor een beter begrip van de Italiaanse zinsstructuur:

[...] → letterlijke vertaling

(...) → toevoeging die nodig is in het Nederlands

LA NUOVA VICINA

Carlo: Ciao! Io mi chiamo Carlo. E tu come ti chiami?

Luisa: Buongiorno! Io sono Luisa. Piacere!

Carlo: Sei la nuova vicina?

Luisa: Sì, abito qui da ieri; vengo da Milano.

Carlo: Ah, sei di Milano.

Luisa: No no, siamo siciliani, ma i miei lavorano nel nord da anni.

Carlo: Io invece sono di qui, la mia famiglia abita a Bologna da generazioni e generazioni.

Luisa: È una bella città, vero?

Carlo: Bellissima! È la mia! Ed è piena di ragazzi!

Luisa: Beh, io adesso devo andare a lezione. Il mio autobus passa tra due minuti. Ci vediamo!

Carlo: Sono studente anch'io, sai? Beh, arrivederci! Alla prossima! E… attenzione a non perdere l'autobus!

■ DE DIALOOG BEGRIJPEN
BEGROETINGEN

→ De standaard begroeting is **buongiorno** *goeiedag, goeiemorgen* of **buonasera** *goeienavond*. Het informele **ciao** is vergelijkbaar met *hallo, hoi, dag*.

→ **Salve** zit daar tussenin, maar wordt meestal gebruikt onder bekenden.

ZICH VOORSTELLEN

→ Om te zeggen hoe je heet, is het wederkerend werkwoord **chiamarsi** (zich noemen) nodig: **Mi chiamo …** *Ik heet …* ("(ik) me noem").

→ Voor ons *Aangenaam, Aangename kennismaking* is er **Piacere** (verkorting van **È un piacere conoscerti!** *Het is een genoegen je te kennen!*). Hierop kan de voornaam volgen of, in meer formele context, voor- en familienaam. Het antwoord hierop is eveneens **Piacere**: **Piacere, Luisa!** *Aangenaam, Luisa!*

AFSCHEID NEMEN

→ **Arrivederci!**, de standaard formule om afscheid te nemen, wordt gebruikt zoals *Tot ziens!*

→ Het informele **Ciao!** is vergelijkbaar met *Dáág!*, **Ci vediamo!** met *We zien elkaar nog!* **Alla prossima!** betekent *Tot de volgende!*

CULTURELE INFO

Na de Tweede Wereldoorlog immigreerden veel Italianen van het zuiden naar het noorden van het land. Door de hogere economische ontwikkeling in de noordelijke regio's was daar meer werkgelegenheid en trokken hele families, zoals die van Luisa uit Sicilië, noordwaarts. Families uit het noorden, zoals die van Carlo, bleven vaak hun geboorteplaats trouw **da generazioni e generazioni…!**

◆ GRAMMATICA
BEPAALDE LIDWOORDEN

In het Italiaans is een zelfstandig naamwoord mannelijk of vrouwelijk (nooit onzijdig). Zo is, bijvoorbeeld, **il piacere** *het plezier* mannelijk. Alvast een lidwoord minder, zou je denken… Maar ons bepaald lidwoord *de* heeft meer dan één vertaling, afhankelijk van mannelijk/vrouwelijk, enkelvoud/meervoud en ook van de beginletter van het naamwoord dat erop volgt: **il, lo, l', la** in het enkelvoud en **i, gli, le** in het meervoud.

Onderstaande tabel toont welk bepaald lidwoord wanneer moet gebruikt worden:

	Mannelijk			Vrouwelijk	
	Voor een medeklinker (behalve **s** + medeklinker, **gn**, **ps**, **z**)	Voor **s** + medeklinker, **gn**, **ps**, **z**	Voor een klinker	Voor een medeklinker	Voor een klinker
ENKELVOUD	**il** **il** mio autobus	**lo** **lo** studente	**l'** **l'**autobus	**la** **la** vicina	**l'** **l'**amica
MEERVOUD	**i** **i** miei	**gli** **gli** studenti, **gli** autobus		**le** **le** vicine, **le** amiche	

NAAMWOORDEN OP -O/-A EN HUN MEERVOUD

Het geslacht van Italiaanse zelfstandige en bijvoeglijke naamwoorden is meestal makkelijk te herkennen: vele eindigen in het mannelijk enkelvoud op **-o** en in het vrouwelijk enkelvoud op **-a**, wat in het meervoud **-i** respectievelijk **-e** wordt:

	Mannelijk	Vrouwelijk
ENKELVOUD	**-o** il sicilian**o** bell**o**	**-a** la sicilian**a** bell**a**
MEERVOUD	**-i** i siciliani belli	**-e** le siciliane belle

PERSOONLIJKE VOORNAAMWOORDEN ALS ONDERWERP

De persoonlijke voornaamwoorden in de onderwerpsvorm zijn **io** *ik*, **tu** *jij*, **lui** *hij* **/ lei** *zij*, **noi** *wij*, **voi** *jullie* en **loro** *zij*; de beleefdheidsvorm is tegenover één persoon **lei**, tegenover meer personen **loro** (vervoegd in de 3e persoon enkelvoud resp. meervoud!). In het Italiaans worden persoonlijke voornaamwoorden als onderwerp van de zin meestal weggelaten. Ze worden alleen gebruikt om verwarring te vermijden of om het onderwerp te benadrukken, bijvoorbeeld in een tegenstelling: **Io invece sono di qui.** *Ík daarentegen ben van hier afkomstig.*

VOORZETSELGEBRUIK

• **Da** zagen we al in de betekenis van:
- (komende) *van, uit*: **Vengo da Milano** *Ik kom van/uit Milaan*
- *sinds, sedert*: **da generazioni** *sinds generaties,* **da anni** *sinds jaren.*

- **Di** is *van, uit* in zinnen zoals **Sei di Milano** *Je bent afkomstig van Milaan* of *Je komt uit Milaan*, **Sono di qui** *Ik ben van hier (afkomstig)*, m.b.t. afkomst, geboorte.
- **Tra** betekent in een tijdsaanduiding *over*: **tra due minuti** *over twee minuten*.

HET VOEGWOORD *E*

Het voegwoord **e** *en* wordt meestal **ed** voor een woord dat met een klinker begint, in het bijzonder voor een **e**: **ed è piena di ragazzi!**

▲ VERVOEGING

O.T.T. VAN HET WERKWOORD *ESSERE* (ZIJN)

We maken kennis met de onvoltooid tegenwoordige tijd (o.t.t.) via het nuttige, maar onregelmatige werkwoord **essere** *zijn*. In de tabel nemen we de persoonlijke voornaamwoorden in de onderwerpsvorm op maar, zoals al gezegd, zijn ze doorgaans overbodig, daar de vervoegde vorm van het werkwoord al aangeeft wie/wat het onderwerp is.

(io) **sono**	*ik ben*	(noi) **siamo**	*we zijn*
(tu) **sei**	*je bent*	(voi) **siete**	*jullie zijn*
(lui, lei) **è**	*hij/ze is, u* (ev.) *bent*	(loro) **sono**	*ze zijn, u* (mv.) *bent*

⬢ OEFENINGEN

De oefeningen waar een geluidsopname bijhoort, worden aangeduid met het pictogram 🔊 . Bij sommige oefeningen moet je eerst naar de audio luisteren om de vragen te kunnen beantwoorden, bij andere moet je eerst de oefening maken en dan via het geluid je oplossing controleren. Alle antwoorden/oplossingen staan achterin dit boek in de bijlage "Oplossingen van de oefeningen".

1. VUL AAN MET HET PASSENDE BEPAALD LIDWOORD:

a. .... città

b. .... studente

c. .... autobus

d. .... università

e. .... siciliane

WOORDENSCHAT

abitare *wonen*
adesso *nu*
anche *ook, eveneens* (**anch'io** *ik ook*)
andare *gaan*
l'anno *het jaar* (**gli anni** *de jaren*)
l'attenzione *de attentie, aandacht* (**Attenzione!** *Opgelet!, Let op!*)
l'autobus *de bus*
bello/bella *mooi*, **bellissimo/bellissima** *heel mooi*
chiamarsi *heten, zich noemen*
ciao *hallo, hoi, dag; dáág*
la città *de stad*
come *hoe*
dovere *moeten*
la famiglia *de familie, het gezin*
la generazione *de generatie* (**le generazioni** *de generaties*)
ieri *gisteren*
invece *daarentegen*
lavorare *werken*
la lezione *de les*
ma *maar*
il minuto *de minuut* (**i minuti** *de minuten*)
nuovo/nuova *nieuw*
passare *passeren, langskomen, voorbijrijden*
perdere *missen* (*ook verliezen*)
Piacere! *Aangenaam!;* **il piacere** *het plezier, genoegen*
pieno/piena *vol*
qui *hier*
il ragazzo *de jongen* / **la ragazza** *het meisje* (**i ragazzi** *de jongens, jongelui*)
sapere *weten* (*ook kennen, kunnen*)
siciliano/siciliana *Siciliaan/Siciliaanse*
lo studente / **la studentessa** *de student/studente*
venire *komen*
il vicino / **la vicina** *de buurman/buurvrouw*

2. VUL DE TABEL AAN:

Mannelijk enkelvoud	Mannelijk meervoud	Vrouwelijk enkelvoud	Vrouwelijk meervoud
il vicino siciliano			
	i ragazzi belli		

3. BELUISTER DE OPNAME EN VUL DE DIALOOG AAN:

a. Come ti chiami? Io mi .... Carlo.

b. Io .... Martina, ...

c. Abiti qui .... molto tempo?

d. .... qui da ieri.

e. Adesso devo andare, ...

f. Alla ....

4. VUL AAN MET DE PASSENDE VORM VAN HET WERKWOORD *ESSERE*:

a. I miei .... bolognesi da generazioni.

b. Noi invece .... siciliani.

c. Voi .... studenti.

d. Io .... di Milano e tu di dove (*waar*) .... ?

e. Bologna .... molto bella.

1. Zich voorstellen en mensen begroeten

2. OVER ZICHZELF PRATEN

PARLARE DI SÉ

DOELSTELLINGEN	BEGRIPPEN
• AFKOMST • STUDIES, BEROEP • LEEFTIJD	• ONBEPAALDE LIDWOORDEN • O.T.T. VAN HET WERKWOORD *AVERE* (HEBBEN)

FACULTEITSGENOTEN

Solveig: Hallo, mag ik bij jou komen zitten [mag zetten-me dicht aan jou]? Ik ben hier sinds een week en in deze cursus ken ik niemand [niet ken niemand].

Albert: Zeker! Ga gerust zitten! Er is een vrije plaats net hier!

Solveig: Ík heet Solveig, en jij, hoe heet jij?

Albert: Ik heet Albert, ik ben Belg, geboren in Luik. Jij daarentegen, met de voornaam die je hebt, bent vast en zeker Scandinavische.

Solveig: Ja, ik kom uit[het] Noorwegen, ik ben hier om Italiaans te leren [om-te leren het Italiaans].

Albert: Ik ook, ik heb het nodig voor mijn werk [eraan heb behoefte voor het mijn werk].

Solveig: Wat (voor) werk doe je?

Albert: Ik ben [Doe de] ingenieur. In[-het] mijn bedrijf hebben we relaties met alle [al de] landen van de wereld.

Solveig: Zo jong (en) je bent al ingenieur? Maar hoe oud ben je [hoeveel jaren hebt]?

Albert: Ik ben zevenentwintig [Heb twintig-zeven jaren], en jij?

Solveig: Ík ben achtentwintig [er heb twintig-acht] en ben nog [een] studente!

Albert: Bij het studeren [In-de studies] heeft iedereen [de] zijn tempo['s]! En bovendien, in[-het] jouw land hebben jullie [van-de] uitstekende scholen, jullie zijn heel knap!

COMPAGNI DI FACOLTÀ

Solveig: Ciao, posso sedermi vicino a te? Sono qui da una settimana, e in questo corso non conosco nessuno.

Albert: Certo! Accomodati! C'è un posto libero proprio qui!

Solveig: Io mi chiamo Solveig, e tu come ti chiami?

Albert: Mi chiamo Albert, sono belga. Nato a Liegi.
Tu invece, con il nome che hai, sei di certo scandinava.

Solveig: Sì, vengo dalla Norvegia, sono qui per imparare l'italiano.

Albert: Anch'io, ne ho bisogno per il mio lavoro.

Solveig: Che lavoro fai?

Albert: Faccio l'ingegnere, nella mia ditta abbiamo rapporti con tutti i paesi del mondo.

Solveig: Così giovane sei già ingegnere? Ma quanti anni hai?

Albert: Ho ventisette anni, e tu?

Solveig: Io ne ho ventotto e sono ancora una studentessa!

Albert: Negli studi, ognuno ha i suoi tempi! E poi nel tuo paese avete delle ottime scuole, siete bravissimi!

■ DE DIALOOG BEGRIJPEN
IEMAND UITNODIGEN OM PLAATS TE NEMEN OF BINNEN TE KOMEN

Met **Acc̲o̲modati!** nodig je iemand uit om plaats te nemen, te gaan zitten of binnen te komen. Het komt enigszins overeen met *Maak het je gemakkelijk/comfortabel!*

LEEFTIJD UITDRUKKEN

→ Naar iemands leeftijd vragen, doe je met de vraag **Quanti anni hai?**, letterlijk "Hoeveel (meervoudsvorm!) jaren heb (je)", *Hoe oud ben je?*

→ Je leeftijd meedelen, doe je als volgt: **Ho ... anni**, letterlijk "(Ik) heb ... jaren", *Ik ben ... (jaar).* (Cijfers en getallen komen in les 7 aan bod.)

VRAGEN NAAR IEMANDS BEROEP, PRATEN OVER JE BEROEP

→ Vragen naar iemands beroep doe je in de omgangstaal met **Che lavoro fai?** *Wat voor werk doe je?* of eventueel met **Che mestiere** *(vak, stiel)* **fai?**; wat formeler is **Qual è la sua professione?** *Welk/Wat is uw beroep?*

→ Het antwoord bevat eveneens het werkwoord **fare** *doen, maken*, met een bepaald lidwoord voor het beroep: **Faccio l'ingegnere.** *Ik ben [lett. Doe de] ingenieur;*

→ het werkwoord **e̲ssere** *zijn* kan ook gebruikt worden, maar klinkt iets formeler: **Sono m̲edico.** *Ik ben dokter* (zonder lidwoord).

NATIONALITEIT, TAAL: HOOFDLETTER-/LIDWOORDGEBRUIK

→ In het Italiaans schrijf je geen hoofdletter bij nationaliteit: **sono italiano/-a** *ik ben Italiaan/-se*, **belga** *Belg/-ische*, **ne(d)erlandese** of **olandese** *Nederlander/-dse,*

→ noch bij een taal: **l'italiano** *Italiaans,* **il ne(d)erlandese** of **l'olandese** *Nederlands* (maar er kan wel een lidwoord voor staan!).

→ Hoofdletter én lidwoord bij landen (en andere geografische namen): **Vengo dal Belgio / dai Paesi Bassi** *Ik kom uit België/Nederland.*

CULTURELE INFO

In Italië behaal je op het einde van je secundaire studies, rond je 19e, je eindexamendiploma **diploma di maturità**. Hiermee kan je universitaire studies aanvatten die leiden tot **la l̲aurea**. Er zijn twee graden van **l̲auree: la l̲aurea breve triennale** (de bacheloropleiding van 3 jaar) en daarna **la l̲aurea magistrale biennale** (de master van 2 jaar). **Il dottorato di ricerca** is het diploma na nog eens 3 jaar aan de universiteit, het (onderzoeks)doctoraat.

◆ GRAMMATICA

ONBEPAALDE LIDWOORDEN

Net als het bepaald lidwoord, neemt het onbepaald lidwoord verschillende vormen aan, afhankelijk van het naamwoord waar het voor staat. Let dus op mannelijk/vrouwelijk, enkelvoud/meervoud en beginklinker.

Let er ook op dat het weglatingsteken alleen bij de vrouwelijke vorm gebruikt wordt: **un'amica** *een vriendin*, maar **un amico** *een vriend*.

Waar het Nederlands geen meervoudsvorm van het onbepaald lidwoord kent, gebruikt het Italiaans een samentrekking van het voorzetsel **di** + bepaald lidwoord, bv. **degli** = **di** + **gli**. Hoe dan ook worden onbepaalde lidwoorden vaak weggelaten in het meervoud: **avete ottime scuole** i.p.v. **avete delle ottime scuole** *jullie hebben uitstekende scholen*, **abbiamo rapporti con tutti i paesi** i.p.v. **abbiamo dei rapporti** *we hebben relaties*. Het zal een Nederlandstalige evenwel opvallen dat er in het Italiaans veel lidwoorden opduiken, zelfs in bezitsaanduidingen (dit wordt later uitgelegd). Het wordt dus wennen...

	Mannelijk		Vrouwelijk	
	Voor een medeklinker (behalve **s** + medeklinker, **gn, ps, z**) of voor een klinker	Voor **s** + medeklinker, **gn, ps, z**	Voor een medeklinker	Voor een klinker
ENKELVOUD	un un posto un amico	uno uno studente	una una studentessa	un' un'amica
	Voor een medeklinker (behalve **s** + medeklinker, **gn, ps, z**)	Voor **s** + medeklinker, **gn, ps, z** of voor een klinker	Voor een medeklinker of een klinker	
MEERVOUD	dei dei colleghi	degli degli studenti degli amici	delle delle ottime scuole delle amiche	

VOORZETSELGEBRUIK

- **A** wordt gebruikt bij:
- beweging ergens naartoe: **Vado a Milano, a lezione.** *Ik ga naar Milaan, naar de les.*
- nabijheid in de voorzetselconstructie **vicino a**: **Posso sedermi vicino a te?** *Mag ik (dicht) bij jou gaan zitten?*
- aanwezigheid op een plaats, zonder beweging: **Sono nato a Liegi** *Ik ben geboren in Luik.*

- **Con** betekent *met*: **con il nome che hai** *met de voornaam die je hebt.*

- **In** als *in*: **in questo corso** *in deze cursus*; volgt op **in** een bepaald lidwoord, dan worden ze "samengetrokken": **nel tuo paese** *in jouw land* (**nel** = **in** *in* + **il** *het*). (Deze samentrekkingen komen in de volgende les aan bod.)

▲ VERVOEGING
O.T.T. VAN HET WERKWOORD *AVERE* (HEBBEN)

Het veel gebruikte werkwoord **avere** *hebben* is onregelmatig. Dit is de o.t.t.:.

(io) **ho**	ik heb
(tu) **hai**	je hebt
(lui, lei) **ha**	hij/ze heeft, u (ev.) hebt
(noi) **abbiamo**	we hebben
(voi) **avete**	jullie hebben
(loro) **hanno**	ze hebben, u (mv.) hebt

De **h** wordt in het Italiaans niet uitgesproken. Let hierop bij de werkwoordsvormen **ho, hai, ha, hanno**!

● OEFENINGEN

1. VUL AAN MET HET PASSENDE ONBEPAALD LIDWOORD:

a. .... città

b. .... lavori

c. .... studente

d. .... studentessa

e. .... ingegneri

f. .... scuole

2. Over zichzelf praten

WOORDENSCHAT

ancora *nog*
belga *Belg/Belgische*
il bisogno *de behoefte, nood, het gebrek*
bravo/brava *goed, knap, (des)kundig enz.* (**bravissimi** m. mv. *heel goed,...*)
conoscere *kennen*
il corso *de cursus*
così *zo*
certo *zeker*
il compagno / la compagna *de genoot, makker, partner*
di certo *vast en zeker*
la ditta *het bedrijf*
già *al*
giovane *jong*
imparare *leren*
l'ingegnere *de ingenieur*
l'italiano *Italiaans (de taal)*
il lavoro *het werk*
libero/libera *vrij*
il mondo *de wereld*
nessuno/nessuna *niemand*
il nome *de voornaam*
ognuno *elk, ieder(een)*
ottimo/ottima *uitstekend*
il paese *het land (***i paesi** *de landen)*
podere *mogen*
poi *bovendien, echter, eigenlijk enz.*
il posto *de plaats*
proprio *juist, net*
quanto/quanta *hoeveel*
il rapporto *de relatie, betrekking (***i rapporti** *de relaties)*
scandinavo/scandinava *Scandinaviër/Scandinavische*
la scuola *de school*
sedersi *gaan zitten, plaatsnemen*
la settimana *de week*
lo studio *de studie (***gli studi** *de studies)*
il tempo *de tijd, het tempo (***i tempi** *de tijden, tempo's)*
tutto/tutta *al (***tutti** m. mv.*)*

2. VUL AAN MET DE PASSENDE VORM VAN HET WERKWOORD *AVERE*:

a. Io e Luisa .... una bella casa.

b. Carlo .... un ottimo lavoro.

c. Nel vostro paese .... ottime scuole.

d. Tu .... un nome bellissimo.

3. BELUISTER DE OPNAME EN VUL DE ZINNEN AAN:
04

a. Posso sedermi vicino .... te?

b. Certo, ...!

c. Che .... fai?

d. .... l'ingegnere.

e. .... anni hai?

f. .... trent'anni.

4. VUL DE TABEL AAN:

Mannelijk enkelvoud	Mannelijk meervoud	Vrouwelijk enkelvoud	Vrouwelijk meervoud
uno scandinavo			
	dei ragazzi bravissimi		

3.
DE AANSPREEK-VORMEN *TU* (JIJ) EN *LEI* (U)

DARE DEL TU E DARE DEL LEI

DOELSTELLINGEN	BEGRIPPEN
- ZICH (IN)FORMEEL TOT IEMAND RICHTEN - OM INLICHTINGEN VRAGEN - ZICH VERONTSCHULDIGEN - BEDANKEN - BELEEFDE UITDRUKKINGEN	- NAAMWOORDEN OP *-E* EN HUN MEERVOUD - SAMENTREKKING VAN VOORZETSEL EN BEPAALD LIDWOORD - O.T.T. VAN REGELMATIGE WERKWOORDEN OP *-ARE* (1E GROEP) - VOLTOOID DEELWOORD BIJ VERVOEGING MET *ESSERE*

IK HEB EEN INLICHTING NODIG

Linda: Goeiedag meneer, excuseert u (me) dat [als] ik u stoor. Ik heb een inlichting nodig [Heb behoefte van een inlichting].

Verkeersagent: U stoort me [niet me stoort] helemaal niet, juffrouw.

Linda: Ik zou willen weten in welke stad we zijn; ik ben pas aangekomen met de [in] auto.

Verkeersagent: We zijn in Scilla, een heel mooie stad bij[-]de zee. De mensen komen van heel de wereld voor [de] onze zee en [de] onze heerlijke vis. Welkom!

Linda: Ik dank u zeer, meneer.

Verkeersagent: Van waar bent u afkomstig?

Linda: Ik ben Canadese, ik kom uit Montreal. Ik spreek tamelijk goed Italiaans, maar ik heb moeite met het gebruik van lei [doe moeite om geven van-de lei]!

Verkeersagent: Tutoyeer me dan maar [Dan geef-me van-de tu]! Dat is geen [Niet er is] probleem! Wat voor werk doe je in Montreal?

Linda: Ik ben lerares, ik geef [onderwijs] geschiedenis en aardrijkskunde.

Verkeersagent: Dan wens je misschien ook inlichtingen over[-]de te bezoeken monumenten. Ga naar[-]de toeristische dienst [kantoor] hier tegenover, ze hebben folders in (het) Engels en in (het) Frans.

Linda: Duizend(maal) dank, meneer (de) verkeersagent! U bent heel vriendelijk! Nee, excuseer: je bent heel vriendelijk. Ik dank je.

Verkeersagent: Geen dank [Niet er is van wat], dank aan jou!

05   HO BISOGNO DI UN'INFORMAZIONE

Linda: Buongiorno, signore, scusi se la disturbo. Ho bisogno di un'informazione.

Vigile urbano: Lei non mi disturba affatto, signorina.

Linda: Vorrei sapere in che città siamo; sono appena arrivata in macchina.

Vigile urbano: Siamo a Scilla, una bellissima città sul mare. La gente viene da tutto il mondo per il nostro mare ed il nostro ottimo pesce. Benvenuta!

Linda: La ringrazio molto, signore.

Vigile urbano: Di dov'è lei?

Linda: Sono canadese, vengo da Montréal. Parlo abbastanza bene italiano, ma faccio fatica a dare del lei!

Vigile urbano: Allora dammi del tu! Non c'è problema! Che lavoro fai a Montréal?

Linda: Faccio l'insegnante, insegno storia e geografia.

Vigile urbano: Allora forse desideri anche informazioni sui monumenti da visitare; vai all'ufficio turistico qui di fronte, hanno depliant in inglese e in francese.

Linda: Grazie mille, signor vigile! Lei è molto gentile! No, scusa: tu sei molto gentile… Ti ringrazio.

Vigile urbano: Non c'è di che, grazie a te!

■ DE DIALOOG BEGRIJPEN
DE JIJ- EN DE U-VORM

- In een meer formele context is het aangewezen om de beleefdheidsvorm te gebruiken, **dare del lei** *[geven van-de lei]*. **Lei** geeft zowel *u* als *zij, ze* enkelvoud weer (wellicht een overblijfsel van aansprekingen zoals 'Sua Eccellenza', het vrouwelijke 'Excellentie'), wordt dus in de 3e persoon enkelvoud vervoegd en grammaticaal als vrouwelijk beschouwd, bv. **La ringrazio.** *Ik dank u.*
- Om meer dan één persooon beleefd aan te spreken is er de vorm **loro**, vervoegd in de 3e persoon meervoud (in deze cursus wordt hij niet gebruikt).

Net zoals het in het Nederlands met *u* en *uw* gebeurde, is er in Italië een tendens om deze vormen niet meer met een hoofdletter te schrijven.

- In de omgang gaat men al vlug jijen en jouen, **dare del tu** *[geven van-de tu]*.

INFORMEEL met **tu**	FORMEEL met **lei**
Scusa! *Excuseer me!*	**Scusi!** *Excuseert u me!*
Accomodati! *Ga zitten! Kom binnen!*	**Si accomodi!** *Gaat u zitten! Komt u binnen!*
Come stai? *Hoe gaat het met je?*	**Come sta?** *Hoe gaat het met u?*
Come ti chiami? *Hoe heet je?*	**Come si chiama?** *Hoe heet u?*
Di dove sei? *Waar kom je vandaan?*	**Di dov'è lei?** *Waar komt u vandaan?*
Ti ringrazio. *Ik dank je.*	**La ringrazio.** *Ik dank u.*
Arrivederci! *Tot ziens!*	**Arrivederla!** *Tot ziens!*

BEDANKEN

Om **grazie** *bedankt, dank je/u* te benadrukken, kan je er het woord **mille** *duizend* of **tante** *(zo)veel* achter zetten (waar je **volte** *keren* moet bijdenken): **grazie mille** *duizendmaal dank* of **grazie tante** *heel erg bedankt*. Vaak is het antwoord hierop **Non c'è di che.** *Niets te danken.*

CULTURELE INFO

De **vigile urbano** is eigenlijk **un agente di polizia municipale** *een stedelijke politieagent,* maar de oude benaming wordt nog vaak gebruikt. **I vigili urbani** zijn belast met het regelen van het verkeer, toezicht bij burgerlijke en commerciële activiteiten (markten enz.) en werken voor de handhaving van de wet samen met de nationale politie: **la polizia** (*de politie*) en **i carabinieri** (politiekorps met civiele en militaire taken).

◆ GRAMMATICA
NAAMWOORDEN OP -E EN HUN MEERVOUD

Bij zelfstandige en bijvoeglijke naamwoorden die in het enkelvoud eindigen op **-e** hebben mannelijk en vrouwelijk dezelfde vorm en is de meervoudsuitgang voor allebei **-i**. Staat er een lidwoord voor, dan moet dit aangepast zijn in geslacht en getal!

	Mannelijk	Vrouwelijk
ENKELVOUD	-e il canadese gentile	-e la canadese gentile
MEERVOUD	-i i canadesi gentili	-i le canadesi gentili

VOORZETSELGEBRUIK

- **In** (zie les 2) leidt ook in:
- het middel: **Sono arrivata in macchina.** *Ik ben aangekomen met de, per auto.*
- de taal (zonder lidwoord!): **sia in inglese che in francese** *zowel in het Engels als in het Frans*

- **Da** (zie les 1) leidt het doel of nut in: **i monumenti da visitare** *de te bezoeken monumenten*, **una tazza da caffè** *een koffiekopje* (niet te verwarren met **una tazza di caffè** *een kopje koffie*, waar **di** de hoeveelheid 'van' iets inleidt!).

- **Su** wordt gebruikt:
- voor locaties: **una città sul mare** *een stad bij de, aan zee*; **sulla spiaggia** *op het strand*
- zoals *over*: **informazioni sui monumenti** *inlichtingen over de monumenten*.

Sul en **sui** zijn samentrekkingen van het voorzetsel **su** en een bepaald lidwoord (zie tabel op volgende pagina).

SAMENTREKKING VAN VOORZETSEL EN BEPAALD LIDWOORD

Volgt op het voorzetsel **a, di, da, in, con** of **su** een bepaald lidwoord, dan worden ze samengetrokken tot een zgn. 'samengetrokken lidwoord':

	il	lo	l'	la	i	gli	le
a	al	allo	all'	alla	ai	agli	alle
di	del	dello	dell'	della	dei	degli	delle
da	dal	dallo	dall'	dalla	dai	dagli	dalle
in	nel	nello	nell'	nella	nei	negli	nelle
con	col	collo	coll'	colla	coi	cogli	colle
su	sul	sullo	sull'	sulla	sui	sugli	sulle

Voorbeelden: **sui** (= su + i) **monumenti**, **sul** (= su + il) **mare**.

Alleen bij het voorzetsel **con** is samentrekking met het lidwoord niet verplicht: **con il vigile** of **col vigile** *met de verkeersagent*.

▲ VERVOEGING

Italiaanse werkwoorden kunnen in drie hoofdgroepen onderverdeeld worden, met ieder een vervoegingsstramien. De 1e groep bestaat uit werkwoorden waarvan de infinitief eindigt op **-are**.

O.T.T. VAN REGELMATIGE WERKWOORDEN OP *-ARE* (1E GROEP)

Regelmatige werkwoorden met de infinitief op **-are** vormen de o.t.t. met hun stam (infinitief zonder **-are**) + de uitgang **-o, -i, -a, -iamo, -ate, -ano**:

parlare *spreken, praten*	
(io) **parlo**	*ik spreek*
(tu) **parli**	*je spreekt*
(lui, lei) **parla**	*hij, ze, u* (ev.) *spreekt*
(noi) **parliamo**	*we spreken*
(voi) **parlate**	*jullie spreken*
(loro) **parlano**	*ze spreken, u* (mv.) *spreekt*

Werkwoorden op **-are** in deze les: **disturbare** *storen*, **desiderare** *wensen*, **arrivare** *aankomen*, **ringraziare** *bedanken*, **visitare** *bezoeken*, **insegnare** *lesgeven*, **domandare** *vragen* (**fare** *doen, maken* en **dare** *geven* zijn onregelmatig).

VOLTOOID DEELWOORD BIJ VERVOEGING MET *ESSERE*

Sono appena arrivata *ik ben pas aangekomen*, een voltooid tegenwoordige tijd gevormd met een o.t.t.-vorm van het hulpwerkwoord **essere** *zijn* + het voltooid deelwoord in de vrouwelijke vorm van het werkwoord van beweging **arrivare**. Was een man net aangekomen, dan klonk het **sono appena arrivato**. Later meer hierover.

WOORDENSCHAT

abbastanza *tamelijk, redelijk,...; voldoende*
affatto *helemaal niet, geenszins*
allora *dan*
appena *pas, net*
bene *goed*
benvenuto/benvenuta *welkom* (tegenover een man/vrouw)
canadese *Canadees, Canadese*
il/i depliant (onveranderlijk woord!) *de folder/folders*
di fronte *tegenover*
dove *waar* (wordt vaak **dov'** voor een klinker)
la fatica *de moeite*
forse *misschien, wellicht*
il francese *Frans* (de taal)
la gente (in het enkelvoud!) *de mensen*
gentile *vriendelijk, aardig*
la geografia *aardrijkskunde*
l'informazione *de inlichting, informatie*
l'inglese *Engels* (de taal)
l'insegnante *de leraar/lerares*
insegnare *onderwijzen, lesgeven, leren*
la macchina *de auto; machine*
il mare *de zee*
molto *veel, zeer, erg, heel*
il monumento *het monument (***i monumenti** *de monumenten)*
il pesce *de vis*
il problema *het probleem*
scusi *excuseert u me* / **scusa** *excuseer me*
se *als, indien*
signore *heer, meneer* / **signora** *dame, mevrouw* / **signorina** *juffrouw*
la storia *geschiedenis, het verhaal*
l'ufficio turistico *het toerismebureau, VVV-kantoor, de toeristische dienst*
volere *willen*

OEFENINGEN

1. VUL AAN MET DE JUISTE O.T.T.-VORM VAN HET WERKWOORD DAT TUSSEN HAAKJES STAAT:

Voorbeeld: Noi canadesi … inglese e francese. (parlare) → Noi canadesi **parliamo** inglese e francese.

a. Buongiorno signorina, scusi se la ...., ho bisogno di un'informazione. (disturbare)

b. Che informazione ...., signore? (desiderare)

c. Tutti i turisti che .... qui .... in macchina. (passare – arrivare)

d. Se .... delle informazioni, domandate al vigile urbano. (desiderare)

e. Io mi .... Giuseppe, e tu come ti .... ? (chiamare)

2. VUL DE TABEL AAN:

Mannelijk enkelvoud	Mannelijk meervoud	Vrouwelijk enkelvoud	Vrouwelijk meervoud
l'insegnante canadese			
	i francesi gentili		

3. BELUISTER DE OPNAME EN VUL DE ZINNEN AAN:

05
a. Lei di .... ?

b. .... canadese, vengo .... Montréal.

c. Scusi, ho .... di un'informazione.

d. Che informazione .... ?

e. La gente viene .... tutto il mondo per il nostro mare.

4. VUL AAN MET EEN SAMENTREKKING VAN HET VOORZETSEL + HET LIDWOORD DIE TUSSEN HAAKJES STAAN:

a. Abito .... (**in + la**) città di Milano.

b. Ho bisogno di informazioni .... (**su + la**) città di Bologna.

c. Vengo .... (**da + l'**) università.

d. Domandiamo .... (**a + il**) vigile.

e. Arrivi .... (**con + la**) macchina di Piero.

4.
OM INFORMATIE EN UITLEG VRAGEN

CHIEDERE INFORMAZIONI E SPIEGAZIONI

DOELSTELLINGEN

- VRAGEN STELLEN
- ZEGGEN DAT JE IETS (NIET) BEGREPEN HEBT
- ZEGGEN DAT JE HET (NIET) EENS BENT

BEGRIPPEN

- OVEREENKOMST VAN NAAMWOORDEN EN LIDWOORDEN
- ONTKENNENDE EN VRAGENDE VORM
- O.T.T. VAN REGELMATIGE WERKWOORDEN OP -*ERE* (2E GROEP)

DE KLANT HEEFT ALTIJD GELIJK

Karen: Goedenavond. Excuseert u me, hoeveel kosten de zwarte schoenen die in (de) etalage staan [zijn]?

Verkoper: Het spijt me, ik heb het niet begrepen [niet heb begrepen]: welke wilt u zien? Er zijn zoveel schoenen in de etalage! Die platte [lage] of die met een [met-de] hak?

Karen: Die met een [de] hak, alstublieft [voor gunst].

Verkoper: Ja, nu heb ik het begrepen: er is maar één paar met een hak. Ze zijn een super koopje, juffrouw. Ze kosten slechts 60 euro en als u ook die platte neemt, verkoop ik ze samen voor 100 euro.

Karen: Nee, dank u, alleen die met een hak interesseren me.

Verkoper: Denk goed na [Erover denkt goed], juffrouw, het is een goede deal [ware zaak], een echt voordelige prijs. En trouwens, persoonlijk vind ik dat [de] platte schoenen [aan] een meisje van[de] uw leeftijd beter staan [zijn].

Karen: Het spijt me, maar ik ga niet [niet ben van] akkoord, en ik wil die met een hak.

Verkoper: Zeker, juffrouw: "de klant heeft altijd gelijk"!

Karen: [Gaat] Goed, ik loop wat rond [ga te maken een ronde] en denk er even [een beetje] over na… Hoe laat [Om welk uur] sluiten jullie?

Verkoper: We sluiten over een uur, u hebt alle [al-de] tijd om te overwegen. De andere winkels sluiten om[de] zeven (uur), maar wíj blijven open tot 8 uur [om-de acht].

Karen: Kunt u de prijs herhalen, alstublieft? Ik herinner me het niet [niet het herinner], ik heb het vergeten.

Verkoper: 60 euro, en 100 euro als u ook de andere neemt!

Karen: Dank u, tot later [meer laat].

Verkoper: U hebt [het] ons aanbod goed begrepen, juffrouw, toch?

Karen: Ik heb (het) heel goed begrepen, dank u. Tot ziens.

06   IL CLIENTE HA SEMPRE RAGIONE

Karen: Buonasera. Scusi, quanto costano le scarpe nere che sono in vetrina?

Commesso: Mi dispiace, non ho capito: quali vuole vedere? Ci sono tante scarpe in vetrina! Quelle basse o quelle col tacco?

Karen: Quelle con il tacco, per favore.

Commesso: Sì, ora ho capito: c'è un solo paio col tacco. Sono un'ottima occasione, signorina. Costano solo sessanta euro, e se prende anche quelle basse le vendo insieme a cento euro.

Karen: No, grazie, mi interessano solo quelle con il tacco.

Commesso: Ci pensi bene, signorina, è un vero affare, un prezzo davvero conveniente. E poi personalmente trovo che ad una ragazza della sua età stanno meglio le scarpe basse.

Karen: Mi dispiace ma non sono d'accordo, e voglio quelle col tacco.

Commesso: Certamente, signorina: "il cliente ha sempre ragione!"

Karen: Va bene, vado a fare un giro e ci penso un po' su… A che ora chiudete?

Commesso: Chiudiamo tra un'ora, ha tutto il tempo per riflettere. Gli altri negozi chiudono alle sette, ma noi rimaniamo aperti fino alle otto.

Karen: Può ripetere il prezzo, per favore? Non lo ricordo, l'ho dimenticato.

Commesso: Sessanta euro, e cento euro se prende anche le altre!

Karen: Grazie, a più tardi.

Commesso: Ha capito bene la nostra offerta, signorina, vero?

Karen: Ho capito benissimo, grazie. Arrivederci.

DE DIALOOG BEGRIJPEN
ZEGGEN DAT JE IETS NIET BEGREPEN HEBT

→ Dit kan met de ontkennende vorm van het werkwoord **capire** *begrijpen, verstaan* in de tegenwoordige tijd: **Non capisco.** *Ik begrijp het niet,* of in de verleden tijd: **Non ho capito.** *Ik heb het niet begrepen.* Eventueel voorafgegaan van **Scusi** *Excuseer(t u me)* of **Mi dispiace** *Het spijt me, Sorry.*

VRAGEN OM IETS TE HERHALEN

→ **Può ripetere il prezzo, per favore?** *Kunt u de prijs herhalen, alstublieft?*
→ Bijkomende uitleg kan zijn: **Non ho capito.** *Ik heb (het) niet begrepen* of, als het geheugen het even liet afweten, **Non ricordo.** *Ik herinner (het) me niet.* / **Ho dimenticato.** *Ik heb/ben (het) vergeten.*
→ Spreekt de persoon te snel, dan helpt de vraag **Può ripetere lentamente, per favore?** *Kunt u (het) langzaam herhalen, alstublieft?*

CI, C'È, CI SONO

→ **C'è** komt als samentrekking van **ci** *er* + **è** *is* overeen met *er is*: **c'è un solo paio** *er is maar één paar.* In het meervoud geeft dit **ci sono**: **ci sono tante scarpe** *er zijn zoveel schoenen.*
→ Ontkennen gebeurt met **non** ervoor: **non ci sono scarpe** *er zijn geen schoenen.*
→ **Ci** kan ook vertaald worden met *erover, daarover, ervan* enz.: **ci penso** *ik denk eraan, denk erover na.*

VRAGEN OVER PRIJS, TIJD ENZ.

→ De dialoog bevat een paar nuttige vragen:
- om naar de prijs van iets te vragen: **Quanto costa?** (in het enkelvoud), **Quanto costano?** (in het meervoud) *Hoeveel kost(en) ... ?.*
- om een aanwijzing te krijgen: **Quale vuole?** (één iets) *(De)Welke/(Het)Welk wilt u?*, **Quali vuole?** (meer dan één iets) *(De)Welke wilt u?*
- om naar een tijdstip te vragen: **A che ora chiudete?** *Hoe laat sluiten jullie?*

SOLO

→ Als bijvoeglijk naamwoord moet **solo** overeenkomen met het woord waar het bijhoort: **un solo paio** *een enkel paar*, **la sola idea** *het enige idee.*
→ Als bijwoord behoudt het zijn vorm en betekent het *slechts, maar*: **Costano solo sessanta euro** *Ze kosten slechts 60 euro.*

CULTURELE INFO

Italië voerde op 1 januari 2002 de euro in, waardoor de 'lire' in onbruik raakte. Velen, vooral ouderen, stonden argwanend tegenover deze nieuwe munteenheid, niet in het minst omdat ze er een prijsstijging mee associeerden. Het is immers zo dat officieel € 1,00 aanvankelijk overeenkwam met bijna 2.000 lire (1936,27), maar in de praktijk werd € 1,00 geleidelijk aan nog maar 1.000 lire waard, waardoor de prijzen verdubbelden. Maar men moe(s)t *vooruit*...: **avanti!**

◆ GRAMMATICA

OVEREENKOMST VAN NAAMWOORDEN EN LIDWOORDEN

- Van een zelfstandig of bijvoeglijk naamwoord dat in de mannelijke vorm enkelvoud op **-o** eindigt, kunnen drie vormen afgeleid worden, bv.: **il vicino** (m. ev.), **la vicina** (v. ev.), **i vicini** (m. mv.), **le vicine** (v. mv.) (zie les 1);
- eindigt het op **-e**, dan zijn slechts twee vormen mogelijk, bv.: **canadese** (m./v. ev.), **canadesi** (m./v. mv.) (zie les 3).
- Denk eraan beide te combineren en ook het lidwoord aan te passen, bv.: **il vicino canadese** *de Canadese buurman*, **la vicina canadese** *de Canadese buurvrouw*, **i vicini canadesi** *de Canadese buurmannen*, **le vicine canadesi** *de Canadese buurvrouwen*.

DE VRAGENDE VORM

Een vraagzin heeft dezelfde structuur als een stellende, bevestigende zin, maar eindigt in geschreven vorm met een vraagteken en krijgt in gesproken vorm een stijgende toon, bv.: **Ha capito.** *U hebt (het) begrepen.* **Ha capito?** *Hebt u (het) begrepen?*

DE ONTKENNENDE VORM

- Om een zin ontkennend te maken, volstaat het om **non** voor het vervoegd werkwoord te zetten, bv.: **Ho capito.** *Ik heb (het) begrepen.* → **Non ho capito.** *Ik heb (het) niet begrepen.*
- Een zin kan in het Italiaans twee ontkennende woorden bevatten, bv. uit les 2: **Non conosco nessuno.** *Ik ken niemand.*
- Bevat de zin een voornaamwoord, dan hoort **non** daar voor te staan, bv.: **Non lo ricordo.** *Ik herinner me het/hem niet.*

HET VOORZETSEL *A*

Het voorzetsel **a** verandert meestal in **ad** voor een woord dat begint met een klinker, in het bijzonder voor **a**: **ad/a una ragazza della sua età.**

▲ VERVOEGING
O.T.T. VAN REGELMATIGE WERKWOORDEN OP -ERE (2E GROEP)

Regelmatige werkwoorden met de infinitief op **-ere** vormen de o.t.t. met hun stam (infinitief zonder **-ere**) + de uitgang **-o, -i, -e, -iamo, -ete, -ono**:

pr**e**ndere nemen	
(io) pr**e**nd**o**	ik neem
(tu) pr**e**nd**i**	je neemt
(lui, lei) pr**e**nd**e**	hij, ze, u (ev.) neemt
(noi) pr**e**nd**iamo**	we nemen
(voi) pr**e**nd**ete**	jullie nemen
(loro) pr**e**nd**ono**	ze nemen, u (mv.) neemt

Andere werkwoorden op **-ere** uit de dialoog: **vedere** *zien*, **vendere** *verkopen*, **dispiacere** *spijten, het erg vinden*, **chiudere** *sluiten*, **riflettere** *nadenken over, overwegen*, **rimanere** *blijven*, **ripetere** *herhalen* (**volere** *willen* en **potere** *kunnen, mogen* zijn onregelmatig).

⬢ OEFENINGEN

1. HERSCHRIJF DE ZINNEN IN DE ONTKENNENDE VORM:

Voorbeeld: Parlo italiano. → Non parlo italiano.

a. Abitiamo a Bologna. → ....

b. Riflettete un po'. → ....

c. Vendono scarpe. → ....

🔊 2. HERSCHRIJF DE ZINNEN IN DE VRAGENDE VORM, BELUISTER DE OPNAME EN 06 LEES DE VRAGEN HARDOP OM DE INTONATIE IN TE OEFENEN:

Voorbeeld: Parli italiano. → Parli italiano?

a. Vuole vedere le scarpe nere. → ....

b. Hai capito la nostra offerta. → ....

c. C'è un posto libero vicino a te. → ....

WOORDENSCHAT

l'affare *de zaak*
altro/-a *ander* **(gli altri** *de andere(n))*
aperto/aperta *(ge)open(d)*
a più tardi *tot later*
basso/-a *laag (plat)*
bene *goed* **(benissimo** *heel goed)*
buonasera *goedenavond*
capire *begrijpen, verstaan*
certamente *(bijw.) zeker*
il/la cliente *de klant*
il commesso / la commessa *de verkoper/verkoopster*
conveniente *voordelig, gunstig*
costare *kosten*
davvero *echt, werkelijk*
dimenticare *vergeten*
l'età *de leeftijd*
l'euro *(onveranderlijk) de euro*
fino a *tot (aan)*
il giro *de ronde, het rondje, ommetje*
insieme *samen*
interessare *interesseren*
il negozio *de winkel* **(i negozi** *de winkels)*
nero/-a *zwart*
l'occasione *de gelegenheid; het koopje*
l'offerta *het aanbod, de aanbieding*
ora *nu*
l'ora *het uur, de tijd*
il paio *het paar*
pensare *(na)denken*
personalmente *persoonlijk (bijw.)*
un po' (verkorting van **poco**, vandaar het weglatingsteken) *een beetje, wat, even*
il prezzo *de prijs*
quanto/-a *hoeveel*
la ragione *het gelijk, de reden* **(avere ragione** *gelijk hebben)*
ricordare *(zich) herinneren*
riflettere *nadenken, overwegen*
ripetere *herhalen*
la scarpa *de schoen* **(le scarpe** *de schoenen)*
sempre *altijd*
stare meglio *beter staan*
il tacco *de hak*
il tempo *de tijd*
trovare *vinden*
vedere *zien, kijken naar*
vero/-a *waar, echt*
la vetrina *de etalage*

3. ZET IN HET MEERVOUD:

a. il prezzo conveniente → ....

b. l'offerta eccezionale → ....

c. il cliente fortunato → ....

4. ZET IN HET VROUWELIJK:

a. il cliente siciliano → ....

b. il commesso gentile → ....

c. il vicino canadese → ....

5. VUL AAN MET DE JUISTE O.T.T.-VORM VAN HET WERKWOORD TUSSEN HAAKJES:

Voorbeeld: La commessa........................ scarpe. (vendere) → La commessa vende scarpe.

a. A che ora .... i negozi? (chiudere)

b. Signorina, ... le scarpe nere in vetrina? (vedere)

c. Prima (*Alvorens*) di parlare, di solito (*gewoonlijk*) io .... (riflettere)

d. Noi per andare al lavoro .... l'autobus, e voi? (prendere)

5.
ADMINISTRATIEVE PROCEDURES
PRATICHE AMMINISTRATIVE

DOELSTELLINGEN

- EENVOUDIGE ADMINISTRATIEVE PROCEDURES DOORLOPEN
- PERSOONLIJKE GEGEVENS MEEDELEN
- EEN NAAM SPELLEN

BEGRIPPEN

- ALFABET EN SPELLEN
- BIJZONDERE VORMEN IN HET MEERVOUD/VROUWELIJK
- BEZITSVORM
- O.T.T. VAN REGELMATIGE WERKWOORDEN OP *-IRE* (3ᴱ GROEP)
- WERKWOORDEN OP *-CARE* EN *-GARE*

ZICH INSCHRIJVEN VOOR DE CURSUS ITALIAANS

Eleni: Excuseer [Toegestaan], mag ik binnenkomen? Is het mijn beurt [Raakt aan mij]?

Kantoorbediende: Komt u maar binnen!

Eleni: Goeiedag, ik zou me willen inschrijven [zou-willen doen de inschrijving] voor de cursus [van] Italiaans voor vreemdelingen.

Kantoorbediende: Zeker! Veel studenten en studentes leren Italiaans hier bij ons. Hebt u een identiteitsbewijs bij zich [document van identiteit met u]?

Eleni: Ja, ik zoek het even in mijn [nu het zoek in-de] tas... Nee, het spijt me, ik heb het niet.

Kantoorbediende: Dat geeft niet [Niet doet niets], we maken een eigen verklaring op [de zelfcertificatie]. Hoe heet u, juffrouw, hoe oud bent u en wat is [de] uw nationaliteit?

Eleni: Ik heet Eleni Dellis, ik ben 23 [heb twintig-drie jaren] en ben Griekse, uit Athene.

Kantoorbediende: Excuseert u me, schrijft men Eleni [Eleni zich schrijft] zo: E zoals Empoli, L zoals Livorno, E zoals Empoli, N zoals Napels en I zoals Imperia?

Eleni: Ja, precies zo.

Kantoorbediende: Hebt u een adres hier in Perugia?

Eleni: Ja, Garibaldistraat 5.

Kantoorbediende: Om de inschrijvingskosten [kost van-de inschrijving] te bepalen, hebben we uw ISEE nodig. Begrijpt u?

Eleni: Nee, wat [welke zaak] is de ISEE?

Kantoorbediende: Het is een document dat het gezinsinkomen [inkomen van-het gezin] certificeert, wat neerkomt op [in-som] hoe rijker je bent hoe meer je betaalt [meer bent rijk en meer betaalt]...

Eleni: Wíj zijn niet rijk, mijn vader is kantoorbediende, mijn moeder is huisvrouw, mijn broer is student en mijn zus is helaas werkloos...

Kantoorbediende: Er zijn ook twee foto's nodig. Brengt u ze me [Mij ze brengt] morgen?

Eleni: Ja, ok.

Kantoorbediende: Nu moet u de eerste schijf betalen om op dit adres het schoolpasje [pasje van-de school] te ontvangen. Als u (het) verkiest, kunt u alles meteen betalen, maar de ISEE is nodig om de som te bepalen.

Eleni: Nee, ik verkies (te) betalen op afbetaling, dank u.

07 L'ISCRIZIONE AL CORSO DI ITALIANO

Eleni: Permesso, posso entrare? Tocca a me?

Impiegato: Si accomodi pure!

Eleni: Buongiorno, vorrei fare l'iscrizione al corso di italiano per stranieri.

Impiegato: Certamente! Tanti studenti e studentesse imparano l'italiano qui da noi. Ha un documento d'identità con lei?

Eleni: Sì, ora lo cerco nella borsa… No, mi dispiace, non ce l'ho.

Impiegato: Non fa niente, facciamo l'autocertificazione. Come si chiama, signorina, quanti anni ha e qual è la sua nazionalità?

Eleni: Mi chiamo Eleni Dellis, ho ventitré anni e sono greca, di Atene.

Impiegato: Scusi, Eleni si scrive così: E come Empoli, L come Livorno, E come Empoli, N come Napoli e I come Imperia?

Eleni: Sì, proprio così.

Impiegato: Ha un indirizzo qui a Perugia?

Eleni: Sì, via Garibaldi 5.

Impiegato: Per decidere il costo dell'iscrizione abbiamo bisogno del suo ISEE. Capisce?

Eleni: No, che cos'è l'ISEE?

Impiegato: È un documento che certifica il reddito della famiglia, insomma più sei ricco e più paghi…

Eleni: Noi non siamo ricchi, mio padre fa l'impiegato, mia madre è casalinga, mio fratello è studente e mia sorella purtroppo è disoccupata…

Impiegato: Ci vogliono anche due foto. Me le porta domani?

Eleni: Sì, va bene.

Impiegato: Ora lei deve pagare la prima rata per ricevere a questo indirizzo la tessera della scuola. Se preferisce può pagare tutto subito, ma ci vuole l'ISEE per decidere la somma.

Eleni: No, preferisco pagare a rate, grazie.

■ DE DIALOOG BEGRIJPEN

VRAGEN OF JE IETS MAG

Met **permesso** *(lett. permissie, toelating; toegestaan)* kan je vragen of je bij iemand mag binnenkomen, mag gaan zitten, iemand in een winkel mag voorgaan enz., vergelijkbaar met *excuseer, sorry, is het ok dat...* In een positief antwoord zit vaak het woord **pure**, ter versterking: **Si accomodi pure!** *Komt u toch binnen! Gaat u maar zitten!*

TOCCA A ME?

Vragen of je aan de beurt bent, bijvoorbeeld in een wachtrij of een spel, doe je met **Tocca a me?** *["Raakt het aan mij?"]* Het bevestigend antwoord hierop is **Tocca a te!**

(NON) CE L'HO

In gewone spreektaal zet men soms het partikel **ce** voor een vorm van het werkwoord **avere** als daarvoor het voornaamwoord **l'** staat (deze **ce** hoeft niet vertaald te worden): **ce l'avete** *jullie hebben het*, **non ce l'ho** *ik heb het niet*.

CI VUOLE/VOGLIONO

De onpersoonlijke uitdrukkingen **ci vuole** + enkelvoud en **ci vogliono** + meervoud drukken uit dat iets nodig is of dingen nodig zijn: **ci vuole una foto** *er is een foto nodig*, **ci vogliono due foto** *er zijn twee foto's nodig*.

VA BENE

Va bene, *(het) gaat goed*, wordt ook gebruikt voor *ok, in orde, akkoord* enz.

SAMENSTELLINGEN

Onze samengestelde zelfstandige naamwoorden bestaan in het Italiaans vaak uit een basiswoord + voorzetsel **di** of samentrekking van **di** en bepaald lidwoord + woord dat het basiswoord verder bepaalt: **compagni di facoltà** *faculteitsgenoten* (les 2), **un documento d'identità** *een identiteitsdocument, -bewijs*, **il costo dell'iscrizione** *de inschrijvingskost(en)*, **il reddito della famiglia** *het gezinsinkomen*.

HET ITALIAANS ALFABET EN SPELLEN

- Om een woord te spellen, gebruiken Italianen de beginletter van een Italiaanse stad (zie voorbeelden in tabel), behalve bij de letter **h** die met het woord **hotel** wordt gespeld.
- De letters **j, k, w, x, y** behoren niet standaard tot het Italiaans alfabet en komen alleen in leenwoorden voor. Bij het spellen volstaat hun naam: **i lunga** (j), **cappa** (k), **vu doppia** (w), **ics** (x), **ipsilon** of **i greca** (y).

A	Ancona	N	Napoli
B	Bologna, Bari	O	Otranto
C	Como	P	Palermo, Padova
D	Domodossola	Q	Quarto
E	Empoli	R	Roma
F	Firenze	S	Savona, Salerno
G	Genova	T	Torino, Taranto
H	hotel	U	Udine
I	Imola, Imperia	V	Venezia
L	Livorno	Z	Zara
M	Milano		

CULTURELE INFO

• Met **l'autocertificazione** *de 'eigen verklaring'*, ingevoerd in 1968 en uitgebreid in 1997, kunnen Italianen hun burgerlijke staat, diploma's en sommige andere persoonlijke gegevens aantonen, zonder officiële documenten voor te leggen.

• De **ISEE** of **l'Indicatore della Situazione Economica Equivalente,** *'de Index van de Gelijkwaardige Economische Situatie'* toont het gezinsinkomen aan.

◆ GRAMMATICA
BIJZONDERE MEERVOUDSVORMEN

• Woorden die eindigen op een beklemtoonde klinker (die dus een accent draagt) zijn overanderlijk, bv.: **la nazionalità → le nazionalità, l'università → le università**.

• Woorden die eindigen op **-co** lassen een **h** in voor hun meervoudsuitgang **-i** of **-e** om de k-klank te behouden, dus **-co** (m. ev.) → **-chi** (m. mv.) en **-ca** (v. ev.) → **-che** (v. mv.), bv. **ricco → ricchi, ricca → ricche**. Uitzonderingen hierop zijn o.a. de mannelijke vormen **greco → greci** [Gretsji] *Griek - Grieken*, **l'amico → gli amici** [amietsji] en mannelijke woorden met een beklemtoonde derdelaatste lettergreep zoals **simpatico → simpatici** (de vrouwelijke vormen volgen de regel: **greca → greche** [Greke], **l'amica → le amiche** [amieke], **simpatica → simpatiche**).

• Woorden die eindigen op **-go** volgen dezelfde regel om de harde g-klank (zoals in 'goal') te behouden: **lungo/lunga** *lang* → **lunghi/lunghe; la casalinga → le casalinghe**.

BIJZONDERE VROUWELIJKE VORMEN

Sommige vrouwelijke zelfstandige naamwoorden krijgen de uitgang **-essa**, bv.:
lo studente → **la studentessa, il dottore** *de dokter* → **la dottoressa**;
sommige dierennamen zoals **il leone** *leeuw* → **la leonessa, l'elefante** *olifant* → **l'elefantessa**;
adellijke titels zoals **il conte** *graaf* → **la contessa, il principe** *prins* → **la principessa**.

BEZITSVORM

In het Italiaans staat voor het bezittelijk voornaamwoord een bepaald lidwoord; beide moeten overeenkomen met geslacht en getal van het bezit, bv. **il mio amico, la mia amica, i miei amici, le mie amiche**.

	BEZIT			
BEZITTER	m. ev.	v. ev.	m. mv.	v. mv.
mijn - de/het mijne	**il mio**	**la mia**	**i miei**	**le mie**
jouw - de/het jouwe	**il tuo**	**la tua**	**i tuoi**	**le tue**
zijn/haar - de/het zijne/hare uw (ev.) *- de/het uwe*	**il suo**	**la sua**	**i suoi**	**le sue**
ons, onze - de/het onze	**il nostro**	**la nostra**	**i nostri**	**le nostre**
jullie / die/dat van jullie	**il vostro**	**la vostra**	**i vostri**	**le vostre**
hun - de/het hunne uw (mv.) *- de/het uwe*	**il loro**	**la loro**	**i loro**	**le loro**

Opmerkingen:
- De vormen zijn dezelfde bij bijvoeglijk gebruik (**il mio amico** *mijn vriend*) en zelfstandig gebruik (**il mio** *de mijne*).
- Het lidwoord wordt niet gebruikt bij één familie- of gezinslid, wel in het meervoud, bv. **mio padre, mia madre**, maar **i miei fratelli, le mie sorelle**.
- **Loro** behoudt zijn basisvorm.

VOORZETSELGEBRUIK

- **Da** (les 1, 3) kan ook *bij* betekenen: **Mangio da mia madre.** *Ik eet bij mijn moeder.*
- **Con** kan eveneens *bij* betekenen: **Non ce l'ho con me.** *Ik heb het niet bij me.*

Intussen is gebleken dat voorzetsels helaas niet altijd een op een vertaald kunnen worden... en dus geleidelijk aan geval per geval onthouden moeten worden

▲ VERVOEGING

O.T.T. VAN REGELMATIGE WERKWOORDEN OP -IRE (3E GROEP)

- Regelmatige werkwoorden met de infinitief op **-ire** vormen de o.t.t. met hun stam (infinitief zonder **-ire**) + de uitgang **-o, -i, -e, -iamo, -ite, -ono**:

partire weggaan, vertrekken	
(io) **part**o	ik vertrek
(tu) **part**i	je vertrekt
(lui, lei) **part**e	hij, ze, u (ev.) vertrekt
(noi) **part**iamo	we vertrekken
(voi) **part**ite	jullie vertrekken
(loro) p**a**rtono	ze vertrekken, u (mv.) vertrekt

- Veel **-ire**-werkwoorden, bv. **preferire** *verkiezen, liever (hebben)*, lassen **isc** in tussen de stam en de uitgang bij alle personen behalve de 1e en 2e meervoud:

capire begrijpen, verstaan	
(io) **cap**isc**o**	ik begrijp
(tu) **cap**isc**i**	je begrijpt
(lui, lei) **cap**isc**e**	hij, ze, u (ev.) begrijpt
(noi) **cap**iamo	we begrijpen
(voi) **cap**ite	jullie begrijpen
(loro) cap**i**scono	ze begrijpen, u (mv.) begrijpt

WERKWOORDEN OP -CARE EN -GARE

We zagen eerder in deze les dat naamwoorden op **-co** en **-go** een **h** inlassen voor hun meervoudsuitgang **-i** of **-e** <u>om hun stamklank [k] resp. harde g [G] te behouden.</u> Werkwoorden op **-care** en **-gare** doen dat voor een vervoegingsuitgang die begint met **-i** of **-e** (zoals ook nog zal blijken in de toekomende tijd, in les 13):

cercare zoeken		pagare betalen	
(io) **cerco**	(noi) **cerch**iamo	(io) **pago**	(noi) **pagh**iamo
(tu) **cerch**i	(voi) **cercate**	(tu) **pagh**i	(voi) **pagate**
(lui, lei) **cerca**	(loro) c**e**rcano	(lui, lei) **paga**	(loro) p**a**gano

OEFENINGEN

1. ZET IN HET MEERVOUD:

a. la mia amica greca → ....

b. la città ricca → ....

c. il tuo amico simpatico → ....

2. GEEF DE VROUWELIJKE VORM:

a. gli studenti simpatici → ....

b. il dottore canadese → ....

c. il principe siciliano → ....

3. VUL AAN MET DE JUISTE O.T.T.-VORM VAN HET WERKWOORD TUSSEN HAAKJES:

a. Siamo di Roma ma .... abitare a Milano. (preferire)

b. A che ora .... il tuo autobus? (partire)

c. Mia sorella non .... l'inglese. (capire)

d. Se .... ti porto dal dottore. (soffrire)

4. VUL DE ZINNEN AAN MET EEN BEZITTELIJK VOORNAAMWOORD EN WAAR NODIG + BEPAALD LIDWOORD:

a. Non siamo ricchi, ... padre fa l'impiegato.

b. Voi norvegesi siete bravissimi, ... scuole sono ottime!

c. Buongiorno signorina, ecco (*hier is*) .... tessera.

d. Sei arrivato con .... macchina o con l'autobus?

5. BELUISTER DE OPNAME EN NOTEER DE GESPELDE NAAM:

_ _ _ _ _ _ _

WOORDENSCHAT

l'autocertificazione *de eigen verklaring*
la borsa *de (hand)tas*
la casalinga *de huisvrouw*
cercare *zoeken*
certificare *certificeren*
il costo *de kostprijs, kosten*
decidere *beslissen (over, dus ook bepalen)*
disoccupato/-a *werkloos*
il documento *het document*
domani *morgen*
entrare *binnenkomen*
la foto (onveranderlijk) *de foto*
il fratello *de broer*
greco/greca *Griek/Griekse*
l'impiegato/-a *de ambtenaar, kantoorbediende*
l'indirizzo *het adres*
insomma *kortom, wat neerkomt op*
l'iscrizione *de inschrijving*
la madre *de moeder*
la nazionalità *de nationaliteit*
niente *niets*
il padre *de vader*
pagare *betalen*
permesso *excuseer, sorry, neem me niet kwalijk; toelating; toegelaten*
portare *brengen*
preferire *verkiezen, liever ... hebben*
primo/-a *eerste*
proprio *net, precies,...*
purtroppo *helaas*

la rata *de (afbetalings)schijf, betaling in termijnen*
il reddito *het inkomen*
ricco/-a *rijk*
ricevere *krijgen, ontvangen*
scrivere *schrijven*
la somma *de som*
la sorella *de zus*
straniero/-a *vreemdeling/-e, buitenlander/-dse*
subito *meteen, dadelijk*
tanto/-a *veel* (moet als bijv. nw. overeenkomen met het zelfst. nw. waar het bijhoort)
la tessera *de kaart, het pasje*
la via *de straat*

6. MENSEN BESCHRIJVEN

DESCRIVERE LE PERSONE

DOELSTELLINGEN

- IEMAND VRAGEN HOE HET GAAT
- UITERLIJK EN KARAKTER BESCHRIJVEN
- KLEDIJ

BEGRIPPEN

- PLAATS VAN BIJVOEGLIJKE NAAMWOORDEN
- BIJZONDERE MEERVOUDSVORMEN (VERVOLG)
- AANWIJZENDE VOORNAAMWOORDEN
- O.T.T. VAN EEN PAAR ONREGELMATIGE WERKWOORDEN OP *-ARE*
- *STARE/ESSERE* (ZIJN)

VAKANTIEFOTO'S

<u>Giulia</u>: Hallo, Carlo, hoe gaat het [bent]?

<u>Carlo</u>: Ík maak het [ben] goed, dank je, en jij?

<u>Giulia</u>: Ík ook, ik ben net teruggekeerd van een prachtige vakantie op [in] Sardinië. Als je wil, toon ik je je [je doe zien] de foto's.

<u>Carlo</u>: Ok, maar geef je me [me geeft] mijn bril, alsjeblieft? Hij ligt [Zijn] daar, op die tafel.

<u>Giulia</u>: Kijk, hier zijn we in de bar; deze hier vooraan [op eerste vlak] is mijn man en die daar achteraan [op bodem] [aan] rechts is mijn schoonmoeder, onmiskenbaar veel minder fotogeniek, met die kromme neus en die enorme mond! En ze is ook wat een roddelaarster… Deze met het gele hemd is mijn schoonbroer Filippo en de dame met de witte broek naast hem is zijn echtgenote.

<u>Carlo</u>: Ja, ik ken ze.

<u>Giulia</u>: Kijk hier, dit is onze vriendengroep [de groep van-de onze vrienden]: Luigi is die kleine [lage] met de blonde haren en het rode T-shirt, en aan zijn linkerkant staat [er is] Mario, met zijn strohoed [de hoed van stro]. Achter hen staat Sandro, die een [de] trui en [de] sokken draagt, zelfs in volle zomer. Ook wanneer het koud is [doet], heeft híj (het) altijd koud.

<u>Carlo</u>: Werkelijk?

<u>Giulia</u>: Bij hem staat zijn nicht, Lara, (die) met de lange rok. Het zijn allemaal dierbare vrienden, we kunnen het heel goed vinden [zijn heel goed] met hen. Maar mijn favorieten zijn Paolo en Luisa, hier zijn ze op het strand, aan [oever aan-de] zee. Zie je? Híj is mager en groot en zíj is klein en een beetje dik. Ze zijn echt heel sympathiek en ook genereus.

<u>Carlo</u>: Zulke mooie foto's! En zulke mooie vrienden!

FOTO DI VACANZA

Giulia: Ciao, Carlo, come stai?

Carlo: Io sto bene, grazie, e tu?

Giulia: Anch'io, sono appena tornata da una bellissima vacanza in Sardegna. Se vuoi ti faccio vedere le foto.

Carlo: Va bene, ma mi dai i miei occhiali, per favore? Sono lì, su quel tavolo.

Giulia: Guarda, qui siamo al bar; questo in primo piano è mio marito, e quella là in fondo a destra è mia suocera, decisamente molto meno fotogenica, con quel naso storto e quella bocca enorme! Ed è anche un po' pettegola... Questo con la camicia gialla è mio cognato Filippo, e la signora con i pantaloni bianchi accanto a lui è sua moglie.

Carlo: Sì, li conosco.

Giulia: Ecco, questo è il gruppo dei nostri amici: Luigi è quello basso con i capelli biondi e la maglietta rossa, e alla sua sinistra c'è Mario, col cappello di paglia. Dietro di loro c'è Sandro, che porta il maglione e le calze anche in piena estate. Anche quando fa caldo, lui ha sempre freddo.

Carlo: Davvero?

Giulia: Vicino a lui c'è sua cugina, Lara, con la gonna lunga. Sono tutti cari amici, stiamo molto bene con loro. Ma i miei preferiti sono Paolo e Luisa, qui sono sulla spiaggia, in riva al mare. Vedi? Lui è magro e alto e lei è piccola e un po' grassa. Sono davvero molto simpatici e anche generosi.

Carlo: Che belle foto! E che begli amici!

■ DE DIALOOG BEGRIJPEN

→ We zagen het werkwoord *zijn* al als **essere** dat een realiteit of een blijvende toestand weergeeft: **Sono Solveig, sono qui da una settimana; Qui siamo al bar.** Ook **stare** betekent *zijn*, maar dan met betrekking tot iemands tijdelijke fysieke of psychische toestand: **Come stai?** – **Sto bene.** *Hoe gaat het met je?* – *Ik ben ok*; **Stiamo molto bene con loro.** *We zijn graag met hen samen.* Soms wordt het ook voor 'wonen' gebruikt: **Sto a Milano.** *Ik woon in Milaan.*

→ Bij veel plaatsaanduidingen wordt gebruikgemaakt van het voorzetsel **a**: **accanto a** *naast*, **vicino a** *dichtbij*, **in riva a** *aan de oever, waterkant van* (meestal een zee, meer, rivier) en van het voorzetsel **di**: **a destra di** *rechts, aan de rechterkant van*, **a sinistra di** *links, aan de linkerkant van.*

→ Staat het bijvoeglijk naamwoord **bello** achter een zelfstandig naamwoord, dan volgt het de regel **-o/-a/-i/-e**; ervoor gedraagt het zich als een bepaald lidwoord:

	MANNELIJK			VROUWELIJK	
	voor een medeklinker (behalve **s** + medeklinker, **gn, ps, z**	voor **s** + medeklinker, **gn, ps, z**	voor een klinker	voor een medeklinker	voor een klinker
ENKELVOUD	**bel** un bel maglione *een mooie pull*	**bello** un bello studente *een knappe student*	**bell'** un bell'amico *een leuke vriend*	**bella** una bella spiaggia *een mooi strand*	**bell'** una bell'amica *een leuke vriendin*
MEERVOUD	**bei** dei bei maglioni *mooie pulls*	**begli** dei begli studenti *knappe studenten* dei begli amici *leuke vrienden*		**belle** delle belle spiagge *mooie stranden* delle belle amiche *leuke vriendinnen*	

CULTURELE INFO

Italianen gaan graag op vakantie. Zelfs in tijden van economische crisis trekken de meesten er minstens een week op uit in augustus. Het liefst verblijven ze in een hotel aan zee, bij voorkeur in eigen land. De populairste stranden zijn die in het zuiden en die op Sicilië en Sardinië. Italië wordt ook door veel buitenlanders bezocht: de toeristische sector stelt zowat 2,5 miljoen Italianen tewerk en levert bijna 10 % van het BNP.

◆ GRAMMATICA
PLAATS VAN BIJVOEGLIJKE NAAMWOORDEN

In het Italiaans staan bijvoeglijke naamwoorden doorgaans achter het zelfstandig naamwoord dat ze nader bepalen, bv. **la bocca enorme** *de enorme mond*, **la camicia gialla** *het gele hemd*, **i capelli biondi** *de blonde haren, het blonde haar*;
• bij een "subjectieve beschrijving" is de volgorde vaak omgekeerd: **cari amici,** *dierbare vrienden*, **il nostro ottimo pesce** *onze heerlijke vis.*

BIJZONDERE MEERVOUDSVORMEN (VERVOLG)

• Verkortingen hebben geen meervoudsuitgang (het gedeelte waaraan de uitgang zou komen is immers weggevallen...), bv.: **la foto → le foto** (maar **la fotografia → le fotografie**), **la bici** *de fiets* **→ le bici** (maar **la bicicletta → le biciclette**), **la moto** *de motor(fiets)* **→ le moto** (maar **la motocicletta → le motociclette**). De verkorte vormen worden het meest gebruikt.
• Leenwoorden veranderen evenmin van vorm in het meervoud, bv. **il bar → i bar** (Engels), **il camion → i camion** (Frans), **l'autobus → gli autobus** en alle aan het Latijn of een andere taal ontleende woorden die eindigen op een medeklinker.

AANWIJZENDE VOORNAAMWOORDEN

• **Questo** verwijst naar iets/iemand in de nabijheid van de aangesprokene (*deze, dit*),
• **quello** verwijst naar iets/iemand verwijderd van de aangesprokene (*die, dat*).

Ze kunnen zowel zelfstandig als bijvoeglijk gebruikt worden en verschillende vormen aannemen:
• **questo** neemt de uitgangen aan van naamwoorden (**-o/-a/-i/-e**),
• **quello** houdt bovendien bij bijvoeglijk gebruik rekening met de beginletter van het zelfstandig naamwoord dat erop volgt (zoals **bello** en bepaalde lidwoorden):

	MANNELIJK			VROUWELIJK	
	voor een medeklinker (behalve s + medeklinker, gn, ps, z)	voor s + medeklinker, gn, ps, z	voor een klinker	voor een medeklinker	voor een klinker
ENKELVOUD	**quel** **quel cappello** *die hoed*	**quello** **quello studente** *die student*	**quell'** **quell'amico** *die vriend*	**quella** **quella foto** *die foto*	**quell'** **quell'amica** *die vriendin*
MEERVOUD	**quei** **quei cappelli** *die hoeden*	**quegli** **quegli studenti** *die studenten* **quegli amici** *die vrienden*		**quelle** **quelle foto** *die foto's* **quelle amiche** *die vriendinnen*	

Voorbeelden van bijvoeglijk gebruik: **in questo corso** *in deze cursus* (les 2), **a questo indirizzo** *op dit adres* (les 5), **quella bocca enorme**.

Voorbeeld van zelfstandig gebruik: **Questo in primo piano è mio marito.** *Deze op de voorgrond is mijn echtgenoot.*

Deze aanwijzende voornaamwoorden kunnen versterkt worden met een bijwoord van plaats zoals **qui** *hier* of **là** *daar(ginds)*: **Quella là in fondo a destra è mia suocera.** *Die daar acheraan rechts is mijn schoonmoeder.*

▲ VERVOEGING

O.T.T. VAN EEN PAAR VEEL GEBRUIKTE ONREGELMATIGE WERKWOORDEN OP *-ARE*

andare gaan	
(io) **vado**	(noi) **andiamo**
(tu) **vai**	(voi) **andate**
(lui, lei) **va**	(loro) **vanno**

fare doen, maken	
(io) **faccio**	(noi) **facciamo**
(tu) **fai**	(voi) **fate**
(lui, lei) **fa**	(loro) **fanno**

dare geven	
(io) **do**	(noi) **diamo**
(tu) **dai**	(voi) **date**
(lui, lei) **dà**	(loro) **danno**

stare *zijn* (tijdelijke toestand)	
(io) **sto**	(noi) **stiamo**
(tu) **stai**	(voi) **state**
(lui, lei) **sta**	(loro) **stanno**

WOORDENSCHAT

alto/-a *hoog, lang, groot*
anche *ook; zelfs*
il bar *de bar, het café*
basso/-a *laag, klein*
bianco/-a *wit*
biondo/-a *blond*
la bocca *de mond*
il caldo *de warmte;* **caldo/-a** *warm*
le calze *de sokken*
la camicia *het hemd*
i capelli *de haren, het haar*
il cappello *de hoed*
caro/-a *dierbaar, geliefd*
il cognato *de schoonbroer, zwager / **la cognata** de schoonzus*
il cugino *de neef /* **la cugina** *de nicht*
decisamente *beslist, zeker, onmiskenbaar (bijw.)*
la destra *de rechterkant, rechts*
enorme *enorm*
l'estate *de zomer*
fotogenico/-a *fotogeniek*
il freddo *de koude;* **freddo/-a** *koud*
generoso/-a *genereus, vrijgevig*
giallo/-a *geel*
la gonna *de rok*
grasso/-a *vet, dik*
il gruppo *de groep*
guardare *kijken*
lungo/-a *lang*
la maglietta *het T-shirt*
il maglione *de trui*
magro/-a *mager*
il marito *de echtgenoot, man*
meno *minder*
la moglie *de echtgenote, vrouw*
il naso *de neus*
gli occhiali *(mv.) de bril*
la paglia *het stro*
i pantaloni *(mv.) de (lange) broek, pantalon*
pettegolo/-a *roddelend, roddelaar/-ster*
il piano *het vlak, niveau*
piccolo/-a *klein*
portare *dragen*
preferito/-a *favoriet, lievelings-*
la riva *de oever, kust, wal*
rosso/-a *rood*
simpatico/-a *sympathiek*
la sinistra *de linkerkant, links*
la spiaggia *het strand*
storto/-a *krom*
il suocero *de schoonvader/* **la suocera** *de schoonmoeder*
il tavolo *de tafel*
tornare *terugkeren, -komen, -gaan*
la vacanza *de vakantie*

De woordenlijsten worden zo overweldigend dat we je uitnodigen om ze voortaan zelf aan te vullen aan de hand van de vertalingen en de uitleg. Een uitstekende oefening om je woordenschat uit te breiden, te herhalen en in te oefenen!

OEFENINGEN

1. ZET IN HET MEERVOUD:

a. la tua foto piccola → ....

b. questo maglione rosso → ....

c. quel bel bar → ....

d. quello studente magro → ....

e. il tuo cappello giallo → ....

f. quell'estate calda → ....

2. VUL AAN MET DE JUISTE VORM VAN HET AANWIJZENDE *QUESTO* OF *QUELLO*:

a. .... qui è mio marito, ... là in fondo è mia suocera.

b. .... casa là in fondo è la nostra.

c. Siamo appena arrivati in .... città.

d. Domani vado da .... mio amico.

3. VUL AAN MET DE JUISTE O.T.T.-VORM VAN HET ONREGELMATIG -*ARE*-WERKWOORD *ANDARE, DARE, FARE* OF *STARE*:

a. Come .... signorina? – .... bene, grazie.

b. Gli italiani .... in vacanza al mare.

c. Sono troppo (*te*) grasso per portare questo maglione, lo .... a mio fratello perché (*want*) lui è magro.

d. Io .... una foto a mia moglie perché è molto fotogenica.

4. BELUISTER DE OPNAME EN VUL DE ZINNEN AAN:

a. In estate fa .... non fa ....

b. In questa foto siamo sulla .... in riva al ....

c. In questa foto ci sono mio marito, sulla mia destra e mia suocera, alla mia ....

d. Ti .... vedere le foto della mia .... in Sardegna.

II HET DAGELIJKS LEVEN

7.
DE DAGELIJKSE ACTIVITEITEN

LE ATTIVITÀ DELLA GIORNATA

DOELSTELLINGEN

- CIJFERS EN GETALLEN
- UUR EN DATUM
- DE DAGEN VAN DE WEEK
- DE MAANDEN VAN HET JAAR
- DE SEIZOENEN

BEGRIPPEN

- HOOFDTELWOORDEN
- COMPARATIEF
- *PIACERE*
- WEDERKERENDE WERKWOORDEN
- O.T.T. VAN EEN PAAR ONREGELMATIGE WERKWOORDEN OP *-ERE*

GEREGELDE DAGEN

Mario: Excuseer, Simona, hoe laat is het [welke uren zijn]?

Simona: Het is twee uur dertig [Zijn de twee en half], waarom?

Mario: Deze [Vandaag] namiddag heb ik een werkafspraak die ik niet mag missen. Ik moet in (het) centrum zijn om 4 uur stipt [om-de vier in punt]. Hoe laat [om welk uur] moet ik volgens jou van huis vertrekken?

Simona: (Een) halfuur tevoren, om halfvier [om-de drie en half].

Mario: Ja, maar als ik bij toeval blijf vastzitten[d] in het verkeer? Ik wil nog vroeger vertrekken, om kwart over drie [om-de drie en een kwart]. En als ik te vroeg [in vervroeging] aankom, om kwart voor vier [om-de vier min een kwart], nou ja [geduld]! Ik ga in een café zitten en drink iets.

Simona: Misschien maak je je wat te veel zorgen, denk je niet?

Mario: Je hebt gelijk, mijn dag moet altijd minuut per minuut georganiseerd zijn: 's morgens [de morgen] word ik wakker [me wek] om 7 uur, behalve op [de] zaterdag en [de] zondag. Ik neem een [doe de] douche en daarna ontbijt ik [doe ontbijt] om 7u30 [om-de zeven en dertig] om op het werk te zijn om 8u30. Ik lunch om 12u30 [middag en half], ten laatste om 1 uur [om-het meest laat om-de één], dan keer ik terug naar [in] kantoor om 2 uur. Enige uitzondering: 's maandags [de maandag] ga ik naar het [in] zwembad tijdens de lunchpauze. In plaats van te lunchen, eet ik die dag iets kleins in de late middag [doe een merenda meer laat]. Ik stop met werken om 6 uur en mijn avondeten is om halfacht. 's Avonds [De avond] kijk ik wat [de] televisie en om halfelf of ten laatste [maximum] om 11 uur ga ik naar bed.

Simona: Om 23 uur! Je eet 's avonds (heel vroeg) en gaat heel vroeg naar bed! Ga je nooit uit [Niet gaat-uit nooit]?

Mario: Jawel, op vrijdagavond ga ik naar de bioscoop, vooral in (de) herfst en in (de) winter, omdat ik in (de) zomer en in (de) lente graag wandel [me bevalt maken een wandeling]. Natuurlijk ga ik (in) het weekend uit met mijn [de] vrienden, heel het jaar.

Simona: Je lijkt heel huiselijk, maar uiteindelijk [op-het einde] ga je meer uit dan ik [mij]!

Mario: Ik ben eerder [meer] methodisch dan huiselijk, ik hou van dagelijkse routine [mij bevallen de uurroosters regelmatige].

GIORNATE REGOLARI

Mario: Scusa, Simona, che ore sono?

Simona: Sono le due e mezza, perché?

Mario: Oggi pomeriggio ho un appuntamento di lavoro che non posso mancare. Devo essere in centro alle quattro in punto. Secondo te a che ora devo partire da casa?

Simona: Mezz'ora prima, alle tre e mezza.

Mario: Sì, ma se per caso rimango bloccato nel traffico? Voglio partire ancora prima, alle tre e un quarto. E se arrivo in anticipo, alle quattro meno un quarto, pazienza! Mi siedo in un bar e bevo qualcosa.

Simona: Forse ti preoccupi un po' troppo, non credi?

Mario: Hai ragione, la mia giornata deve essere sempre organizzata minuto per minuto: la mattina mi sveglio alle sette, salvo il sabato e la domenica. Faccio la doccia e poi faccio colazione alle sette e trenta, per essere al lavoro alle otto e mezza. Pranzo a mezzogiorno e mezza, al più tardi all'una, poi ritorno in ufficio alle due.
Sola eccezione: il lunedì vado in piscina durante la pausa pranzo. Invece di pranzare, quel giorno faccio una merenda più tardi. Finisco di lavorare alle sei, e la mia cena è alle sette e mezza. La sera guardo un po' la televisione e alle dieci e mezza o al massimo alle undici vado a letto.

Simona: Alle ventitré! Ceni e vai a letto molto presto! Non esci mai?

Mario: Sì, il venerdì sera vado al cinema, soprattutto in autunno e in inverno, perché in estate e in primavera mi piace fare una passeggiata. Naturalmente il fine settimana esco con gli amici tutto l'anno.

Simona: Sembri molto casalingo, ma alla fine esci più di me!

Mario: Sono più metodico che casalingo, mi piacciono gli orari regolari.

■ DE DIALOOG BEGRIJPEN
CIJFERS EN GETALLEN

→ Van 1 tot 20: **uno – due – tre – quattro – cinque – sei – sette – otto – nove – dieci – undici – dodici – tredici – quattordici – quindici – sedici – diciassette – diciotto – diciannove – venti.**

→ Verder zijn de tientallen tot 100: **trenta – quaranta – cinquanta – sessanta – settanta – ottanta – novanta – cento**

→ en telt men per 'tiental + eenheid': **venticinque** 25, **trentanove** 39 (eindigt een getal op 3, dan moet daar een accent op: **cinquantatré** 53; eindigt het op 1 of 8, dan valt de eindklinker van het tiental weg: **ventuno** 21, **trentotto** 38).

→ Getallen worden in één woord geschreven: 1946 **millenovecentoquarantasei**.

HET UUR

→ **Che ore sono?** of **Che ora è?** ['Welke uren zijn?' of 'Welk uur is?'] *Hoe laat is het?*

→ **Sono le ...** ['Zijn de ...'] *Het is ...* (denk eraan het lidwoord te gebruiken!);
È ... *Het is ...* om 1 uur of bij termen zoals middag, middernacht:
10u15: **sono le dieci e un quarto** (*en een kwart*)
10u30: **sono le dieci e mezza** (*en half*)
10u45: **sono le dieci e tre quarti / sono le undici meno** (*min*) **un quarto**
10u50: **sono le undici meno dieci / sono le dieci e cinquanta**
12.00: **è mezzogiorno** (*middag, noen*) **/ sono le dodici**
12u30 uur: **è la mezza / è mezzogiorno e trenta / sono le dodici e trenta**
13.00: **è l'una / sono le tredici**
15u25: **sono le quindici e venticinque**
00.00: **è mezzanotte** (*middernacht*) **/ sono le ventiquattro**

DE DAGEN VAN DE WEEK

lunedì *maandag*
martedì *dinsdag*
mercoledì *woensdag*
giovedì *donderdag*
venerdì *vrijdag*
sabato *zaterdag*
domenica *zondag*

Alle dagen zijn mannelijk, behalve **domenica**: **un brutto lunedì di pioggia**, *een vreselijke regenachtige maandag*; **una bella domenica di sole**, *een mooie zonnige zondag*.
Merk op dat voor een dag(deel) een bepaald lidwoord staat als het om gewoonte gaat: **la mattina** *'s morgens*, **salvo il sabato e la domenica** *behalve op zaterdag en zondag*.

DE MAANDEN VAN HET JAAR

gennaio *januari*
febbraio *februari*
marzo *maart*
aprile *april*
Allemaal mannelijk.

maggio *mei*
giugno *juni*
luglio *juli*
agosto *augustus*

settembre *september*
ottobre *oktober*
novembre *november*
dicembre *december*

DE SEIZOENEN

la primavera *de lente*
l'estate *de zomer*
… zijn vrouwelijk

l'autunno *de herfst*
l'inverno *de winter*
… zijn mannelijk

DE DATUM

Che giorno è oggi? *Welke dag is het, hebben we vandaag?*
Oggi è lunedì ventuno marzo, il primo giorno di primavera. *Vandaag is het maandag 21 maart, de eerste dag van de lente.*

CULTURELE INFO

In zowat 22.000 Italiaanse steden bevinden zich monumenten uit de Griekse, Etruskische of Romeinse tijd of uit de middeleeuwen. Teneinde **il centro storico** *het historische centrum, de oude binnenstad* te vrijwaren, voerde men **zone a traffico limitato (ZTL)** in, zones waar alleen geautoriseerde voertuigen op bepaalde tijdstippen door mogen.

 ## GRAMMATICA

COMPARATIEF

- Bij een vergelijking hoort de structuur **più** *meer* of **meno** *minder* + bijvoeglijk naamwoord: **più grande** *groter* of **meno grande** *minder groot*,
- eventueel uitgebreid met **di** (*dan*) of met de samentrekking van **di** + bepaald lidwoord (voor een zelfstandig naamwoord of voornaamwoord)
- of met **che** (voor een bijwoord, een werkwoord, een bijvoeglijk naamwoord of een voorzetsel, of indien de comparatief een hoeveelheid aanduidt):

Marzo è più lungo di febbraio. *Maart is langer dan februari.*
La tua casa è più grande della mia. *Jouw huis is groter dan het mijne.*
Tu sei più fotogenico di me. *Jij bent fotogenieker dan ik [mij].*

Parla più forte che bene. *Hij spreekt eerder luid dan goed.*
Mi piace di più dormire che lavorare. *Slapen doe ik liever dan werken.*
Ottobre è più umido che freddo. *Oktober is meer vochtig dan koud.*
A Milano fa meno caldo che a Roma. *In Milaan is het minder warm dan in Rome.*
Mangiamo meno carne che pesce. *We eten minder vlees dan vis.*

Gelijkheid wordt uitgedrukt met **come** (of **quanto**) voor het tweede element van de vergelijking: **Gennaio è freddo come febbraio.** *Januari is even koud als februari.*

▲ VERVOEGING

PIACERE

Zeggen dat je iets leuk, lekker enz. vindt, kan met het werkwoord **piacere** *bevallen.* Wat bevalt, het onderwerp dus, kan in het enkelvoud of meervoud staan, waardoor er maar twee vormen mogelijk zijn, nl. 3e pers. enkelvoud of meervoud:

- **mi piace questa vita** *[mij bevalt dit leven] ik vind dit leven fijn,* **ti piace dormire** *[jou bevalt slapen] je slaapt graag*

- **mi piacciono gli orari regolari** *[mij bevallen de] ik heb graag 'vaste' uurroosters.*

WEDERKERENDE WERKWOORDEN

Bij deze vervoeging wordt gebruikgemaakt van de wederkerende voornaamwoorden **mi** *(me)*, **ti** *(je)*, **si** *(zich)*, **ci** *(ons)*, **vi** *(je)*, **si** *(zich)*:

alzarsi *opstaan, rechtop gaan staan, zich rechtzetten*	
mi alzo *ik sta op, zet me recht*	ci alziamo
ti alzi	vi alzate
si alza	si alzano

sedersi *gaan zitten, zich neerzetten*	
mi siedo *ik ga zitten, zet me neer*	ci sediamo
ti siedi	vi sedete
si siede	si siedono

O.T.T. VAN EEN PAAR ONREGELMATIGE WERKWOORDEN OP *-ERE*

Hieronder vallen ook de modale werkwoorden **dovere** *moeten+,* **potere** *kunnen, mogen* en **volere** *willen,* waarop meestal een infinitief volgt.

WOORDENSCHAT

l'anticipo *de vervroeging; het voorschot;* **in anticipo** *(te) vroeg*
l'appuntamento *de afspraak*
bloccato/-a *geblokkeerd, vastzittend*
casalingo/-a *huiselijk*
il caso *het toeval, geval*
la cena *het avondmaal*
cenare *het avondmaal gebruiken*
il centro *het (stads)centrum*
la colazione *het ontbijt*
credere *geloven, vinden, denken*
la doccia *de douche*
durante *tijdens*
l'eccezione *de uitzondering*
la fine *het einde*
finire *eindigen*
la giornata *de dag*
invece *in plaats van; daarentegen*
il letto *het bed*
mai *nooit*
mancare *missen, ontbreken*
la mattina *de morgen, ochtend*
la merenda *lichte maaltijd in de late namiddag, vieruurtje*
metodico/-a *methodisch*
il minuto *de minuut*
naturalmente *natuurlijk (bijw.)*
oggi *vandaag*
l'orario *het uurrooster* (**gli orari** mv.)
organizzato/-a *georganiseerd*
la passeggiata *de wandeling*
la pausa pranzo *de lunchpauze*
Pazienza! *Nou, ja! En dan?! Niets aan te doen...* (**la pazienza** *het geduld*)
perché *waarom; omdat, want*
piacere *bevallen, houden van, fijn, leuk, lekker enz. vinden, graag ...*
la piscina *het zwembad*
poi *dan, daarna, voorts enz.*
il pomeriggio *de (na)middag*
pranzare *lunchen, 's middags eten*
il pranzo *de lunch, het middagmaal*
preoccuparsi *zich zorgen maken*
prima *eerder, vroeger, tevoren*
in punto *stipt* (**il punto** *de punt, stip*)
qualcosa *iets*
regolare *regelmatig, geregeld*
ritornare *terugkeren*
salvo *behalve*
secondo (te) *volgens (jou)*
la sera *de avond*
svegliarsi *wakker worden*
la televisione *de televisie*
il traffico *het verkeer*
troppo *te (veel)*
uscire *uitgaan*

dovere *moeten*	
devo	dobbiamo
devi	dovete
deve	devono

potere *kunnen, mogen*	
posso	possiamo
puoi	potete
può	possono

volere *willen*	
voglio	vogliamo
vuoi	volete
vuole	vogliono

sapere *weten, kennen, kunnen*	
so	sappiamo
sai	sapete
sa	sanno

bere *drinken*	
bevo	beviamo
bevi	bevete
beve	bevono

rimanere *blijven*	
rimango	rimaniamo
rimani	rimanete
rimane	rimangono

◆ OEFENINGEN

🔊 1. BELUISTER DE OPNAME EN NOTEER DE CIJFERS IN LETTERS:

09
a. 404 → ....

b. 91 → ....

c. 1957 → ....

d. 22 → ....

e. 73 → ....

2. BEANTWOORD DE VRAGEN ZOALS IN DE VOORBEELDEN:

Voorbeelden: A che ora ti alzi? (8.35) – Mi alzo alle otto e trentacinque.
A che ora pranzate? (12.45) – Pranziamo a mezzogiorno e tre quarti
(alle dodici e quarantacinque)

a. A che ora cenano? (19.30) →..

b. A che ora vi svegliate? (7.15) → ....

c. A che ora fai la doccia? (9.20) → ....

d. A che ora va in piscina, signora? (17.30) → ....

3. VUL AAN MET DE JUISTE O.T.T.-VORM VAN HET ONREGELMATIG WERKWOORD OP -ERE DAT TUSSEN HAAKJES STAAT:

a. Se parto da casa troppo tardi .... bloccata nel traffico. (rimanere)

b. Se arriviamo in anticipo, ... in un bar e .... qualcosa. (sedersi, bere)

c. Signorina, se ...., ... pranzare con noi. (volere, potere)

d. Se non .... dov'è l'ufficio turistico, ... domandare al vigile urbano. (sapere, potere)

e. A che ora .... prendere l'autobus tu e tua sorella? (dovere)

4. VUL AAN MET CHE, DI OF COME:

a. In inverno fa più freddo .... in estate.

b. Modena è meno grande .... Milano.

c. In giugno fa caldo .... in luglio.

d. A Roma c'è più traffico .... a Venezia.

7. De dagelijkse activiteiten

8.
EEN WOONRUIMTE ZOEKEN

CERCARE UN ALLOGGIO

DOELSTELLINGEN

- WOONST EN INRICHTING BESCHRIJVEN
- PLANNEN TOELICHTEN

BEGRIPPEN

- SUPERLATIEF
- BIJZONDERE COMPARATIEF- EN SUPERLATIEFVORMEN
- DUIZENDTALLEN EN RANGTELWOORDEN
- O.T.T. VAN EEN PAAR ONREGELMATIGE WERKWOORDEN OP *-IRE*
- O.T.T. VAN WERKWOORDEN AFGELEID VAN *PORRE*

EEN HUURAPPARTEMENT

David: Goeiedag, excuseert u me, is dit het immobiliënkantoor "Carulli"?

Carla: Zeker, goeiemorgen!

David: Aangenaam, ik ben [heet] David Cooper, ik kom uit de Verenigde Staten, ik ben in Italië om te studeren en zoek een heel goedkoop appartement te huur.

Carla: U komt net op het geschikte moment! We zijn het beste agentschap van de stad en hebben echt heel goedkope appartementen. We hebben, bijvoorbeeld, dit appartementje met [van] drie vertrekken op de derde verdieping, woonkamer, slaapkamer [bed-], bad(kamer) en een klein keukentje [heel kleine keuken], in een heel centraal(gelegen) straat twee stappen van de universiteit vandaan. We verhuren het alle jaren aan studenten en allen zeggen dat het een optimale kwaliteit-prijsverhouding heeft [is].

David: Ja, maar ík zoek iets kleiners [van meer klein], ik moet er alleen wonen.

Carla: U hebt gelijk, we vinden wel [nu] iets meer geschikts voor [van meer aangepast aan] u. We hebben meer dan tweeduizend appartementen in onze portefeuille [catalogus]! Er is, bijvoorbeeld, een eenkamer(flat) op de vijftiende verdieping van de hoogste wolkenkrabber van de stad.

David: Ja, maar als de lift stuk is, wat doe ik (dan)? Ga ik vijftien verdiepingen te voet naar boven?

Carla: Maar dat [niet] gebeurt bijna nooit!

David: Wanneer er een probleem is, overkomt het altijd [aan] mij! Liever [Verkies van] niet, dank u!

Carla: Dan stel ik u deze andere mogelijkheid voor: een kamer in een appartement gedeeld met drie andere studenten. Het bevindt zich op de tweede verdieping; uw kamer is de laatste op het einde van de gang, en uiteraard kunnen jullie allemaal gebruikmaken [hebben het gebruik] van (de) badkamer en (de) keuken. De huur van het appartement bedraagt [is van] 1.000 euro per maand; aangezien jullie met [in] vier zijn, betaalt ú er slechts een kwart van, dus 250. Wat denkt [zegt] u daarvan? Dit is het meest voordelige, niet?

David: Ik denk [zeg] dat als dit het goedkoopste [minst dure] van alle is, ik het wel moet nemen [aanvaard per kracht]!

🔊 10 — UN APPARTAMENTO IN AFFITTO

David: Buongiorno; scusi, questa è l'agenzia immobiliare "Carulli"?

Carla: Certo, buongiorno!

David: Piacere, mi chiamo David Cooper, vengo dagli Stati Uniti, sono in Italia per studiare e cerco un appartamento in affitto molto economico.

Carla: Capita proprio a proposito! Siamo la migliore agenzia della città e abbiamo appartamenti davvero economicissimi. Per esempio, abbiamo questo appartamentino di tre stanze al terzo piano, soggiorno, camera da letto, bagno e una piccolissima cucina, in una via centralissima a due passi dall'università. Lo affittiamo tutti gli anni a studenti e tutti dicono che è un ottimo rapporto qualità-prezzo.

David: Sì, ma io cerco qualcosa di più piccolo, ci devo abitare da solo.

Carla: Ha ragione, ora troviamo qualcosa di più adatto a lei. Abbiamo più di duemila appartamenti nel nostro catalogo! Per esempio, c'è un monolocale al quindicesimo piano del grattacielo più alto della città.

David: Sì, ma se l'ascensore è guasto che faccio? Salgo a piedi quindici piani?

Carla: Ma non succede quasi mai!

David: Quando c'è un guaio, capita sempre a me! Preferisco di no, grazie!

Carla: Allora le propongo quest'altra possibilità: una camera in un appartamento condiviso con altri tre studenti. Si trova al secondo piano, la sua camera è l'ultima in fondo al corridoio, e tutti avete naturalmente l'uso di bagno e cucina. L'affitto dell'appartamento è di mille euro al mese, siccome siete in quattro lei ne paga solo un quarto, cioè duecentocinquanta. Che ne dice? Questo è il più conveniente, no?

David: Dico che se questo è il meno caro di tutti, accetto per forza!

◼ DE DIALOOG BEGRIJPEN
DE WERKWOORDEN *SUCCEDERE* EN *CAPITARE*

→ Ze kunnen allebei *gebeuren* weergeven:
• **succedere**: **Non succede quasi mai.** *Het gebeurt bijna nooit, valt bijna nooit voor* (let op de dubbele ontkenning in het Italiaans!);
• **capitare**: **Quando c'è un guaio, capita sempre a me!** *Als er iets mis loopt, gebeurt het altijd met mij, overkomt het altijd mij!*

→ **Capitare** kan ook *toevallig, zomaar langslopen, belanden, overkomen, uitkomen* enz. uitdrukken: **capitare bene/male** *het goed/slecht treffen;* **Capita proprio a proposito.** *U komt als geroepen, precies op het geschikte moment.*

HET VOORNAAMWOORD *NE*

Het voornaamwoord **ne** komt overeen met *er, ervan, erover, daarvan, daarover*: **Ne paga solo un quarto.** *U betaalt er slechts een kwart van;* **Che ne dice?** *Wat zegt (denkt, vindt) u ervan?*

HET VOORZETSEL *A* IN PLAATSAANDUIDINGEN

Om een plaats aan te duiden, wordt vaak het voorzetsel **a** ingelast, bijvoorbeeld: **in fondo al corridoio** *achterin, op het einde van de gang,* **di fronte a** *tegenover, aan de overkant van,* **di fianco a** *langs(heen),* **in mezzo a** *in het, te midden van,* **intorno a** *rondom* (zie ook les 6).

DE VOORZETSELS *DA* EN *IN* IN UITDRUKKINGEN

Merk op hoe de voorzetsels **da** en **in** opduiken in idiomatische uitdrukkingen:
→ **da**: **Ci devo abitare da solo.** *Ik moet er alleen wonen;* **Lo faccio da solo.** *Ik doe het in m'n eentje.*
→ **in**: **Siete in quattro.** *Jullie zijn met vier;* **In quanti venite? – Veniamo in sei.** *Met hoeveel komen jullie? – We komen met z'n vieren.*

CULTURELE INFO

Ongeveer 70% van de Italianen bezit een eigen woning. De grootste groep huurders bestaat uit studenten. Een deel komt uit het buitenland, maar de meesten zijn jonge Italianen die verhuisden om te gaan studeren en die vertegenwoordigen zowat 20% van het totaal aantal ingeschrevenen aan de Italiaanse universiteiten.

GRAMMATICA
SUPERLATIEF (OVERTREFFENDE TRAP)
RELATIEVE SUPERLATIEF

Verder bouwend op de comparatief (vergrotende/verkleinende trap, zie les 7), en enigszins vergelijkbaar met het Nederlands, voegen we hier **il/la/i/le** toe: **il più conveniente** *de meest gepaste,* **il meno caro** *de minst dure.* Bij een vergelijking staat in het Italiaans het woord waarop het bijvoeglijk naamwoord betrekking heeft tussen het lidwoord en **più/meno**: **il grattacielo più alto della città** *de hoogste wolkenkrabber van de stad.*

ABSOLUTE SUPERLATIEF
- met het bijwoord **molto** *heel, zeer, erg, veel* voor een bijvoeglijk naamwoord of ander bijwoord: **molto economico** *heel goedkoop*; **Come stai? – Molto bene!** *Hoe maak je het? – Heel goed!*
- met het suffix **-issimo:** het bijvoeglijk naamwoord krijgt het suffix **-issimo/ -issima/-issimi/ -issime** i.p.v. **-o/-a/-i/-e**, bv. **una piccolissima cucina** *een heel kleine keuken, piepkleine keuken*; in een bijwoord, bv. **Come stai? – Bene** → **Benissimo!** *Hoe maak je het? – Goed* → *Heel goed, prima!*

BIJZONDERE COMPARATIEF- EN SUPERLATIEFVORMEN
Een paar bijvoeglijke naamwoorden en bijwoorden hebben naast hun regelmatige comparatief en superlatief ook een bijzondere vorm, bijvoorbeeld: **migliore** of **più buono, ottimo** of **molto buono**.

BIJV. NAAMW.	Comparatief	Relatieve superlatief	Absolute superlatief
buono *goed*	**migliore** *beter*	**il migliore** *de/het beste*	**ottimo** *uitstekend, heerlijk,...*
cattivo *slecht*	**peggiore** *slechter*	**il peggiore** *de/het slechtste*	**pessimo** *erg slecht, vreselijk,...*
grande *groot*	**maggiore** *groter*	**il maggiore** *de/het grootste*	**massimo** *maximum, uiterst,...*
piccolo *klein*	**minore** *kleiner*	**il minore** *de/het kleinste*	**minimo** *kleinst, minimum,...*

Voorbeeld: **la migliore cucina della città** *de beste keuken van de stad.*

BIJWOORD	Comparatief	Superlatief
bene *goed*	**meglio** *beter*	**ottimamente, molto bene** *optimaal, heel goed*
male *slecht, erg*	**peggio** *slechter, erger*	**pessimamente, molto male** *vreselijk, heel slecht*

HOOFDTELWOORDEN: DUIZEND(TALLEN)

Duizend = **mille**, maar wordt in duizendtallen **-mila**: **duemila** (*tweeduizend*, *2.000*), **tremila** (*3.000*), **centomila** (*100.000*), **centosettantamila** (*170.000*).

RANGTELWOORDEN

Te beginnen met: **primo, secondo, terzo, quarto, quinto, sesto, settimo, ottavo, nono, decimo**.

De daaropvolgende rangtelwoorden worden gevormd met het hoofdtelwoord zonder eindklinker + suffix **-esimo**: **undicesimo (11°)** *elfde*, **ventiquattresimo (24°)** *vierentwintigste*. Let op het gebruik van **°**: *11e* is in het Italiaans **11°**. Let er ook op dat bij telwoorden op **-tre** en **-sei** de eindklinker blijft staan: **trentatreesimo** *drieëndertigste*, **cinquantaseiesimo** *zesenvijftigste*. Onthoud ook dat rangtelwoorden in geslacht en getal overeen moeten komen met het naamwoord waar ze bijhoren: **il primo mese** *de eerste maand*, **la prima giornata** *de eerste dag*. Rangtelwoorden zijn ook nodig om een breuk uit te drukken: **un quarto** *een vierde*.

▲ VERVOEGING

O.T.T. VAN EEN PAAR ONREGELMATIGE WERKWOORDEN OP *-IRE*

dire *zeggen*

dico	dice	dite
dici	diciamo	dicono

salire *naar boven gaan, oplopen, klimmen*

salgo	sale	salite
sali	saliamo	salgono

uscire *uitgaan*

esco	esce	uscite
esci	usciamo	escono

venire *komen*

vengo	viene	venite
vieni	veniamo	vengono

● WOORDENSCHAT

accettare *aannemen, aanvaarden*
adatto/-a *aangepast, geschikt*
affittare *(ver)huren*
l'affitto *de huur*
l'agenzia *het agentschap, bureau*
l'appartamento *het appartement, de flat*
l'ascensore *de lift*
il bagno *de badkamer, het bad*
la camera (da letto) *de (slaap)kamer*
capitare *gebeuren, overkomen, toevallig langskomen enz.*
caro/-a *duur*
centrale *centraal(gelegen)*
cioè *dus, namelijk, wat betekent, d.w.z.*
condiviso/-a *gedeeld*
il corridoio *de gang, corridor*
la cucina *de keuken*
economico/-a *goedkoop, economisch*
il grattacielo *de wolkenkrabber*
il guaio *de ellende, pech, last, moeilijke situatie, het probleem*
guasto/-a *stuk, defect*
immobiliare *immobiliën-, vastgoed-*
il letto *het bed*
il mese *de maand*
il monolocale *de eenkamerflat, studio*
il passo *de stap (***i passi** *mv.)*
per forza *noodgedwongen (***la forza** *de kracht)*
a piedi *te voet (***i piedi** *de voeten,* **il piede** *de voet)*
la possibilità *de mogelijkheid*
il proposito *het voornemen, doel, onderwerp;* **a proposito** *geschikt, passend, als geroepen*
la qualità *de kwaliteit*
il quarto *het kwart*
quasi *bijna*
salire *naar boven gaan, oplopen, klimmen*
siccome *daar, aangezien*
il soggiorno *de woonkamer, het verblijf*
la stanza *het vertrek, de ruimte, de kamer (***le stanze** *mv.)*
studiare *studeren*
ultimo/-a *laatste*
l'uso *het gebruik(maken)*

O.T.T. VAN WERKWOORDEN AFGELEID VAN *PORRE*

We nemen **proporre** als model voor de onregelmatige o.t.t.-vervoeging van een aantal werkwoorden die **porre** *stellen* als basis hebben, bv. **acomporre** *samenstellen*, **disporre,** *opstellen*, **riporre** *opbergen*:

proporre *voorstellen, aanbieden*

| **propongo** | **propone** | **proponete** |
| **proponi** | **proponiamo** | **propongono** |

◆ OEFENINGEN

🔊 1. BELUISTER DE OPNAME EN NOTEER DE RANGTELWOORDEN IN LETTERS:

a. 44° → ....

b. 845° → ....

c. 5° → ....

d. 73° → ....

e. 16° → ....

2. VUL AAN MET DE JUISTE VORM VAN DE ABSOLUTE OF RELATIEVE SUPERLATIEF VAN HET BIJVOEGLIJK NAAMWOORD DAT TUSSEN HAAKJES STAAT:

a. Questa città mi piace molto, è .... (bella).

b. Prendo questo appartamento perché è .... (caro) di tutti.

c. La nostra agenzia è .... (buona) della città.

d. Voglio un appartamento .... (piccolo), ci devo abitare da solo.

3. VUL AAN MET DE JUISTE O.T.T.-VORM VAN HET PASSENDE ONREGELMATIG WERKWOORD OP *-IRE,* TE KIEZEN UIT *DIRE, USCIRE, SALIRE* OF *VENIRE*:

a. In inverno non .... quasi mai, ho troppo freddo.

b. Se .... con tuo fratello, preparo la cena per due.

c. I miei amici abitano al nono piano e .... sempre in ascensore.

d. Se .... all'agente immobiliare che cercate un appartamento, lui lo trova subito.

🔊 4. BELUISTER DE DIALOOG EN VUL DE ZINNEN AAN:

a. Abito in un appartamento di tre .... al quarto ....

b. Questo appartamento è troppo grande, ... devo abitare da ....

c. La .... da letto è in .... al corridoio.

d. Le .... la possibilità di .... un appartamento con altri tre studenti.

9.
AFSPREKEN MET EEN VRIEND

DARE APPUNTAMENTO A UN AMICO

DOELSTELLINGEN

- EEN ACTIVITEIT VOORSTELLEN
- EEN ASPRAAK MAKEN

BEGRIPPEN

- BIJZONDERE MEERVOUDS- EN VROUWELIJKE VORMEN (VERVOLG)
- PROGRESSIEVE VORM EN GERUNDIUM

AFSPRAAK IN DE BIOSCOOP

Pietro: Dag, Rita, wat doe je in deze buurt [delen]?

Rita: Ik ben wat aan het [Ben aan het doen een beetje van] winkelen. Vlakbij jouw huis is er een van de beste kledingwinkels van de stad en vandaag beginnen de koopjes!

Pietro: [Wat] Geweldig…

Rita: Gezien dat je je [de] handen vrij hebt… help me om wat [van] tassen te dragen, ze zijn heel zwaar en doen me pijn aan de armen!

Pietro: Zeker! Twee paar [paren van] armen dragen er meer dan een enkel paar, nietwaar? Ík, daarentegen, stel je iets [van] veel interessanter(s) voor. Ik ben een prachtig boek aan het lezen over Piero della Francesca, de grote schilder uit de 15e eeuw [Vierhonderd]. Weet je, de maker van het bekende schilderij waarop er een ei hangt [is gehangen] in het midden van het tafereel, (als) symbool van geometrische perfectie?

Rita: Luister, eieren die eet ik als spiegelei [de eieren ik ze eet in-het pannetje], ik hang ze echt niet aan het plafond!

Pietro: Je bent onverbeterlijk! In ieder geval, in [de] bioscoop Rivoli draaien [doen] ze een film over zijn leven: er staan [zijn] uitstekende recensies in de kranten, ze zeggen dat het een echt meesterwerk is.

Rita: Ach, alweer een film over een man gemaakt door een man voor een mannelijk publiek! Waarom zijn er nooit films over schilderessen, beeldhouwsters, schrijfsters, in plaats van [dat] altijd over schilders, beeldhouwers en schrijvers?

Pietro: Nou, wil je komen of niet? Zo kan je ten minste mopperen na de film.

Rita: Ok, wanneer gaan we erheen?

Pietro: Kan jíj volgende maandag?

Rita: De hoeveelste [Hoeveel ervan] hebben we maandag?

Pietro: Maandag is (het) de twaalf(de).

Rita: De 12e heb ik een afspraak in de late [einde] namiddag, kan ik alleen in de avond.

Pietro: Als je wil, gaan we naar de vertoning om 10 u. Kom ik je thuis oppikken [Jou kom te oppikken te huis jouw] om 9u30?

Rita: Nee, ík kom naar jou toe, maar kom jíj naar beneden zodra ik aanbel [de bel], ik wil geen kwartier [niet een kwart van uur] wachten op het voetpad zoals gewoonlijk.

Pietro: Goed, mopperkont! Tot maandag om halftien, stipt!

11 APPUNTAMENTO AL CINEMA

Pietro: Ciao, Rita, che fai da queste parti?

Rita: Sto facendo un po' di shopping. Vicino a casa tua c'è uno dei migliori negozi di abbigliamento della città, e oggi cominciano i saldi.

Pietro: Che meraviglia…

Rita: Visto che hai le mani libere, aiutami a portare un po' di borse, sono molto pesanti e mi fanno male alle braccia!

Pietro: Certo! Due paia di braccia ne portano più di un paio solo, vero? Io invece ti propongo qualcosa di molto più interessante. Sto leggendo un bellissimo libro su Piero della Francesca, il grande pittore del Quattrocento. Sai, l'autore del famoso quadro dove c'è un uovo appeso nel centro della scena, simbolo di perfezione geometrica?

Rita: Senti, le uova io le mangio al tegamino, non le appendo mica al soffitto!

Pietro: Sei incorreggibile! In ogni caso al cinema *Rivoli* fanno un film sulla sua vita: ci sono ottime recensioni sui giornali, dicono che è un vero capolavoro.

Rita: Uffa, ancora un film su un uomo fatto da un uomo per un pubblico maschile! Perché non ci sono mai film su pittrici, scultrici, scrittrici, invece che sempre su pittori, scultori e scrittori?

Pietro: Insomma, vuoi venire o no? Così almeno puoi brontolare dopo il film.

Rita: Va bene, quando ci andiamo?

Pietro: Lunedì prossimo, tu puoi?

Rita: Quanti ne abbiamo lunedì?

Pietro: Lunedì è il dodici.

Rita: Il dodici ho un impegno in fine pomeriggio, posso solo alla sera.

Pietro: Se vuoi andiamo allo spettacolo delle dieci. Ti vengo a prendere a casa tua alle nove e mezza?

Rita: No, vengo io da te, ma tu scendi appena suono il campanello, non voglio aspettare un quarto d'ora sul marciapiede come al solito.

Pietro: Va bene, brontolona! A lunedì alle nove e mezza, puntuale!

DE DIALOOG BEGRIJPEN

DA QUESTE PARTI

Let op het gebruik van het voorzetsel **da** in de idiomatische uitdrukking **da queste parti** *in deze buurt [delen]*. Is de 'buurt' verder gelegen, dan wordt het aanwijzende **quello** gebruikt: **Non vado mai da quelle parti.** *Ik ga nooit naar die buurt.*

DA TE OF A CASA TUA

'Bij' iemand (thuis) kan in het Italiaans uitgedrukt worden met:
- het voorzetsel **da** + naam of persoonlijk voornaamwoord: **vengo da te** *ik kom naar jou (toe)*, **vado da Luigi** *ik ga bij Luigi, naar Luigi toe* of **vado da lui** *ik ga bij hem, naar hem toe;*
- **a casa di** + naam of **a casa** + bezittelijk voornaamwoord: **vado a casa di Luigi** of **vado a casa sua**.

Is het niet bij iemand thuis, maar diens winkel, werkruimte enz., dan wordt alleen **da** (samengetrokken met het lidwoord) gebruikt: **vado dal panettiere, dottore** *ik ga bij/naar de bakker, dokter.*

SU

In les 3 zagen we al dat het voorzetsel **su** vaak vertaald wordt met *over* (in de betekenis van 'met betrekking tot': **un film sulla sua vita**) of een voorzetsel van plaats (**sul marciapiede** *op het voetpad*, **sui giornali** *in de kranten*).

VERO?

In de dialoog zagen we verschillende manieren om bevestiging te vragen aan je gesprekspartner, ook al is die vraag louter 'rhetorisch', zoals ons *niet(waar)?* Italianen gebruiken daarbij vaak **no?** of **vero?** aan het einde van een zin.

EEUWEN AANDUIDEN MET HONDERDTALLEN: *IL QUATTROCENTO*

Ook al is het, zoals in het Nederlands, mogelijk om een eeuw aan te duiden met een rangtelwoord (**il quindicesimo secolo** *de vijftiende eeuw*), in het Italiaans zal men veeleer gebruikmaken van het honderdtal in de data van die eeuw. Voor *de 15e eeuw* is dit dus **il Quattrocento**, vermits de jaren in die eeuw het honderdtal 400 bevatten (bv. 1459, **millequattrocentocinquantanove**). **Il Cinquecento** (500) is bijgevolg *de 16e eeuw*, **il Seicento** (600) *de 17e* enz.

DE DATUM AANGEVEN

Naar de datum, de hoeveelste dag in de maand vragen, gebeurt gewoonlijk met **Quanti ne abbiamo oggi?** *[Hoeveel ervan hebben (we) vandaag?]* De hoeveelste *hebben we / is het, welke dag hebben we vandaag?* Het antwoord is **Oggi ne abbiamo dodici.** *Vandaag is het / hebben we de 12e [Vandaag ervan hebben (we) 12].*

MICA

In de omgangstaal kan met **mica** een ontkenning benadrukt worden: **Non le appendo mica al soffitto!** *Ik hang ze echt niet, helemaal niet aan het plafond!*

ONDERWERP-WERKWOORD, VOLGORDE

Merk het verschil op tussen **vengo da te** *ik kom naar jou toe*, **io vengo da te** *ík kom naar jou toe* (ik, niemand anders) en **vengo io da te** *ik kom naar jou toe* (niet andersom).

DE AANDACHT TREKKEN

Net als in het Nederlands, kan de aandacht van de gesprekspartner getrokken worden via een inleidende imperatiefvorm, bv. **senti!** *luister!*, **guarda!** *kijk!* (ook al valt er niets te bekijken...), wat in de beleefdheidsvorm **senta!** *luistert u!* en **guardi!** *kijkt u!* wordt.

UFFA!

Deze uitroep past bij het gebaar van Italianen wanneer ze blazend de wangen ronden als teken van verveling, ongeduld, onvrede of ontevredenheid, vergelijkbaar met *pfff!, ach! nou!* Als je een nieuwe taal leert, hoort daar ook lichaamstaal bij!

CULTURELE INFO

Italianen, die bekend staan om hun gevoel voor stijl, zijn dol op koopjes. Om oneerlijke concurrentie tegen te gaan, worden koopjesperioden op nationaal niveau geregeld (terwijl dit lang gebeurde via lokale en later regionale decreten). De winterkoopjes starten begin januari, die in de zomer begin juli. Klaar om goeie zaakjes te doen?!

GRAMMATICA

BIJZONDERE MEERVOUDSVORMEN: MANNELIJK ENKELVOUD OP -*O*, VROUWELIJK MEERVOUD OP -*A*

Sommige woorden die in het mannelijk enkelvoud eindigen op **-o** worden in het meervoud vrouwelijk, met als uitgang **-a**, bv. **l'uovo** (m. ev.) *het ei* → **le uova** (v. mv.), **il paio** *het paar* → **le paia**, **il centinaio** *het honderdtal* → **le centinaia**, **il migliaio** *het duizendtal* → **le migliaia**, **il braccio** *de arm* → **le braccia**, **il riso** *de lach* → **le risa**.

Een aantal heeft zelfs twee meervoudsvormen, elk met een eigen betekenis, bv. **il muro** *de muur* met als meervoudsvorm **i muri** (m.) *de muren (van een woning)* en **le mura** (v.) *de (stads)muren*.

Bijzonder is ook **la mano** *de hand*, ondanks de **-o** vrouwelijk, met als meervoud **le mani**.

BIJZONDEREN VROUWELIJKE VORMEN: MANNELIJK OP *-TORE*, VROUWELIJK OP *-TRICE*

Veel beroepsnamen die in de mannelijke vorm uitgaan op **-tore** eindigen in de vrouwelijke vorm op **-trice**, bv. **pittore** *schilder* → **pittrice**, **scultore** *beeldhouwer* → **scultrice**, **scrittore** *schrijver* → **scrittrice, attore** *acteur* → **attrice**, **lavoratore** *arbeider* → **lavoratrice**. Er zijn uitzonderingen, waarvan de belangrijkste **dottore** *dokter* → **dottoressa** is.

Ze hebben allemaal een regelmatige meervoudsvorming.

▲ VERVOEGING

PROGRESSIEVE VORM EN GERUNDIUM

De progressieve (of duratieve) vorm wordt gebruikt voor een handeling die in progressie, aan de gang, bezig is. In het Nederlands gebruik je hiervoor doorgaans een vorm van het werkwoord *zijn + aan het +* infinitief: *Wat ben je aan het doen? – Ik ben aan het eten.* In het Italiaans gebruik je een vorm van het werkwoord **stare** *zijn* (zie les 6) + gerundium (als zelfstandig naamwoord gebruikte vorm van het werkwoord, vgl. 'het doen', 'het leren'): **Che cosa stai facendo? – Sto mangiando.**

Vorming van het gerundium:
- stam + **-ando** bij werkwoorden op **-are**: **parlare** → **parlando**
- stam + **-endo** bij werkwoorden op **-ere** en **-ire**: **leggere** → **leggendo, partire** → **partendo.**

Er zijn een paar onregelmatige vormen, o.a.: **fare** *doen* → **facendo** (met de stam van het Latijnse **facere**), **bere** *drinken* → **bevendo**, **dire** *zeggen* → **dicendo** (met de stam van het Latijnse **dicere**), **proporre** *voorstellen, aanbieden* → **proponendo**.

Net als in het Nederlands kan ook de o.t.t. gebruikt worden voor een fase in een langer durende handeling of toestand: **Che fai?** *Wat doe je (nu)?*

(Een gerundium kan enigszins vertaald worden met een onvoltooid deelwoord (*aan het lezen - lezend*), maar ook in het Italiaans zijn er hiervoor verschillende vormen (**leggendo - leggente**).)

WOORDENSCHAT

l'abbigliamento *de kleding*
aiutare *helpen*
almeno *ten minste*
appena *zodra; net, pas*
appendere *hangen*
l'appuntamento *de afspraak*
aspettare *wachten*
brontolare *mopperen*
brontolone/-a *mopperaar/-ster*
il campanello *de bel*
il capolavoro *het meesterwerk*
il cinema *de cinema, bioscoop*
come al solito *zoals gewoonlijk*
famoso/-a *beroemd, bekend*
fare male *pijn doen*
il film *de film*
geometrico/-a *geometrisch*
il giornale *de krant* (**i giornali** *mv.*)
grande *groot*
l'impegno *de afspraak, verplichting, inzet, het engagement*
incorreggibile *onverbeterlijk*
interessante *interessant*
leggere *lezen*
libero/-a *vrij*
il libro *het boek*
mangiare *eten*
il marciapiede *het voetpad*
maschile *mannelijk* / **femminile** *vrouwelijk*
la meraviglia *de pracht, het wonderlijke*
ogni *ieder, elk*
la perfezione *de perfectie*
pesante *zwaar*
portare *dragen*
prossimo/-a *volgende*
il pubblico *het publiek*
puntuale *stipt (op tijd)*
il quadro *het schilderij, de kader*
la recensione *de recensie* (**le recensioni** *mv.*)
i saldi *de koopjes*
la scena *de scène, het tafereel*
scendere *(af)dalen, naar beneden gaan/komen*
sentire *luisteren, horen*
il simbolo *het symbool*
il soffitto *het plafond*
lo spettacolo *het spektakel, de vertoning*
suonare *(aan)bellen, klinken*
il tegamino, *verkleinvorm van* **il tegame**, *het (braad)pannetje;* **l'uovo al tegamino** *het spiegelei*
l'uomo (*onreg. mv.* **gli uomini**) *de man, mens* / **la donna** *de vrouw*
venire a prendere *komen oppikken, -halen*
visto che *gezien (het feit) dat, aangezien*
la vita *het leven*

OEFENINGEN

1. VUL DE TABEL AAN:

Mannelijk	Vrouwelijk
l'attore famoso	
	le scrittrici americane
il dottore simpatico	
i pittori milanesi	

2. VUL DE TABEL AAN:

Enkelvoud	Meervoud
	le uova fresche
il mio braccio	
il muro della casa	
	le nostre mani

3. VUL AAN MET DE JUISTE VORM VAN HET PASSENDE WERKWOORD (*DOVERE, VENIRE, STARE, PROPORRE*):

a. Se hai bisogno di noi, ... da te oggi pomeriggio.

b. Questa agenzia .... appartamenti molto convenienti.

c. Quando fa caldo si .... bere molto.

d. Che cosa fate? – .... mangiando.

4. BELUISTER DE OPNAME EN VUL DE ZINNEN AAN MET HET ONTBREKENDE GERUNDIUM:

a. Che fate da queste parti? – Stiamo .... a fare shopping.

b. Sto .... l'italiano perché ne ho bisogno per il mio lavoro.

c. Che cosa stai .... ? – Un libro sui pittori del Quattrocento.

d. A quest'ora mio fratello sta .... colazione.

10.
DE WEG VRAGEN

CHIEDERE UN'INFORMAZIONE STRADALE

DOELSTELLINGEN

- DE WEG VRAGEN EN WIJZEN
- ZEGGEN WAAROM JE ERGENS HEEN GAAT
- DANK(BAARHEID) UITEN

BEGRIPPEN

- PERSOONLIJKE VOORNAAMWOORDEN ALS LIJDEND/MEEWERKEND VOORWERP
- V.T.T.
- VOLTOOID DEELWOORD VAN REGELMATIGE WERKWOORDEN EN DE BELANGRIJKSTE ONREGELMATIGE VORMEN

HOE GA JE NAAR DE MAANSTRAAT?

Roberto: Goeiedag, excuseert u me dat ik u stoor, kunt u me de weg wijzen om naar de [in] Maanstraat te gaan, alstublieft? Eerder heb ik het gevraagd aan een andere heer, maar wellicht heb ik zijn aanwijzingen niet goed begrepen, want ik heb ze niet gevonden.

Dame: Kijk[t u], vanaf hier is het niet ingewikkeld, maar het is wat ver. Ziet u het, dat verkeerslicht ginder, opzij van het gebouw van rode bakstenen?

Roberto: Ja, het is aan het volgende kruispunt.

Dame: Precies [Bravo]! Daar moet u naar rechts draaien en altijd rechtdoor gaan gedurende ongeveer een kilometer, tot aan een rotonde. Na de rotonde moet u de derde links nemen, (dat) is (de) Mazzinistraat. Op het einde van de Mazzinistraat is er een plein met het gemeentehuis en kunt u niet verdergaan, u moet noodgedwongen rechtsaf nemen. Daar moet u nog even doorlopen, passeert u voor een school, dan een supermarkt en een benzinestation. Na het (benzine)station, is de eerste dwarsstraat die u tegenkomt (vindt), rechts en links, de Maanstraat. Maar, excuseert u me, wat [ding] zoekt u in de Maanstraat?

Roberto: Ik zou het archeologisch museum willen bezoeken; het is daar, toch?

Dame: Nee, helemaal niet [voor niets]! Al goed [Minder erg] dat ik u de vraag heb gesteld [gedaan]! Het archeologisch museum is in de Maanlaan, niet in de Maanstraat! Nu ben ik met pensioen, maar ik heb er heel mijn [het] leven gewerkt als suppoost!

Roberto: En hoe ga je naar de [men doet om-te gaan in] Maanlaan?

Dame: Gelukkig [Bij geluk] is dit nog eenvoudiger. De Maanlaan is net de weg met bomen waar het gemeentehuis staat [er is]. Lijkt het u nu duidelijk?

Roberto: Ja, nu is alles duidelijk.

Dame: Luister[t u], anders vergezel ik u wel, zo verdwaalt u [verliest zich] niet.

Roberto: Nee, nee, het is niet nodig, deze keer lukt het me wel alleen!

🔊 12 COME SI FA PER ANDARE IN VIA DELLA LUNA?

Roberto: Buongiorno, scusi se la disturbo, mi può indicare la strada per andare in via della Luna, per favore? Prima l'ho chiesto ad un altro signore ma forse non ho capito bene le sue indicazioni, perché non l'ho trovata.

Signora: Guardi, da qui non è molto complicato, ma è un po' lontano. Lo vede quel semaforo laggiù, di fianco al palazzo di mattoni rossi?

Roberto: Sì, è al prossimo incrocio.

Signora: Bravo! Là deve girare a destra e andare sempre dritto per circa un chilometro fino a una rotatoria. Dopo la rotatoria deve prendere la terza a sinistra, è via Mazzini. In fondo a via Mazzini c'è una piazza con il municipio, e non può continuare, deve girare per forza a destra. Là deve continuare ancora un po', passa davanti a una scuola, poi a un supermercato e a un distributore di benzina. Dopo il distributore, la prima traversa che trova, a destra e a sinistra, è la via della Luna. Ma scusi, che cosa cerca in via della Luna?

Roberto: Vorrei visitare il museo archeologico; è lì, no?

Signora: No, per niente! Meno male che le ho fatto la domanda! Il museo archeologico è in viale della Luna, non in via della Luna! Ora sono in pensione, ma ci ho lavorato tutta la vita come custode!

Roberto: E come si fa per andare in viale della Luna?

Signora: Per fortuna è ancora più semplice. Il viale della Luna è proprio la strada alberata dove c'è il municipio. Le sembra chiaro adesso?

Roberto: Sì, ora è tutto chiaro.

Signora: Senta, magari l'accompagno io, così non si perde.

Roberto: No no, non è necessario, questa volta ce la faccio da solo!

◼ DE DIALOOG BEGRIJPEN
DE WEG VRAGEN EN WIJZEN

Hiertoe twee standaard vragen: **Come si fa per andare… ?** *Hoe ga/kom je… ?* en **Mi può indicare** (of **dire**) **la strada per andare… ?** *Kunt u me de weg wijzen om naar … te gaan?* Liefst met **scusi** ervoor en **per favore** erna! Minder formeel, bijvoorbeeld tegenover een bekende of jongere, wordt dit: **Scusa, mi puoi dire come si fa per andare in via della Luna, per favore?**

HET VOORZETSEL *IN* IN EEN ADRES

Let erop altijd het voorzetsel **in** te gebruiken voor een straatnaam, plaats enz. en geen lidwoord in te lassen: **Che cosa cerca in via della Luna?** *Wat zoekt u in de via della Luna / Maanstraat?*, maar ook **Abito in piazza Italia 35.** *Ik woon op de piazza Italia / het Italiëplein 35.*

MENO MALE (OF MENOMALE) EN PER FORTUNA

Beide uitdrukkingen kunnen *'gelukkig, wat een geluk'* weergeven: **Meno male che le ho fatto la domanda!** *Nog een geluk dat ik het u gevraagd heb!*; **Per fortuna sei arrivato in tempo!** *Gelukkig ben je op tijd aangekomen!*

CE LA FACCIO

Deze uitdrukking lijkt op *lukken, erin slagen om, managen*, dus een doel bereiken mits toch wat moeite te doen. Ze bevat het werkwoord **fare**, met in de o.t.t. dus **ce la faccio** *het lukt me wel*, **ce la fai** *je slaagt er wel in*, **ce la fa, ce la facciamo, ce la fate, ce la fanno**. In de v.t.t. staat het voltooid deelwoord in het vrouwelijk enkelvoud, in overeenkomst met **la**: **ce l'ho fatta** *het is me gelukt*, **ce l'hai fatta** *je bent erin geslaagd* enz. De volgende ontkennende vorm is ook gebruikelijk: **Non ce la faccio più.** *Ik kan het niet meer aan.*

CULTURELE INFO

De wettelijke pensioenleeftijd is voor Italianen 67 jaar. Sommigen kunnen vroeger *met pensioen gaan* (**andare in pensione**), afhankelijk van het aantal jaren dat ze hebben gewerkt en van de steeds wijzigende wetten in de sociale zekerheid. Het pensioenstelsel wordt gefinancierd door de belastingen en bestuurd door het **INPS (Istituto Nazionale di Previdenza Sociale)**, dat ook instaat voor de uitkeringen bij werkloosheid, ziekte, jobverlies, kinderbijslag enz.

◆ **GRAMMATICA**
PERSOONLIJKE VOORNAAMWOORDEN ALS LIJDEND/ MEEWERKEND VOORWERP

Deze staan vaak voor het vervoegd werkwoord. Hun vorm is dezelfde als lijdend (ik zie jou) en als meewerkend voorwerp (ik geef het aan jou), behalve in de 3e persoon:

Pers. vnw. - onderwerp	Pers. vnw. - lijdend voorwerp	Pers. vnw. - meewerkend voorwerp
io	mi	mi
tu	ti	ti
lui, lei	**lo** (m.), **la** (v. en beleefdheidsvorm)*	**gli** (m.), **le** (v. en beleefdheidsvorm)
noi	ci	ci
voi	vi	vi
loro	**li** (m.), **le** (v.)	gli

* **lo** en **la** kunnen **l'** worden voor een klinker of **h**: **l'ho chiesto** *ik heb het gevraagd*

Onthoud dat de beleefdheidsvorm in de 3e persoon vrouwelijk enkelvoud staat: **lei** (onderwerp), **la** (lijdend voorwerp) en **le** (meewerkend voorwerp):
Lo vedo. *Ik zie hem*; **La vedo.** *Ik zie haar/u.*
Gli parlo. *Ik spreek (met) hem;* **Le parlo.** *Ik spreek (met) haar/u.*

▲ **VERVOEGING**
V.T.T.

• Net als in het Nederlands wordt de voltooid tegenwoordige tijd (v.t.t.) gevormd met de o.t.t. van het hulpwerkwoord **avere** *hebben* of **essere** *zijn* + voltooid deelwoord van het hoofdwerkwoord, bv.:
mangiare *eten*: **ho mangiato, hai mangiato, ha mangiato, abbiamo mangiato, avete mangiato, hanno mangiato**
andare *gaan*: **sono andato, sei andato, è andato, siamo andati, siete andati, sono andati.**
• Is het hulpwerkwoord **essere**, dan moet het voltooid deelwoord zich richten naar het onderwerp, bv. bij het werkwoord **andare**: **sono andato/andata**, *ik ben gegaan* (m./v.), **siamo venuti/venute** *we zijn gekomen* (mannelijke of gemengde groep / vrouwen).
• Is het hulpwerkwoord **avere**, dan behoudt het voltooid deelwoord zijn vorm, tenzij het lijdend voorwerp voor het vervoegd werkwoord staat; in dat geval moet het voltooid deelwoord aangepast worden: **Non ho capito le sue indicazioni.** *Ik heb zijn/ haar/uw aanwijzingen niet begrepen,* maar **Le sue indicazioni, non le ho capite.** *Zijn/Haar/Uw aanwijzingen, ik heb ze niet begrepen* (v. mv.).

• Het hulpwerkwoord **essere** is van toepassing bij wederkerende en wederkerige werkwoorden en bij de meeste intransitieve werkwoorden (van beweging, toestand, wording,... die geen lijdend voorwerp hebben); **avere** wordt gebruikt bij transitieve werkwoorden en bij een paar intransitieve werkwoorden zoals **dormire** *slapen*, **ridere** *lachen*.

• **Piacere** wordt vervoegd met **essere**: **Questa città mi è piaciuta molto.** *Deze stad is me zeer bevallen* (v. ev.), *Ik heb deze stad heel leuk gevonden.*

• De werkwoorden **avere** en **essere** worden met zichzelf als hulpwerkwoord vervoegd: **sono stato** *ik ben geweest*, **ho avuto** *ik heb gehad.*

• De v.t.t. wordt gebruikt voor het beschrijven van een afgelopen handeling of gebeuren in het verleden. (In het Nederlands kan dit ook in de o.v.t.)

• Merk op dat er in het Italiaans niets (op een paar bijwoorden zoals **mai** en **sempre** na) tussen hulpwerkwoord en voltooid deelwoord staat.

VOLTOOID DEELWOORD

• **REGELMATIGE WERKWOORDEN**

Uitgang van de infinitief	-are	-ere	-ire
Uitgang van het voltooid deelwoord	-ato	-uto	-ito

Voorbeelden: **parlare** → **parlato**, **vendere** → **venduto**, **finire** → **finito**.

• **ONREGELMATIGE WERKWOORDEN**

Ziehier het onregelmatig voltooid deelwoord van een aantal veel gebruikte werkwoorden:

• werkwoorden op **-are: fare** *doen, maken* → **fatto**

• werkwoorden op **-ere** (in deze groep zitten de meeste onregelmatige voltooide deelwoorden): **bere** *drinken* → **bevuto**, **chiedere** *vragen* → **chiesto**, **chiudere** *sluiten* → **chiuso**, **correre** *lopen, rennen* → **corso**, **decidere** *beslissen* → **deciso**, **dividere** *verdelen* → **diviso**, **leggere** *lezen* → **letto**, **mettere** *leggen, zetten* → **messo**, **prendere** *nemen* → **preso**, **ridere** *lachen* → **riso**, **scrivere** *schrijven* → **scritto**, **vedere** *zien* → **visto**, **vivere** *leven, wonen* → **vissuto**

• werkwoorden op **-ire**: **aprire** *openen* → **aperto**, **dire** *zeggen* → **detto**, **venire** *komen* → **venuto**.

● WOORDENSCHAT

accompagnare *vergezellen*
alberato/-a *omgeven door, met bomen* (**l'albero** *de boom*)
archeologico/-a *archeologisch*
la benzina *de benzine*
chiaro *duidelijk, helder*
chiedere *vragen*
il chilometro *de kilometer*
complicato/-a *ingewikkeld, gecompliceerd*
continuare *verder-, doorgaan*
il/la custode *de suppoost, bewaker, conciërge*
il distributore *(lett. de verdeler)*
  di benzina *het benzinestation*
la domanda *de vraag*
dritto *recht(door)*
fino a *tot (aan, om)*
girare *draaien, afslaan*
l'incrocio *het kruispunt*
indicare *aanwijzen, -duiden*
l'indicazione *de aanwijzing*
  *(***le indicazioni** *mv.)*
laggiù *ginder, daarginds*
lontano/-a *ver*
magari *misschien, anders*
il mattone *de baksteen*
  *(***i mattoni** *mv.)*
il municipio *het gemeente-, stadhuis*
il museo *het museum*
necessario/-a *nodig, noodzakelijk*
il palazzo *het gebouw, paleis*
la pensione *het pensioen*
perdersi *verdwalen, de weg kwijtraken*
per niente *voor niets; helemaal niet(s)/geen*
la piazza *het plein*
la rotatoria *de rotonde*
il semaforo *het verkeerslicht*
semplice *simpel, eenvoudig*
la strada *de weg, straat*
il supermercato *de supermarkt*
la traversa *de dwars-, zijstraat*

◆ OEFENINGEN

1. VUL AAN MET HET PASSENDE PERSOONLIJK VOORNAAMWOORD ALS LIJDEND/MEEWERKEND VOORWERP:

a. Quando ho incontrato (*ontmoet*) Luisa, ... ho detto tutto.

b. Se .... racconti (*vertelt*) la tua situazione, forse posso fare qualcosa per te.

c. Carlo mi è molto simpatico, ma purtroppo non .... vedo mai.

d. Gli spaghetti sono il mio piatto preferito, ... mangio spesso (*dikwijls*).

2. VORM DE O.T.T.-ZINNEN OM TOT V.T.T.-ZINNEN:

a. Studio l'italiano per il mio lavoro.
→..

b. Luisa e Carla partono presto per evitare (*vermijden*) il traffico.
→..

c. Ringraziate il vigile per l'informazione.
→..

3. BELUISTER DE OPNAME EN VUL DE ZINNEN AAN MET DE JUISTE V.T.T.-VORM VAN HET WERKWOORD DAT TUSSEN TUSSEN HAAKJES STAAT:

a. In vacanza .... (leggere) quel libro, ma ora l'ho dimenticato.

b. La mia ditta .... (essere) la più importante della città, ma non lo è più.

c. Ragazzi, ... (vedere) l'ultimo film di Sorrentino?

d. Io e mia sorella .... (chiedere) un'informazione a un vigile.

11. BOODSCHAPPEN DOEN

FARE LA SPESA

DOELSTELLINGEN

- OM INFORMATIE VRAGEN BIJ EEN AANKOOP
- WINKELS EN WINKELIERS
- VOEDINGSWAREN

BEGRIPPEN

- BEKLEMTOONDE PERSOONLIJKE VOORNAAMWOORDEN ALS VOORWERP
- PLAATS VAN PERSOONLIJKE VOORNAAMWOORDEN ALS VOORWERP MET EEN INFINITIEF OF GERUNDIUM
- O.V.T.

IN DE SUPERMARKT

Mevrouw Maluccelli: Excuseert u me, kunt u me zeggen waar de slagerij-afdeling is, alstublieft?

Verkoper: Kijk[t u], ze is op het einde van het derde gangpad, meteen aan uw linkerkant.

Mevrouw Maluccelli: Weet u of ze toevallig [de] *cotechino* hebben?

Verkoper: Ik weet het niet, mevrouw, misschien moet u naar een vleeswarenwinkel gaan... [de] *cotechino* die [hem] hebben we hier alleen voor Kerstmis. Hier is mijn directeur, u kunt met hem spreken, hij weet het beslist.

Mevrouw Maluccelli: Nee, met hem wil ik niet praten, ik vind hem helemaal niet vriendelijk. Die van vroeger was sympathieker, vindt u niet?

Verkoper: Ik weet niet wat u te zeggen [zeggen-u], mevrouw. Die van vroeger woonde veraf en heeft om een [de] overplaatsing gevraagd.

Mevrouw Maluccelli: Ja, het is waar, als men hem hoorde [aan-het-horen-hem] praten, had men door dat hij niet van hier was, hij had een vreemd accent. Maar, excuseer, wat verkoopt ú?

Verkoper: Ik ben verantwoordelijke voor de afdeling fruit en groente. Kan ik u ergens mee van dienst zijn [zijn-u nuttig in enige zaak], mevrouw?

Mevrouw Maluccelli: Zeker! Graag [U geeft me] een kilo [van] aardappelen, een ui en twee- of driehonderd gram [hecto's van] wortels, alstublieft?

Verkoper: Hierzo, ik stop het allemaal in drie zakjes en ú moet ze op de weegschaal gaan wegen, dan langs de kassa gaan, als u het niet erg vindt.

Mevrouw Maluccelli: Ja, ja, ik weet hoe het moet [men doet], ik kom hier bij jullie bijna alle dagen boodschappen doen [om-te doen de boodschappen]. Ik vind (hi)er echt alles: [het] brood, lekker zoals bij de bakker, [de] melk, koekjes, chocolade, kaas, vlees, vis, fruit en groente, en zelfs wasmiddel en producten voor de schoonmaak van het huis.

Verkoper: Over fruit gesproken, hebt u gezien welke mooie appels en welke mooie sinaasappels we hebben?

Mevrouw Maluccelli: Ja, maar nu moet ik echt weggaan, misschien kom ik morgen terug. Ik kom (hi)er graag vaak om altijd verse dingen te kopen, en dan... klets ik met jullie verkopers!

AL SUPERMERCATO

Signora Maluccelli: Scusi, mi sa dire dov'è il reparto macelleria, per favore?

Commesso: Guardi, è in fondo alla terza corsia, subito sulla sua sinistra.

Signora Maluccelli: Sa se per caso hanno il cotechino?

Commesso: Non lo so, signora, forse deve andare in una salumeria, il cotechino qui lo abbiamo solo per Natale. Ecco il mio direttore, può parlare con lui, lo sa di sicuro.

Signora Maluccelli: No, con lui non voglio parlare, non lo trovo affatto gentile. Era più simpatico quello di prima, non trova?

Commesso: Non so che dirle, signora. Quello di prima abitava lontano e ha chiesto il trasferimento.

Signora Maluccelli: Sì, è vero, sentendolo parlare si capiva che non era di qui, aveva uno strano accento. Ma lei che cosa vende, scusi?

Commesso: Sono addetto al reparto ortofrutta. Posso esserle utile in qualche cosa, signora?

Signora Maluccelli: Certo! Mi dà un chilo di patate, una cipolla e due o tre etti di carote, per favore?

Commesso: Ecco, le metto tutto in tre sacchetti e deve andare lei a pesarli alla bilancia, poi passare alla cassa, se non le dispiace.

Signora Maluccelli: Sì sì, so come si fa, vengo a fare la spesa qui da voi quasi tutti i giorni. Ci trovo proprio tutto: il pane buono come dal fornaio, il latte, i biscotti, la cioccolata, il formaggio, la carne, il pesce, la frutta e la verdura, e persino il detersivo e i prodotti per la pulizia della casa.

Commesso: A proposito di frutta, ha visto che belle mele e che belle arance abbiamo?

Signora Maluccelli: Sì, ma adesso devo proprio andare via, magari torno domani. Mi piace venirci spesso per comprare sempre roba fresca, e poi… chiacchiero con voi commessi!

■ DE DIALOOG BEGRIJPEN

AFFATTO

Met het bijwoord **affatto** wordt de ontkenning versterkt: **Non mi piace affatto.** *Het bevalt me helemaal niet, geenszins.* De uitdrukking **niente affatto** betekent *helemaal niet, absoluut niet, niet in het minst*: **Ti piace? – Niente affatto.** *Bevalt het je? – In 't geheel niet.*

GEWICHT EN ANDERE VOLUMES UITDRUKKEN

• Vaak wordt gewicht uitgedrukt in honderdtallen grammen, dus **un etto** (afkorting van **ettogrammo**) voor *100 g*, **due etti** voor *200 g* enz. *Een pond, 500 g* is **un mezzo chilo** of **cinque etti**, *50 g* is **mezzo etto** en *150 g* **un etto e mezzo. Vorrei mezzo chilo di patate.** *Ik zou een halve kilo aardappelen willen.*
• Let erop het voorzetsel **di** in te lassen tussen 'hoeveelheid' en 'product', bv.: **due etti di** carote *200 g wortels*, **un litro di** vino *een liter wijn*, **un po' di** shopping *wat winkelen*, **un pezzo di** pane *een stuk brood*.

HET VOORZETSEL *DA*

Het voorzetsel **da** is van toepassing bij iemand thuis (**vengo da te** *ik kom bij jou, naar nou toe*) of diens werkplek, dus ook m.b.t. winkeliers: **dal fornaio** *bij de (warme)bakker*.

VIA

Met het bijwoord **via** wordt, net als met *weg*, een nuance van verwijdering toegevoegd aan werkwoorden van beweging: **è andato via** *hij is weggegaan*; **è scappato via** (**scappare** *ontsnappen, vluchten*) *hij is weggevlucht*. Op zich, als uitroep, spoort **via!** iemand aan te vertrekken, op te hoepelen: **Va' via!** *Ga weg!* In de sport is het startsein: **Ai vostri posti, pronti? Via!** *Op jullie plaatsen, klaar? Start!*

CULTURELE INFO

Il cotechino *(gekruide) varkensworst* is een Noord-Italiaanse specialiteit die met Kerst wordt geserveerd, net als **lo zampone** *gevulde varkenspoot.* Zoals bij alle volkstradities zijn er grote regionale verschillen. In het zuiden biedt het kerstmenu **il cappone ripieno** *gevulde kapoen* en **gli struffoli** *een soort knapperige beignets.* Rond het jaareinde wil iedereen tegenwoordig **il panettone** *briochebrood met gedroogde vruchten* (uit Milaan) en **il pandoro** *kegelvormige cake* (uit Verona).

◆ GRAMMATICA

BEKLEMTOONDE PERSOONLIJKE VOORNAAMWOORDEN ALS LIJDEND/MEEWERKEND VOORWERP

Deze persoonlijke voornaamwoorden hebben dezelfde vorm als lijdend en als meewerkend voorwerp, en dienen om het belang van het voorwerp te benadrukken.

- In de functie van lijdend voorwerp komen ze na het werkwoord:

Voglio te. *Ik wil jou.*

- Als meewerkend voorwerp komen ze na het voorzetsel:

Parli a me? *Heb je het tegen mij?;* **L'ho fatto per lei.** *Ik heb het gedaan voor háár/ú;* **Capita sempre a me.** *Het overkomt altijd mij.*

Onderwerp	Beklemtoond lijdend/meewerkend voorwerp
io	**me**
tu	**te**
lui, lei	**lui** (m.), **lei** (v. en beleefdheidsvorm)
noi	**noi**
voi	**voi**
loro	**loro** (m. en v.)

Speravo di vedere proprio voi. *Net jullie hoopte ik te zien.*
Parlo a lui ma mi rispondi tu. *Ik praat tegen hem, maar jij bent het die antwoordt.*
Avvocato, sono venuto da lei per un consiglio. *Meester, ik ben naar u gekomen om raad.*

PLAATS VAN PERSOONLIJKE VOORNAAMWOORDEN ALS LIJDEND/MEEWERKEND VOORWERP MET EEN INFINITIEF OF GERUNDIUM

We zagen deze (gewone) persoonlijke voornaamwoorden in les 10. We onthielden ook dat ze 'vaak' voor het vervoegd werkwoord staan. Wanneer staan ze er dan achter? Als ze gebruikt worden met een infinitief of een gerundium, dan vormen ze er één woord mee, d.w.z. dat ze achteraan die werkwoordsvorm worden vastgeschreven.

Voglio parlargli. *Ik wil hem spreken.*
Dovevo immaginarlo! *Ik had het kunnen weten [moest inbeelden-het]!*
Sentendolo parlare, si capiva che non era di qui. *Als je hem hoorde (Aan het horen-hem, Horende-hem) spreken, had je door dat hij niet van hier was.*

Twee opmerkingen bij de infinitiefconstructies:
- let erop dat de infinitief hier zijn eindklinker verliest;
- als de infinitief volgt op een vervoegd werkwoord, kan het persoonlijk voornaamwoord aan de infinief geschreven worden of los voor de vervoegde vorm staan: **Sa dirmi...?** of **Mi sa dire...?** *Kunt u me zeggen…?*

Samentrekking gebeurt ook met de neutrale voornaamwoorden **ci** er en **ne** er(van, over,...): **Mi piace venirci spesso.** *Ik vind het fijn om er dikwijls (terug) te komen*; **Voglio parlarne.** *Ik wil erover praten.*

▲ VERVOEGING

O.V.T.

Vorming van de onvoltooid verleden tijd (o.v.t.) van regelmatige werkwoorden:

stam	+ **av** bij werkwoorden op **-are**	+ uitgang
	+ **ev** bij werkwoorden op **-ere**	**-o, -i, -a,**
	+ **iv** bij werkwoorden op **-ire**	**-amo, -ate, -ano**

parlare	prendere	finire
parl*avo*	prend*evo*	fin*ivo*
parl*avi*	prend*evi*	fin*ivi*
parl*ava*	prend*eva*	fin*iva*
parl*avamo*	prend*evamo*	fin*ivamo*
parl*avate*	prend*evate*	fin*ivate*
parl*avano*	prend*evano*	fin*ivano*

De o.v.t. wordt o.a. gebruikt voor het beschrijven van iets in het verleden waarbij begin en einde geen rol spelen, voor een gewoonte of herhaalde handeling in het verleden, voor iets onvoltooids dat onderbroken werd door iets anders.

Een paar veel gebruikte werkwoorden met een onregelmatige o.v.t.:

essere → **ero, eri, era, eravamo, eravate, erano**;
de werkwoorden **fare** en **dire**, die vertrekken van de Latijnse stam → **fac-** (**facevo, facevi** enz.) en **dic-** (**dicevo** enz.);
bere → **bev-** (**bevevo** enz.).

WOORDENSCHAT

addetto/-a (a) *verantwoordelijke, bestemd (voor), belast (met)*
a proposito di *over ... gesproken, wat betreft ...*
l'arancia *de sinaasappel*
   (le arance mv.)
la bilancia *de weegschaal*
il biscotto *het koekje*
   (i biscotti mv.)
la carne *het vlees*
la carota *de wortel* **(le carote** *mv.)*
la cassa *de kassa*
chiacchierare *kletsen, babbelen*
il chilo *de kilo*
la cioccolata *de chocolade*
la cipolla *de ui*
comprare *kopen*
la corsia *het gangpad*
la cosa *het ding, de zaak*
il detersivo *het wasmiddel*
il direttore / la direttrice
   de directeur/directrice
di sicuro *zeker, beslist, vast*
il formaggio *de kaas*
il fornaio *de (warme) bakker*
fresco/-a *vers*
la frutta *het fruit;*
   ortofrutta *fruit en groente*
il latte *de melk*
la macelleria *de slagerij, beenhouwerij*
la mela *de appel* **(le mele** *mv.)*

il Natale *Kerstmis*
il pane *het brood*
la patata *de aardappel*
   (le patate mv.)
persino *zelfs*
pesare *wegen*
il prodotto *het product*
   (i prodotti mv.)
la pulizia *de schoonmaak, netheid*
il reparto *de afdeling*
la roba *(ev.) het gerief, goed, spul, de spullen, dingen*
il sacchetto *het (plastic/papieren) zakje* **(i sacchetti** *mv.)*
la salumeria *de vleeswarenzaak*
la spesa *(ev.) de boodschappen*
spesso *dikwijls, vaak*
strano/-a *vreemd*
il trasferimento *de overplaatsing*
la verdura *(ev.) de groente(n)*

● OEFENINGEN

1. VUL AAN MET HET PASSENDE BEKLEMTOOND PERSOONLIJK VOORNAAMWOORD ALS VOORWERP:

a. Ti trovo molto simpatico, mi piace lavorare con ....

b. Se ci raccontate la vostra situazione, forse possiamo fare qualcosa per ....

c. Conosciamo bene Laura e Claudio, siamo andati in vacanza con .... l'anno scorso (*vorig*).

d. Anch'io ho bisogno di parlare a Veronica, se vuoi andiamo insieme da ....

2. MAAK VAN DE ZINNEN IN DE V.T.T. ZINNEN IN DE O.V.T.:

a. Avete fatto la spesa al supermercato. → ....

b. Hanno bevuto solamente (*alleen*) acqua (*water*). → ....

c. Non ha detto niente. → ....

d. Sei stato a Firenze? → ....

3. VERTAAL DE VOLGENDE ZINNEN:

a. Je dronk. → ....

b. Ze aten. → ....

c. Jullie zegden. → ....

d. We namen. → ....

e. Ik eindigde. → ....

12.
NAAR DE DOKTER GAAN

ANDARE DAL MEDICO

DOELSTELLINGEN

- FYSIEKE TOESTAND BESCHRIJVEN
- GEZONDHEID
- OM MEDISCH ADVIES VRAGEN

BEGRIPPEN

- IMPERATIEF
- PLAATS VAN PERSOONLIJKE VOORNAAMWOORDEN MET EEN IMPERATIEF

EEN HEEL ZWARE VERKOUDHEID

Dokter: Komt u maar door [vooraan], alstublieft. Komt u binnen! Zegt u maar [me]...

François: Dag, dokter. Ik heb een heel zware verkoudheid en ook een [de] hoest. Ik snuit [me blaas de neus] voortdurend, zodra ik adem, begin ik te hoesten en doet mijn borst pijn [me doet pijn de borst], en ook mijn [het] hoofd.

Dokter: Laten we even [Nu] kijken. Gaat u op de onderzoektafel liggen en trekt u uw [het] hemd uit. Ademt u een paar keer [meer keren] diep in, zo. Trekt u uw [de] tong uit (zo)dat ik uw [de] keel kan (in)kijken. Goed, gaat u zitten en ik maak u het voorschrift om naar de apotheek te gaan.

François: Niets ergs [van erg], hoop ik...

Dokter: Nee, maakt u zich geen zorgen, het is een zware [dikke] verkoudheid, maar we moeten ze [men moet] behandelen, zo niet kan het een bronchitis worden.

François: Excuseert u me, kunnen we elkaar tutoyeren? Ik ben Italiaans aan het leren en ik kan nog niet goed de beleefdheidsvorm met "lei" gebruiken.

Dokter: Maar natuurlijk! Je hebt de leeftijd van mijn zoon! Kom, ga hier zitten en luister goed naar me: ga meteen naar de apotheek en neem deze medicijnen. Maar ga er dadelijk heen en neem ze vanaf vanavond [deze avond], om de hoest niet de laten [doen] verergeren. Zeg eens [me], je hebt toch geen [niet de] koorts gehad de voorbije [in deze] dagen?

François: Nee, nee, geen [niets] koorts. Alleen veel keelpijn wanneer ik hoest.

Dokter: Goed, dan volstaat de siroop: neem er een lepel van drie keer per dag. Alsjeblieft [Me vertrouw-op], doe[-]het: verzorg je [voor] goed, de verkoudheid en de hoest kunnen heel ernstige zaken worden als ze niet behandeld worden [zijn] zoals het moet. Dus neem ze niet licht op. Verwaarloos je gezondheid niet!

14 — UN BRUTTISSIMO RAFFREDDORE

Dottoressa: Si accomodi, venga pure avanti. Entri! Mi dica.

François: Buongiorno dottore. Ho un bruttissimo raffreddore, e anche la tosse. Mi soffio sempre il naso, appena respiro comincio a tossire e mi fa male il petto, e anche la testa.

Dottoressa: Ora vediamo. Si sieda sul lettino e si levi la camicia. Respiri profondamente più volte, così. Tiri fuori la lingua che le guardo la gola. Bene, si sieda e le faccio la ricetta per andare in farmacia.

François: Niente di grave, spero…

Dottoressa: No, non si preoccupi, è un grosso raffreddore ma si deve curare, se no può diventare una bronchite.

François: Scusi, possiamo darci del tu? Sto imparando l'italiano, e non so ancora usare bene la forma di cortesia con il "lei".

Dottoressa: Ma certo! Hai l'età di mio figlio! Vieni, siediti qui e ascoltami bene: va' subito in farmacia e prendi queste medicine. Ma vacci subito e prendile già questa sera, per non fare peggiorare la tosse. Dimmi: non hai avuto la febbre in questi giorni, vero?

François: No no, niente febbre. Solo tanto mal di gola quando tossisco.

Dottoressa: Bene, allora basta lo sciroppo: prendine un cucchiaio tre volte al giorno. Mi raccomando, fallo: curati per bene, il raffreddore e la tosse possono diventare cose molto serie, se non sono curate come si deve. Dunque non prenderle alla leggera. Non trascurare la tua salute!

■ DE DIALOOG BEGRIJPEN
WEDERKERENDE WERKWOORDEN MET EEN LIJDEND VOORWERP

Sommige werkwoorden kunnen wederkerend gebruikt worden met daarbij een lijdend voorwerp, bv. **mi soffio il naso** *ik snuit mijn neus [(ik) me blaas de neus]*, **mi levo la camicia** *ik trek mijn hemd uit [(ik) me trek-uit het hemd]*.

Merk ook het wederkerend gebruik op in bv. **mi fa male il petto** *mijn borst doet [me] pijn, ik heb pijn ter hoogte van mijn borst*.

BEPAALD LIDWOORD I.P.V. BEZITTELIJK VOORNAAMWOORD

Let erop hoe in het Italiaans een bepaald lidwoord wordt gebruikt voor o.a. lichaamsdelen of kledingstukken wanneer duidelijk is aan wie ze toebehoren: **mi fa male la testa** *mijn hoofd doet pijn, ik heb hoofdpijn [me doet pijn het hoofd]*, **si levi la camicia** *trekt u uw hemd uit [(u) zich trekt-uit het hemd]*. Dit bleek al in les 6.

CULTURELE INFO

Het Italiaanse gezondheidssysteem is grotendeels gedecentraliseerd en wordt beheerd door **le Aziende Sanitarie Locali (A.S.L.)**, die sinds 1980 **le Mutue (Enti Mutualistici)** vervangen. Het systeem garandeert iedereen universele medische assistentie (opgenomen in de Italiaanse grondwet sinds 1948). Uit een door het **A.S.L**. voorgestelde lijst kiezen Italianen een vaste behandelende arts die ze gratis kunnen raadplegen. Zo nodig zal die de patiënt doorverwijzen naar een specialist en hem hiervoor **un'impegnativa** bezorgen, een aanvraag die nodig is om die specialist gratis te kunnen consulteren of mits een eigen, variabele bijdrage via **il ticket**. Uiteraard kan men, buiten het openbaar gezondheidssysteem om, zelf naar een arts stappen en gewoon zijn honorarium betalen. De door de behandelende arts voorgeschreven geneesmiddelen vallen eveneens onder het **ticket**systeem, waarbij sommige producten gratis of tegen een beperkte eigen bijdrage afgeleverd worden, terwijl er voor andere geen tussenkomst is (**non mutuabili**).

▲ VERVOEGING
IMPERATIEF

Waar we in het Nederlands de imperatief (**imperativo** gebiedende wijs) vooral gebruiken in de jij-vorm (bv. *Ga!*), de u-vorm (*Gaat u!*) en soms in de 1e pers. meervoud (*Laten we gaan!*), heeft het Italiaans die voor: de 2e en 3e persoon enkelvoud (dus de jij- en de u-vorm), de 1e en 2e pers. meervoud en de beleefdheidsvorm meervoud.

Regelmatige imperatiefvervoegingen:

	-are-werkwoorden	**-ere**-werkwoorden	**-ire**-werkwoorden
	parl**a**re	pr**e**ndere	finire / partire
(**tu**)	parl**a**!	prend**i**!	fin**i**sci! / part**i**!
(**lei**, beleefdheidsvorm)	parl**i**!	prend**a**!	fin**i**sca! / part**a**!
(**noi**)	parl**i**amo!	prend**i**amo!	fin**i**amo! / part**i**amo!
(**voi**)	parl**a**te!	prend**e**te!	fin**i**te! / part**i**te!
(**loro**)	parl**i**no!	pr**e**ndano!	fin**i**ano! / p**a**rtano!

- In de 1e en 2e pers. meervoud komt de imperatief overeen met de o.t.t.
- Om een negatief bevel te geven, zet je gewoon **non** voor de imperatief, bv. **Non partite!** *Gaan jullie niet weg!*, behalve bij de 2e pers. enkelvoud die gevormd wordt met **non** voor de infinitief, bv. **Non trascurare la tua salute!** *Verwaarloos je gezondheid niet!*
- Werkwoorden die onregelmatig zijn in de o.t.t. vormen hun imperatief op basis van die onregelmatige stam, bv.: **Bevi!** *Drink*, **Beviamo!** *Laten we drinken!* (van **bere** *drinken*); **Tieni!** *Pak/Houd vast!* (van **tenere** *houden*).
- Er zijn 5 eenlettergrepige imperatiefvormen (in de 2e pers. enkelvoud) die je best onthoud: **Di'!** *Zeg!* (**dire**), **Da'/Dai!** *Geef!* (**dare**), **Fa'/Fai!** *Doe/Maak!* (**fare**), **Sta'/Stai!** *Wees!* (**stare**), **Va'/Vai!** *Ga!* (**andare**). Let op het weglatingsteken dat de klinker vervangt!

◆ GRAMMATICA

PLAATS VAN PERSOONLIJKE VOORNAAMWOORDEN MET EEN IMPERATIEF

Het persoonlijk voornaamwoord als voorwerp wordt achteraan de imperatief vastgeschreven: **Ascoltami!** *Luister naar me!*, **Prendile!** *Neem ze* (v. mv.)*!*
Dit gebeurt ook bij wederkerende voornaamwoorden: **Siediti!** *Ga zitten! Zet je neer!*, **Curati!** *Verzorg je!*
En bij **ci** *er* en **ne** *ervan*: **Vacci!** *Ga er(heen)!*, **Prendine!** *Neem ervan!*

Dit is evenwel niet van toepassing voor de beleefdheidsvorm **lei**, waarbij de persoonlijke en wederkerende voornaamwoorden gewoonlijk voor het werkwoord staan: **Mi dica!** *Zegt u me!*, **Si sieda!** *Gaat u zitten! Zet u zich neer!*

Bij eenlettergrepige imperatiefvormen wordt de beginmedeklinker van het voornaamwoord verdubbeld: **Dimmi!** *Zeg me!*, **Fallo!** *Doe het!* (behalve **gli**: **Digli!** *Zeg hem!*).

OEFENINGEN

1. VUL AAN MET DE JUISTE IMPERATIEFVORM:

a. Ho trovato questo per te, ... (tenere)

b. .... se no perdiamo il treno! (andare)

c. Signora, ... a cena da noi domani! (venire)

d. Ragazzi, ... quello che ho da dirvi. (sentire)

e. Se non vuoi, non .... quel libro. (leggere)

2. VERTAAL DE VOLGENDE ZINNEN:

a. Laten we erheen gaan. → ....

b. Neem er drie van. → ....

c. Doe het niet. → ....

d. Doe het. → ....

3. ZET DE ZINNEN IN DE V.T.T. EN IN DE O.V.T.:

a. Mia sorella va in vacanza al mare.

→ ....

b. Beviamo caffè per non dormire.

→ ....

c. Marco e Luca si preoccupano troppo.

→ ....

d. Prendi la mia macchina ogni mattina.

→ ....

4. BELUISTER DE OPNAME EN VUL DE ZINNEN AAN:

a. Le faccio la ricetta per andare in farmacia a comprare le ....

b. Prenda un .... di sciroppo tre volte al giorno.

c. Se non la curi, la tosse può ....

● WOORDENSCHAT

ascoltare *luisteren naar*
la bronchite *de bronchitis*
brutto/-a *lelijk, slecht, gemeen, vervelend enz.*
come si deve *zoals het moet*
cominciare *beginnen*
il cucchiaio *de lepel*
curare *verzorgen, zorgen voor, behandelen*
diventare *worden*
dunque *dus*
la farmacia *de apotheek*
la febbre *de koorts*
il figlio *de zoon /*
   la figlia *de dochter*
la gola *de keel*
grave *erg*
grosso/-a *dik*
il lettino *het bedje; bij een arts enz.: de onderzoektafel, -bank*
levare *uitdoen, -trekken, weghalen*
la lingua *de tong*
mal di gola *keelpijn*
la medicina *het geneesmiddel, medicijn* **(le medicine** mv.*)*
il naso *de neus*
peggiorare *verergeren, erger worden*
per bene (of **perbene**) *goed*
il petto *de borst*
prendere alla leggera *licht opnemen*
profondamente *diep* (bijw.)
raccomandarsi *zijn vertrouwen stellen in;* **Mi raccomando!** *Denk eraan! Alsjeblieft!*
il raffreddore *de verkoudheid*
respirare *(in)ademen*
la ricetta *het recept, voorschrift*
la salute *de gezondheid*
lo sciroppo *de siroop*
serio/-a *serieus, ernstig*
soffiare *blazen;* **soffiarsi el naso** *z'n neus snuiten*
la testa *het hoofd*
tirare fuori *uitsteken, iets uit iets (tevoorschijn) halen*
la tosse *de hoest*
tossire *hoesten*
trascurare *verwaarlozen, veronachtzamen*
la volta *de keer, maal* **(le volte** mv.*)*

III

ZAKEN REGELEN

EN

AAN HET WERK

13.
NAAR DE BANK GAAN

ANDARE IN BANCA

DOELSTELLINGEN

- PRATEN IN DE TOEKOMENDE TIJD
- WOORDENSCHAT BIJ BANKVERRICHTINGEN

BEGRIPPEN

- TOEKOMENDE TIJD VAN REGELMATIGE WERKWOORDEN
- TOEKOMENDE TIJD VAN WERKWOORDEN OP *-CARE* EN *-GARE*
- EEN PAAR BELANGRIJKE WERKWOORDEN MET EEN ONREGELMATIGE TOEKOMENDE TIJD

EEN BANKREKENING OPENEN

Susan: Ik zou een rekening willen openen in dit kantoor. Ik kom uit de Verenigde Staten en ik zal in Italië werken voor minstens een jaar, dus zal ik hier een rekening moeten hebben, om contanten op te nemen, cheques uit te schrijven en een creditcard te gebruiken.

Bankbediende: Zeker, juffrouw, we zullen al het nodige doen. U zal natuurlijk uw salaris hier moeten domiciliëren. Hiervoor volstaat [Voor dit zal-volstaan] het uw internationaal bankrekeningnummer mee te delen aan uw werkgever, zo zal hij via overschrijving het bedrag van het salaris rechtstreeks op de rekening storten.

Susan: Zeker, voorts zal ik ook al mijn rekeningen betalen van [op] die rekening.

Bankbediende: Ook hiertoe, als u uw IBAN doorgeeft [zal-doorgeven] aan de verschillende leveranciers, zal u stipt licht, gas, water en telefoon kunnen betalen via uw bank, uiteraard zonder zich verder te hoeven verplaatsen [moeite doen ooit]: wíj doen alles! Voor de rest, al uw verrichtingen, die [ze] zal u kunnen doen via [de] *home banking*, van thuis uit met uw computer of mobiele telefoon: overschrijvingen, herladen van uw belkrediet [telefonische herladingen], kijk- en luistergeld [bijdrage RAI], betaling van de belastingen.

Susan: Ik zal ook een creditcard nodig hebben.

Bankbediende: We voorzien [U zullen-maken] zowel een [de] creditcard, met debitering van al uw uitgaven de volgende maand, als [zowel] een "bancomat", waarmee u geld kunt afhalen [die u zal-dienen voor de opnamen]. Voor uw winkelaankopen echter gebeurt [is], met de debetkaart, de debitering onmiddellijk.

Susan: Ok, we zullen al deze zaken bekijken wanneer mijn eerste salaris zal bijgeschreven zijn. Voor nu, maakt u me alle te ondertekenen documenten klaar tegen morgenochtend. Ik zal rond 8u30 langskomen, alvorens naar kantoor te gaan. Zullen jullie al geopend zijn op dat uur?

Bankbediende: Zeker, we openen om 8 uur elke morgen.

15 APRIRE UN CONTO BANCARIO

Susan: Vorrei aprire un conto in questa agenzia. Vengo dagli Stati Uniti e lavorerò in Italia per almeno un anno, dunque dovrò avere un conto qui, per prelevare contanti, emettere assegni, e usare una carta di credito.

Impiegato: Certo, signorina, faremo tutto il necessario. Dovrà naturalmente domiciliare qui il suo stipendio. Per questo basterà comunicare il suo IBAN al suo datore di lavoro, così lui tramite bonifico verserà l'importo dello stipendio direttamente sul conto.

Susan: Certamente, poi pagherò anche tutte le mie bollette su questo conto.

Impiegato: Anche per questo, se comunicherà l'IBAN ai vari fornitori, potrà appunto pagare luce, gas, acqua e telefono attraverso la sua banca, ovviamente senza scomodarsi mai: facciamo tutto noi! Del resto, tutte le sue operazioni, le potrà fare tramite l'*home banking*, da casa con il suo computer o col cellulare: bonifici, ricariche telefoniche, canone RAI, pagamento delle tasse.

Susan: Avrò anche bisogno di una carta di credito.

Impiegato: Le faremo sia la carta di credito, con addebito di tutte le sue spese il mese successivo, sia un bancomat, che le servirà per i prelievi. Per gli acquisti in negozio, però, con il bancomat l'addebito è immediato.

Susan: Va bene, vedremo tutte queste questioni quando il primo stipendio sarà accreditato. Per ora mi prepari tutti i documenti da firmare per domattina. Passerò verso le otto e trenta, prima di andare in ufficio. Sarete già aperti a quell'ora?

Impiegato: Certamente, apriamo alle otto tutte le mattine.

■ DE DIALOOG BEGRIJPEN

TRAMITE

→ Als voorzetsel betekent **tramite** *via, door middel van*: **tramite bonifico** *via overschrijving, -boeking;* **L'ho conosciuto tramite un collega.** *Ik heb hem leren kennen via een collega.*

→ Als zelfstandig naamwoord is **tramite** net de *tussenpersoon*, de schakel: **Ha fatto da tramite tra la mia ditta e la tua**. *Hij heeft als bemiddelaar gefungeerd tussen mijn bedrijf en het jouwe.*

SCOMODARSI

→ Het bijvoeglijk naamwoord **comodo/-a** geeft 'geschikt voor een bepaald doel weer: **Questa poltrona è davvero comoda.** *Deze armstoel is echt comfortabel, zit echt makkelijk;* **Cerco un treno con un orario comodo per andare a Roma.** *Ik zoek een trein met een geschikte dienstregeling om naar Rome te gaan.*

→ Het tegenovergestelde is **scomodo**: **C'è un treno alle sei del mattino, ma è un orario un po' scomodo.** *Er is een trein om 6 uur 's ochtends, maar dat is een wat onpraktische dienstregeling.*

→ Het hiervan afgeleide werkwoord **scomodare** betekent *storen*, de wederkerende vorm *moeite doen*: **Si è scomodato venendo fin qui.** *Hij heeft zich de moeite getroost om tot hier te komen.*

HET VOORZETSEL *DA* BIJ FINALITEIT

Het voorzetsel wordt voor veel gebruikt, o.a. om finaliteit, het doel / de bedoeling van iets of van een handeling uit te drukken: **i documenti da firmare** *de te ondertekenen documenten* (om te ondertekenen), **Queste non sono cose da dire.** *Zoiets zeg je niet* (Dit zijn geen dingen om te zeggen).

SE + TOEKOMENDE TIJD

Dat een voorwaardelijke zin, ingeleid met het voegwoord **se** (*als, indien*), in de toekomende tijd staat, is in het Italiaans niet ongewoon (in les 26 en 27 komen we hierop terug): **Se domani farà bello, andremo al mare.** *Als het morgen mooi weer is [zal zijn], zullen we naar zee gaan*; **Se comunicherà l'IBAN, potrà pagare.** *Als u uw IBAN meedeelt [zal meedelen], zal u kunnen betalen.*

CULTURELE INFO

Hierbij wat praktische informatie voor wie langer dan een vakantie in Italië verblijft en er een bankrekening wil openen. Tegenwoordig gebeuren de meeste transacties elektronisch, bv.: salarissen worden gestort, rekeningen (**le bollette**) voor weerkerende diensten gebeuren via *automatische overschrijving* of *doorlopende betaalopdracht* (**bonifico automatico**). Om geld op te nemen aan een geldautomaat of om aankopen te betalen in een winkel gebruiken Italianen **il bancomat** (onveranderlijk woord), een betaalkaart met onmiddellijke debitering. De *geldautomaat* wordt eveneens **il bancomat** genoemd. Voor online aankopen gebruikt men veeleer **la carta di credito** *de creditcard*. Doordat er steeds meer aan **home banking** wordt gedaan, krimpt in de steden het aantal bankkantoren gestadig.

▲ VERVOEGING
TOEKOMENDE TIJD VAN REGELMATIGE WERKWOORDEN

Waar in het Nederlands zal/zullen + infinitief nodig is, vormt het Italiaans de toekomende tijd als volgt:

stam	+ **er** bij werkwoorden op **-are** en **-ere**	+ uitgang **-ò, -ai, -à,**
	+ **ir** bij werkwoorden op **-ire**	**-emo, -ete, -anno**

	-are-werkwoorden	**-ere**-werkwoorden	**-ire**-werkwoorden
	parlare *praten*	**prendere** *nemen*	**finire** *eindigen*
(io)	parl**erò**	prend**erò**	fin**irò**
(tu)	parl**erai**	prend**erai**	fin**irai**
(lui, lei)	parl**erà**	prend**erà**	fin**irà**
(noi)	parl**eremo**	prend**eremo**	fin**iremo**
(voi)	parl**erete**	prend**erete**	fin**irete**
(loro)	parl**eranno**	prend**eranno**	fin**iranno**

TOEKOMENDE TIJD VAN WERKWOORDEN OP *-CARE* EN *-GARE*

In les 5 zagen we dat werkwoorden op **-care** en **-gare** in de o.t.t. een **h** inlassen voor een uitgang die met **i** begint om de k- of harde g-klank [G] te behouden; volgens dezelfde logica lassen ze een **h** in voor de toekomende tijd-uitgang die met **e** begint, bv.:

scaricare *downloaden*: **scaricherò, scaricherai, scaricherà, scaricheremo, scaricherete, scaricheranno**

pagare *betalen*: **pagherò, pagherai, pagherà, pagheremo, pagherete, pagheranno**.

EEN PAAR BELANGRIJKE WERKWOORDEN MET EEN ONREGELMATIGE TOEKOMENDE TIJD

Goed om weten, is dat bij onregelmatige werkwoorden de uitgang **-ò, -ai, -à, -emo, -ete, -anno** altijd overeind blijft. De onregelmatigheid doet zich dus voor in de stam en is, gelukkig maar, dezelfde voor alle personen.

Ziehier de vervoeging in de toekomende tijd van de hulpwerkwoorden:

av̱ere → **avrò, avrai, avrà, avremo, avrete, avranno**
e̱ssere → **sarò, sarai, sarà, saremo, sarete, saranno**

en die in de 1e pers. enkelvoud van een paar veel gebruikte werkwoorden:

andare → **andrò** (*gaan*); **dare** → **darò** (*geven*); **fare** → **farò** (*doen, maken*); **stare** → **starò** (*zijn*); **bere** → **berrò** (*drinken*); **dovere** → **dovrò** (*moeten*); **potere** → **potrò** (*kunnen, mogen*); **proporre** → **proporrò** (*voorstellen, aanbieden*); **rimanere** → **rimarrò** (*blijven*); **sapere** → **saprò** (*weten, kennen, kunnen*); **tenere** → **terrò** (*houden*); **vedere** → **vedrò** (*zien*); vi̱vere → **vivrò** (*leven*); **volere** → **vorrò** (*willen*); **venire** – **verrò** (*komen*).

⬢ OEFENINGEN

1. VUL AAN MET DE JUISTE VORM VAN DE TOEKOMENDE TIJD:

a. Al nostro arrivo in Italia .... un conto bancario. (aprire)

b. Signora, domattina .... i documenti che ho preparato per lei? (firmare)

c. Questo negozio .... alle diciannove e trenta. (chiudere)

d. I miei genitori (*ouders*) .... la settimana prossima. (arrivare)

2. VUL AAN MET DE JUISTE VORM VAN DE TOEKOMENDE TIJD (ONREGELMATIGE WERKWOORDEN):

a. Se vieni da me, ... conoscere la mia famiglia. (potere)

b. Se posso, domattina .... a firmare quei documenti. (venire)

c. Per ricevere il vostro stipendio, ... aprire un conto bancario. (dovere)

d. Durante le nostre prossime vacanze, ... molte città italiane. (vedere)

WOORDENSCHAT

accreditare *crediteren, bijschrijven*
l'acqua *het water*
l'acquisto *de aankoop*
  (**gli acquisti** *mv.*)
l'addebito *het debet*
l'assegno *de cheque*
  (**gli assegni** *mv.*)
attraverso *via, door middel van*
la banca *de bank*
bastare *volstaan, voldoende zijn*
la bolletta *de rekening, factuur*
  (**le bollette** *mv.*)
il bonifico *de overschrijving, -boeking*
il canone *de bijdrage*
la carta di credito *de krediet-, betaalkaart, creditcard*
il cellulare *de mobiele telefoon* (lett. *cel-*)
il computer *de computer*
comunicare *communiceren, meedelen, doorgeven*
i contanti *de contanten, cash*
il conto bancario *de bankrekening*
il datore di lavoro *de werkgever*
direttamente *direct, rechtstreeks* (bijw.)
i documenti *de documenten, (identiteits)papieren*
domattina *morgenochtend*
domiciliare *domiciliëren*
  (**il domicilio** *het domicilie, de wettige woonplaats*)
emettere *uitschrijven*
firmare *ondertekenen*
il fornitore *de leverancier*
  (**i fornitori** *mv.*)
il gas *het gas*
immediato/-a *onmiddellijk*
l'importo *het bedrag*
la luce *het licht* (bij uitbreiding *de elektriciteit*)
l'operazione *de operatie, verrichting* (**le operazioni** *mv.*)
ovviamente *uiteraard, natuurlijk*
il pagamento *de betaling*
prelevare *afhalen, opnemen*
il prelievo *de afhaling, af-, opname*
  (**i prelievi** *mv.*)
preparare *klaarmaken, voorbereiden*
la questione *de kwestie, zaak*
  (**le questioni** *mv.*)
la ricarica *het herladen*
  (**le ricariche** *mv.*)
senza *zonder*
la spesa *de uitgave* (**le spese** *mv.*)
  (in les 11 zagen we **la spesa** voor *de boodschappen*)
lo stipendio *het salaris*
successivo/-a *volgende*
la tassa *de belasting* (**le tasse** *mv.*)
il telefono *de telefoon;*
  telefonico/-a *telefoon-*
tramite *via, door middel van*
usare *gebruiken*
versare *storten, gieten; overmaken*
verso *rond, omstreeks*

3. VERTAAL DE VOLGENDE ZINNEN:

a. We zullen hem spreken. → ....

b. Jullie zullen er naartoe gaan. → ....

c. U zal het ondertekenen, meneer. → ....

d. Ze zullen het moeten doen. → ....

4. BELUISTER DE OPNAME EN VUL DE ZINNEN AAN:

15

a. Con il bancomat potrà .... contanti.

b. Venga domattina a .... i documenti che le ho preparato.

c. Ho appena ricevuto la .... della luce: è altissima!

14.
EEN KLACHT INDIENEN (BIJ HET POSTKANTOOR)

FARE UN RECLAMO (ALL'UFFICIO POSTALE)

DOELSTELLINGEN

- EEN KLACHT INDIENEN
- EEN KLACHT BEHANDELEN
- IEMAND BEDANKEN VOOR DE KWALITEIT VAN DE SERVICE

BEGRIPPEN

- GEGROEPEERDE PERSOONLIJKE VOORNAAMWOORDEN ALS VOORWERP
- MANNELIJKE ZELFSTANDIGE NAAMWOORDEN OP -A
- NABIJE TOEKOMST

EEN AANGETEKENDE BRIEF

Francesco: Dag mevrouw, ik moet een klacht indienen [doen].

Postbediende: Welke soort van klacht, mag ik vragen?

Francesco: Het is voor een aangetekende (zending) die nooit is bezorgd geweest aan de bestemmeling.

Postbediende: Maar, sorry, wie heeft u gezegd dat het aan dit loket was?

Francesco: Uw collega van [het] loket 12 heeft het mij gezegd. Waarom? Is het niet hier?

Postbediende: Nee, maar ok, ík doe het wel [erover denk ik]. Hebt u het reçu van de aangetekende zending?

Francesco: Hier is het.

Postbediende: Geeft u het me, alstublieft, zo verifieer ik of er een probleem is geweest. (…) Nee, het spijt me, ze zit [is] niet tussen de niet doorgestuurde post. Vult u alstublieft dit formulier in en ik hoop dat we u over enkele dagen een antwoord zullen kunnen geven.

Francesco: Heel erg bedankt. Aangezien u zo vriendelijk bent, zou ik ook een andere verrichting moeten doen. Ik moet een paar [van] brieven naar het buitenland verzenden. Kunt u ze (voor) mij wegen?

Postbediende: Zeker! Doet u (het) aangetekend of versturen we ze per prioritaire post?

Francesco: Een is een aangetekende met ontvangstbevestiging, de andere, laten we die maar per gewone post versturen, het is niets belangrijks.

Postbediende: Ja, maar ik raad u aan om het adres van de afzender te noteren op de omslag, men weet nooit…

Francesco: Moet ík de zegels kopen en ze erop kleven?

Postbediende: Nee, nee, wíj zetten er een stempel op en ze vertrekken meteen.

Francesco: O, ik ging [was om te] iets heel belangrijks vergeten: ik moet ook een wissel regelen. Ik moet een boete betalen.

Postbediende: We doen dit meteen ook.

Francesco: Ú bent werkelijk heel aardig! Ik zal nooit meer kwaad spreken over de postkantoren en over de postboden!

Postbediende: Mooi [Bravo], maakt u er wat goede publiciteit voor, we hebben er nodig! Hier moeten we van alles aanhoren [ons erover zeggen alles van al de kleuren]!

16 — UNA LETTERA RACCOMANDATA

Francesco: Buongiorno, signora, devo fare un reclamo.

Impiegata: Che tipo di reclamo, scusi?

Francesco: È per una raccomandata che non è mai stata recapitata al destinatario.

Impiegata: Ma chi gliel'ha detto, scusi, che era a questo sportello?

Francesco: Me l'ha detto la sua collega dello sportello dodici. Perché? Non è qui?

Impiegata: No, ma va bene, ci penso io. Ha la ricevuta della raccomandata?

Francesco: Eccola qui.

Impiegata: Me la dia, per favore, così verifico se c'è stato un problema. (…) No, mi dispiace, non è tra la posta non inoltrata. Per favore, compili questo modulo, e spero che tra qualche giorno potremo darle una risposta.

Francesco: Grazie mille. Visto che è così gentile, dovrei fare anche un'altra operazione. Devo spedire un paio di lettere all'estero. Me le può pesare?

Impiegata: Certo! Fa una raccomandata o le mandiamo in posta prioritaria?

Francesco: Una è una raccomandata con ricevuta di ritorno; l'altra mandiamola pure in posta ordinaria, non è nulla di importante.

Impiegata: Sì, però le consiglio di scrivere l'indirizzo del mittente sulla busta, non si sa mai…

Francesco: Devo comprare i francobolli e incollarceli io?

Impiegata: No no, ci mettiamo un timbro noi e partono subito.

Francesco: Ah, stavo per dimenticare una cosa importantissima: devo anche fare un vaglia. Devo pagare una multa...

Impiegata: Adesso facciamo anche questo.

Francesco: Lei è davvero gentilissima! Non parlerò mai più male delle poste e dei postini!

Impiegata: Bravo, ci faccia un po' di buona pubblicità, ne abbiamo bisogno! Qui ce ne dicono tutti di tutti i colori!

■ DE DIALOOG BEGRIJPEN

ECCO MET PERSOONLIJKE VOORNAAMWOORDEN

Persoonlijke voornaamwoorden als voorwerp worden (in hun gewone vorm) vastgeschreven aan het bijwoord **ecco** (*hier* of *daar*), dat ook als tussenwerpsel kan dienen: **Eccomi!** *Hier heb je me, ben ik!*, **Eccoti qui!** *Daar ben je, je bent er!* **Eccola qui!** *(m.b.t.* **la ricevuta***) Hier is het!*

C'È, CI SONO IN DE V.T.T.

C'è *er is* en **ci sono** *er zijn*, gevormd uit het voornaamwoord **ci** + het werkwoord **essere** in de 3e persoon enkelvoud/meervoud, worden in de v.t.t. **c'è stato/stata** (m./v. ev.) en **ci sono stati/state** (m./v. mv.), daar het voltooid deelwoord zich bij vervoeging met het hulpwerkwoord **essere** naar het onderwerp moet richten: **C'è stato un problema.** *Er is een probleem geweest* / **Ci sono stati dei problemi.** *Er zijn problemen geweest*; **C'è stata una festa.** *Er is een feest geweest* / **Ci sono state delle feste.** *Er zijn feesten geweest*. (Deze voorbeelden herinneren ons eraan dat er in het Italiaans onbepaalde lidwoorden in het meervoud gebruikt worden!)l

UN PAIO DI ...

Un paio *een paar*, letterlijk *twee* of figuurlijk *een klein aantal*: **un paio di lettere** *een paar brieven*; **Andiamo via un paio di giorni.** *We gaan een paar, enkele dagen weg*. Denk eraan het voorzetsel **di** in te lassen om een hoeveelheid <u>van</u> iets uit te drukken.

CULTURELE INFO

Een zending per **posta prioritaria** *prioritaire post* zou binnen 24 uur bezorgd moeten zijn. Eigenlijk is dit standaard, waardoor het op hetzelfde neerkomt als de **posta ordinaria** *gewone post*. Net als overal is die deadline zelden haalbaar…

◆ GRAMMATICA

GEGROEPEERDE PERSOONLIJKE VOORNAAMWOORDEN ALS LIJDEND/MEEWERKEND VOORWERP

• Staan ze naast elkaar, dan moet het persoonlijk voornaamwoord-meewerkend voorwerp altijd voor het persoonlijk voornaamwoord-lijdend voorwerp staan, waarbij de eind-**i** verandert in **-e**: m**i** dici questo *je zegt me dit* → m**e** lo dici *je zegt het me*.

- Is het meewerkend voorwerp **gli**, dan vormt het één woord met het erop volgende persoonlijk voornaamwoord-lijdend voorwerp, met er tussenin de letter **e**: **gli**e**lo diciamo** *we zeggen het hem/haar/hun/u* (ev./mv.) (let er dus op dat het vrouwelijke/beleefde **le** vastgeschreven aan een persoonlijk voornaamwoord-lijdend voorwerp verandert in **gli**!).
- **Ci** als *er(op, -aan, -voor,...)* zet **-i** ook om in **-e** voor een persoonlijk voornaamwoord-lijdend voorwerp: **Devo incoll**a**rc**e**li io?** *Moet ík ze erop plakken?*, **C**e **li incollo io?** *Plak ík ze erop?* – **No,** **ci** **mettiamo un timbro.** *Nee, we zetten er een stempel op.*
- Voor **ne** *ervan, erover,...* ondergaat het persoonlijk voornaamwoord-meewerkend voorwerp **-i** → **-e**: **m**i **dai** *je geeft me* → **m**e **ne dai** *je geeft me ervan*; gegroepeerd met **gli** moet er een **e** tussen: **gli**e**ne diamo** *we geven hem/haar/hen/u ervan*.

Ziehier een overzicht van de mogelijke combinaties:

	Persoonlijke voornaamwoorden als lijdend voorwerp				
Pers. vnwn als meew. voorw.	lo	la	li	le	ne
mi	me lo	me la	me li	me le	me ne
ti	te lo	te la	te li	te le	te ne
gli, le	glielo	gliela	glieli	gliele	gliene
ci	ce lo	ce la	ce li	ce le	ce ne
vi	ve lo	ve la	ve li	ve le	ve ne
gli	glielo	gliela	glieli	gliele	gliene

Onthoud ook dat als het lijdend voorwerp voor het werkwoord staat het voltooid deelwoord er in geslacht en getal mee moet overeenkomen: **ce** **li hai dat**i *je hebt ze* (m. mv.) *ons gegeven*; **ce** **le hai dat**e *je hebt ze* (v. mv.) *ons gegeven*. Hetzelfde geldt voor **ne** (dat kan verwijzen naar iets in het enkelvoud, meervoud, mannelijk of vrouwelijk): **Ti abbiamo chiesto del**le **patate e ce ne hai dat**e**, ti abbiamo chiesto de**i **biscotti e non ce ne hai dat**i**.** *We hebben je aardappelen gevraagd en je hebt er ons gegeven, we hebben je koekjes gevraagd en je hebt er ons geen gegeven.*

MANNELIJKE ZELFSTANDIGE NAAMWOORDEN OP -A

Sommige naamwoorden eindigen in het mannelijk én vrouwelijk enkelvoud op **-a**, bv. **il/la collega** *de collega* (m./v.), waaronder ook beroepsnamen op **-ista**, zoals **il/la giornalista** *de journalist/journaliste*, **il/la fisioterapista** *de fysiotherapeut/-therapeute, kinesist/kinesiste*.

▲ VERVOEGING
NABIJE TOEKOMST

In de dialoog zagen we twee manieren om de nabije toekomst uit te drukken:
• met een vorm van het werkwoord **stare** *zijn* + **per** + infinitief: **Stavo per dimenticare.** *Ik ging het vergeten, stond op het punt om het te vergeten;* **Sto per p_e_rdere la pazienza.** *Ik ga mijn geduld verliezen, sta op het punt om mijn geduld te verliezen.*
• met de bijwoorden **adesso** of **ora** (*nu*) + o.t.t.: **Adesso facciamo anche questo** *Dit doen we ook meteen.*

⬢ OEFENINGEN

1. VORM DE ZINNEN OM MET GEBRUIK VAN GEGROEPEERDE PERSOONLIJKE VOORNAAMWOORDEN, ZOALS IN HET VOORBEELD:

Voorbeeld: Leggo un libro a mio figlio. → Glielo leggo.

a. Avete mandato un pacco (*pak*) a noi. → ....

b. Signora, chiedo a lei questa informazione. → ....

c. Parliamo a voi di questo problema. → ....

d. Verseranno lo stipendio agli impiegati. → ....

2. VORM DE O.T.T./O.V.T.-ZINNEN OM TOT ZINNEN DIE DE NABIJE TOEKOMST UITDRUKKEN (MET GEBRUIK VAN *STARE PER*), ZOALS IN DE VOORBEELDEN:

Voorbeelden: Partivo per la Francia. → Stavo per partire per la Francia.

Prendo la macchina di tuo fratello. → Sto per prendere la macchina di tuo fratello.

a. Faccio un lavoro difficile (*moeilijk*).
→ ....

b. Mi spieghi (*van* spiegare *uitleggen*) la tua situazione.
→ ....

c. Arrivavamo a casa sua.
→ ....

d. Vanno a lavorare.
→ ....

WOORDENSCHAT

la busta *de omslag, envelop*
il/la collega *de collega*
il colore *de kleur (***i colori** *mv.)*
compilare *invullen (een formulier)*
consigliare *aanraden, aanbevelen*
il destinatario / la destinataria
    de bestemmeling/-e
dirne di tutti i colori *uitkafferen*
l'estero *het buitenland*
il francobollo *de zegel*
    *(***i francobolli** *mv.)*
incollare *kleven, plakken*
inoltrare *doorsturen, -geven*
la lettera *de brief*
mandare *(ver)sturen, (ver)zenden*
il mittente *de afzender, verzender*
il modulo *het formulier, de module*
la multa *de boete, bekeuring*
non si sa mai *men weet nooit*
nulla *niets*
ordinario/-a *gewoon*
la posta *de post (***le poste** *mv.)*
il postino / la postina *de postbode*
    *(***i postini** *mv.)*
prioritario/-a *prioritair*
la pubblicità *de publiciteit, reclame*
la raccomandata *de aangetekende*
    zending/brief
recapitare *bezorgen*
il reclamo *de klacht*
la ricevuta *het reçu, de kwitantie,*
    bon
la ricevuta di ritorno *de ontvangst-*
    *bevestiging (***il ritorno** *de retour,*
    terugkeer)
la risposta *het antwoord, de respons*
spedire *versturen, verzenden*
lo sportello *het loket*
il timbro *de (post)stempel*
il tipo *het type, de soort*
il vaglia *de (post)wissel*
verificare *verifiëren, nakijken*

3. VERTAAL DE VOLGENDE ZINNEN:

a. Hij heeft het me niet gezegd.
→ ....

b. Jullie zetten ze (m. mv.) daar.
→ ....

c. Ze hebben jullie erover gesproken.
→ ....

d. We zullen het voor hen kopen.
→ ....

4. ZET DE O.T.T.-ZINNEN IN DE V.T.T. (LET OP DE VORM VAN HET VOLTOOID DEELWOORD!):

a. Ce li danno. → ....

b. Ve le prendono. → ....

c. Glieli leggono. → ....

d. Me la comprano. → ....

15.
HET SOLLICITATIE-GESPREK

IL COLLOQUIO DI LAVORO

DOELSTELLINGEN

- OVER JE BEROEPSERVARING PRATEN
- BESCHRIJVEN WAT EEN JOB INHOUDT
- BASISWOORDENSCHAT IN HET BEDRIJFSLEVEN

BEGRIPPEN

- PLAATS VAN GEGROEPEERDE VOORNAAMWOORDEN ALS VOORWERP MET EEN IMPERATIEF, INFINITIEF OF GERUNDIUM
- VOLTOOID TOEKOMENDE TIJD
- HYPOTHETISCH GEBRUIK VAN DE TOEKOMENDE TIJD

EEN FAMILIEBEDRIJF

Meneer Bandini: Welkom, juffrouw, bij de firma "Bandini nv". Ik ben echt blij om u te ontvangen.

Simona: Het genoegen is mijn(erzijds), meneer [dokter].

Meneer Bandini: We hebben uw curriculum vitae met veel aandacht gelezen en het leek ons helemaal overeen te komen met wat we zoeken [ons is geleken in-het alles overeenkomend met-het ons zoeken].

Simona: (Dat) doet me veel plezier. Het profiel van de betrekking die jullie aanbieden, dat [het] vind ik ook heel interessant.

Meneer Bandini: U bent nog niet [sinds] lang hier in Varese, niet?

Simona: Wel, het zal drie jaar zijn [zullen-zijn drie jaren] dat ik er woon. Daarvoor was ik in Mantua.

Meneer Bandini: Ja, 't is waar, excuseert u me. Terwijl ik het u zei, gaf [ben gegeven] ik me rekenschap dat ik u een stommiteit zei. Het staat [is geschreven] in uw cv!

Simona: Ja, ik werkte in een heel belangrijke groep, maar [de] te grote ondernemingen zijn niets [doen niet] voor mij.

Meneer Bandini: Dan zal de onze precies (vol)doen aan uw verwachtingen [geval], wij zijn een klassiek familiebedrijf, al jàren [van oude datum]. Mijn vader heeft het me willen toevertrouwen toen hij met pensioen is gegaan. Wanneer u zal gezien hebben hoe men hier werkt, zal u verliefd worden op ons!

Simona: En, mag ik vragen, welk salaris bieden jullie voor mijn baan als [van] boekhoudster?

Meneer Bandini: Wel, bij de aanwerving bieden we gemiddelde salarissen, niet erg hoge, die echter (mee) zullen kunnen evolueren met de carrière.

Simona: En als werktijden?

Meneer Bandini: Het kantoor opent om 8 u en sluit om 18 u, met een lunchpauze middenin. Hier wordt geprikt [men stempelt het kaartje], dus is het belangrijk[e] uw 40 uren per week [wekelijkse] te presteren [doen]… en goed geleverd [gedaan] werk! We streven naar [houden aan hebben] flexibele werktijden: een stuk namiddag vrij kan altijd van pas komen. De vakantie[s] daarentegen valt [zijn] bij ons in augustus.

Simona: De advertentie in de krant specificeerde niet of het een contract voor bepaalde of onbepaalde duur [tijd] was. U zal begrijpen, meneer, dat een [de] vaste baan voor iedereen aantrekkelijk is…

Meneer Bandini: In het begin zal het natuurlijk bepaald zijn, maar wanneer u uw proefperiode zal hebben gedaan, als we tevreden zijn over u, zal u overgaan naar onbepaalde tijd.

UN'AZIENDA FAMILIARE

Signor Bandini: Benvenuta, signorina, alla ditta "Bandini S.p.A.", sono davvero lieto di riceverla.

Simona: Il piacere è mio, dottore.

Signor Bandini: Abbiamo letto il suo curriculum vitae con molta attenzione, e ci è sembrato del tutto corrispondente alla nostra ricerca.

Simona: Mi fa molto piacere. Anche il profilo del posto che offrite, lo trovo molto interessante.

Signor Bandini: Lei non sta qui a Varese da molto, vero?

Simona: Beh, saranno tre anni che ci abito. Prima stavo a Mantova.

Signor Bandini: Sì, è vero, mi scusi. Dicendoglielo, mi sono reso conto che le dicevo una sciocchezza. È scritto nel suo curricolo!

Simona: Sì, lavoravo in un gruppo molto importante, ma le imprese troppo grandi non fanno per me.

Signor Bandini: Allora la nostra farà proprio al caso suo, noi siamo una classica azienda familiare di vecchia data. Mio padre ha voluto affidarmela quando è andato in pensione. Quando avrà visto come si lavora qui, si innamorerà di noi!

Simona: E scusi, che stipendio proponete per il mio posto di ragioniera?

Signor Bandini: Beh, all'assunzione proponiamo stipendi medi, non altissimi, che però potranno evolvere con la carriera.

Simona: E come orari?

Signor Bandini: L'ufficio apre alle otto e chiude alle diciotto, con una pausa pranzo in mezzo. Qui si timbra il cartellino, quindi l'importante è fare le sue quaranta ore settimanali... e il lavoro ben fatto! Teniamo ad avere orari flessibili: un pezzo di pomeriggio libero fa sempre comodo. Le ferie, invece, da noi sono in agosto.

Simona: L'annuncio sul giornale non specificava se era un contratto a tempo determinato o indeterminato. Lei capirà, dottore, che il posto fisso fa gola a tutti...

Signor Bandini: All'inizio naturalmente sarà determinato, ma quando avrà fatto il periodo di prova, se siamo soddisfatti di lei, passerà a tempo indeterminato.

■ DE DIALOOG BEGRIJPEN
"FORMEEL" TAALGEBRUIK

Tijdens een sollicitatiegesprek is het taalgebruik uiteraard formeler dan in de dagelijkse omgang, al van bij de start: **Sono lieto di riceverla.** *Ik* (m.) *ben blij u te ontvangen;* **Sono lieta di conoscerla.** *Ik* (v.) *ben verheugd u te leren kennen.* Waarop het antwoord is: **Il piacere è mio.** *Het genoegen is aan mij.*

Weet ook dat je naast de gebruikelijke aanspreking **signore/signora** ook **dottore/dottoressa** zal horen tegenover mensen met een universitair diploma, al dan niet een *dokter*.

EEN PAAR UITDRUKKINGEN MET HET WERKWOORD *FARE*

→ **Fare per** + persoonlijk voornaamwoord wijst erop dat iets overeenkomt met iemands wensen, verwachtingen, persoonlijkheid, of net niet: **Questo lavoro non fa per me.** *Dit werk is niet aan mij besteed.*
→ Hiermee vergelijkbaar is **fare al caso** + bezitsvorm: **Questo attrezzo fa al caso mio.** *Dit werktuig is net wat ik nodig heb, is precies mijn ding.*
→ **Fare comodo a qualcuno** *iemand van nut zijn, deugd doen, van pas komen, (goed) uitkomen* enz.: **Un po' di soldi prima delle vacanze fanno sempre comodo.** *Wat centen vóór de vakantie zijn altijd meegenomen;* **Dici questo solo perché ti fa comodo.** *Je zegt dit alleen omdat het je uitkomt.*
→ **Fare gola** (**la gola** *de keel*) *het water in de mond doen lopen, aanlokkelijk zijn.*

ESSERE EN WERKWOORDEN VAN POSITIE

Het is in de dialogen al een paar keer gebleken dat het werkwoord **essere** *zijn* soms vertaald wordt met een werkwoord van positie zoals staan, liggen, zitten, vallen: **le scarpe che sono in vetrina** *de schoenen die in de etalage staan;* **Non è tra la posta.** *Het zit niet tussen de post;* **Le ferie sono in agosto.** *De vakantie valt in augustus.*

CULTURELE INFO

Jeugdwerkloosheid is tegenwoordig een van de meest verontrustende fenomenen van de Italiaanse maatschappij: al geruime tijd neemt het aantal mensen jonger dan 30 jaar die zonder werk zitten almaar toe. Door het gebrek aan jobaanbiedingen slinkt hun hoop op toetreding tot de arbeidsmarkt zienderogen. Velen hebben het studeren, zelfs het zoeken naar werk opgegeven. Hoewel deze toestand vooral jongeren zonder diploma in het zuiden van het land treft, lijken de perspectieven niet veel beter voor houders van een **laurea** *universitair diploma*, die naar het buitenland emigreren om daar niet alleen werk te vinden, maar vooral een loon uitbetaald te krijgen dat overeenkomt met hun opleidingsniveau.

◆ GRAMMATICA
PLAATS VAN PERSOONLIJKE VOORNAAMWOORDEN ALS VOORWERP MET EEN IMPERATIEF, INFINITIEF OF GERUNDIUM

In de vorige les behandelden we 'gegroepeerde' persoonlijke voornaamwoorden, waarbij het meewerkend voorwerp voor het lijdend voorwerp staat.
Intussen zagen we ze ook zo vastgeschreven aan de volgende werkwoordsvormen:

• imperatief: **diglielo** *zeg het hem/haar/hen [zeg-hem/haar/hen-het]*, **ditemelo** *zeggen jullie het me*,
maar let op:
- in de beleefdheidsvorm staan de voornaamwoorden apart voor het werkwoord: **me lo dica** *zegt u het me*,
- bij eenlettergrepige imperatieven moet in de **tu**-vorm de beginmedeklinker van het voornaamwoord verdubbeld worden (behalve bij **gli**): **dimmelo** *zeg het me*, **faccelo** *doe/maak het (voor) ons [doe/maak-ons-het]*;

• infinitief: **Ha voluto affidarmela.** *Hij heeft het (v. ev.) me willen toevertrouwen;* **Voglio parlargliene.** *Ik wil hem/haar/hen/u (ev./mv.) erover spreken*,
maar let op:
- bij het aaneenschrijven valt de eindklinker van de infinitief weg,
- zijn er twee werkwoorden, het ene vervoegd en het andere in de infinitief, dan kunnen de persoonlijke voornaamwoorden ofwel aan de infinitief vastgeschreven worden ofwel voor het vervoegd werkwoord staan: **Ha voluto affidarmela** of **Me l'ha voluta affidare**; **Voglio parlargliene** of **Gliene voglio parlare**;

• gerundium: **dicendoglielo** *het hem/haar/hen/u (ev./mv.) aan het zeggen.*

Merk op dat het bijschrijven van een of meer persoonlijke voornaamwoorden niets verandert aan de klemton in het werkwoord:
parlate (klemtoon standaard op de voorlaatste lettergreep) *spreken jullie* →
parlatemene (klemtoon blijft op die lettergreep in het werkwoord) *spreken jullie me erover*
affidare → **affidarmela**
dicendo → **dicendoglielo.**

▲ VERVOEGING
VOLTOOID TOEKOMENDE TIJD

Vorming:

(onvoltooid) toekomende tijd van het hulpwerkwoord (**avrò** enz. of **sarà** enz.) + voltooid deelwoord van het hoofdwerkwoord: **Quando avrà visto come si lavora qui…** *Wanneer u zal gezien hebben hoe men hier werkt…*

Gebruik:
- het beschrijven van een voltooide handeling in de toekomst: **Prima di domani, avrò finito il libro.** *Vóór morgen zal ik het boek uitgelezen [gedaan] hebben.*
- iets dat zich nog vóór iets anders voltrokken zal hebben in de toekomst, bv. na **quando** *wanneer*: **Quando avrò finito di lavorare, andrò al cinema.** *Wanneer ik gedaan heb [zal-hebben] met werken, zal ik naar de bioscoop gaan.*

HYPOTHETISCH GEBRUIK VAN DE TOEKOMENDE TIJD

In het Italiaans wordt de toekomende tijd dikwijls gebruikt voor het meedelen van onzekere informatie, het uitdrukken van een veronderstelling, schatting enz.: **Che ore saranno? – Saranno le tre.** *Hoe laat zou het [zal] zijn? – Het moet [zullen] 3 u zijn.*

Speelt het "hypothetische" zich af in het verleden, bijvoorbeeld in een verhaal, dan is de voltooid toekomende tijd van toepassing: **A che ora sarà arrivato/-a? – Non so, saranno state le tre.** *Hoe laat zou [zal] hij/ze aangekomen zijn? – Ik weet het niet, het moet [zullen] 3 u geweest zijn.*

⬢ OEFENINGEN

1. VUL DE ZINNEN AAN EN GEBRUIK HIERBIJ GEGROEPEERDE PERSOONLIJKE VOORNAAMWOORDEN, ZOALS IN HET VOORBEELD:

Voorbeeld: Devi portare questo libro ai tuoi colleghi. → Devi port_a_rglielo.

a. Voglio parlare a te di questo problema. Voglio ………… .

b. Non possiamo chiedere questa informazione a voi. Non possiamo ………… .

c. Mi piace preparare questa specialità a te. Mi piace ………… .

d. Portate a noi quei documenti ………… .

WOORDENSCHAT

affidare *toevertrouwen*
altissimo/-a *heel hoog*
l'annuncio *de advertentie, aankondiging*
l'assunzione *de aanwerving*
l'azienda *het bedrijf, de firma*
la carriera *de carrière, loopbaan*
il cartellino *het kaartje, de badge*
il caso *het geval*
il contratto *het contract*
corrispondente *corresponderend, overeenkomstig*
il curricolo / curriculum vitae *het cv/curriculum vitae*
la data *de datum*
determinato/-a *bepaald*
la ditta *het bedrijf, de firma*
evolvere *evolueren*
familiare *familiaal, familie-*
le ferie *(v. mv.) de vakantie(periode)*
fisso/-a *vast*
flessibile *flexibel, soepel*
il giornale *de krant*
l'impresa *de onderneming, het bedrijf* **(le imprese** mv.*)*
indeterminato/-a *onbepaald*
l'inizio *het begin*
innamorarsi di *verliefd worden op*
lieto/-a *blij, verheugd*
medio/-a *gemiddeld, middelmatig* **(medi/medie** mv.*)*
offrire *(aan)bieden*
il periodo di prova *de proefperiode* **(la prova** *de proef, test)*
un pezzo *een stuk, deel, poos*
il posto *de baan, betrekking, job*
il profilo *het profiel*
la ragioniera / il ragioniere *de boekhoudster/boekhouder*
rendersi conto *zich rekenschap geven, beseffen*
la ricerca *het zoeken, onderzoek*
la sciocchezza *de stommiteit*
sembrare *lijken, schijnen, de indruk hebben*
settimanale *wekelijks*
soddisfatto/-a *tevreden*
S.p.A., Società per Azioni *("Bedrijf via Aandelen") vergelijkbaar met nv, Naamloze Vennootschap*
specificare *specifiëren*
timbrare il cartellino *(lett. 'het kaartje stempelen') prikken, punten, in-/uitklokken, tegenwoordig met een badge*
vecchio/-a *oud*

2. VORM DE ZINNEN OM, MET GEBRUIK VAN DE TOEKOMENDE TIJD, OM EEN HYPOTHETISCHE TOESTAND UIT TE DRUKKEN, ZOALS IN DE VOORBEELDEN:

Voorbeelden: Forse sono le quattro. → Saranno le quattro.

Forse erano le quattro. → Saranno state le quattro.

a. A quest'ora forse dormono. → ....

b. Forse è gia arrivata a casa. → ....

c. Forse hai preso il raffreddore. → ....

d. Forse non parlano italiano. → ....

3. VERTAAL DE VOLGENDE ZINNEN:

a. Zeg het (m.) hem. → ....

b. Zegt u het me. → ....

c. Terwijl ik het (m.) je zeg... → ....

d. Geef het (v.) haar. → ....

4. VUL AAN MET DE JUISTE VORM VAN DE VOLTOOID TOEKOMENDE TIJD VAN HET WERKWOORD TUSSEN HAAKJES

a. Ti racconterò tutto quando .... (tornare) dalle vacanze.

b. Apriremo un conto bancario quando .... (ricevere) il primo stipendio.

c. Vi inviteranno (van invitare *uitnodigen*) quando .... (trovare) un appartamento più grande.

d. Cercherete un lavoro quando .... (finire) l'università.

16.
DEELNEMEN AAN EEN WERKVERGADERING
PARTECIPARE A UNA RIUNIONE DI LAVORO

DOELSTELLINGEN

- DEELNEMEN AAN EEN GESPREK IN EEN BEROEPSSFEER
- WOORDENSCHAT ROND EEN AANTAL ECONOMISCHE ACTIVITEITEN
- WOORDENSCHAT ROND FUNCTIES IN EEN BEDRIJF

BEGRIPPEN

- BETREKKELIJKE VOORNAAMWOORDEN
- PASSIEVE VORM
- ONPERSOONLIJKE VORM MET *SI*

DE RAAD VAN BESTUUR

Mevrouw Luchetti: Meneer Volpi, u weet toch dat er vannamiddag een [de] vergadering is van de raad van bestuur waarin men de balans zal goedkeuren? Als nieuwe verantwoordelijke van de verkoopafdeling bent u gehouden eraan deel te nemen. De gedelegeerd bestuurder zal de commerciële strategie toelichten die zal moeten gevolgd worden [zal-gaan gevolgd in] de volgende maanden.

Meneer Volpi: Zeker, mevrouw, ik had ze al genoteerd in (mijn) agenda.

Mevrouw Luchetti: Ook de nieuwe, in het volgende seizoen op de markt te lanceren producten (en) de elektrische huishoudapparaten waarover ik u gisteren heb gesproken, zullen voorgesteld worden [zijn]. Deze presentatie van de nieuwe cataloog wordt [komt] elk jaar in mei gedaan, voor de lancering in oktober, ook al is ze sommige jaren later gedaan.

Meneer Volpi: Met hoeveel zullen we zijn in de vergadering?

Mevrouw Luchetti: Zullen er zeker zijn: meneer Sani, de gedelegeerd bestuurder, de voorzitter, de vice-voorzitter en de algemeen directeur, verder de verschillende adviseurs en de managers verantwoordelijk voor de afdelingen aankoop [-kopen], personeel, communicatie[s] en media, en uiteraard u voor de verkoopafdeling. Ik raad u aan het verslag van de vorige vergadering te lezen, veel zaken waarover daarin [in die] is gesproken zullen morgen hervat worden [zijn].

Meneer Volpi: Herinnert u zich welke onderwerpen werden [zich zijn] besproken?

Mevrouw Luchetti: Nou, er werden veel zaken besproken, ik herinner me nu niet precies (wat): er [men] zal zijn gesproken over marketing, over rentabiliteit van de filialen, over omzet… de gebruikelijke zaken!

Meneer Volpi: Zal ook het probleem waarover u me hebt gesproken [de] afgelopen week aangekaart worden [zijn], de fusie met [het] "Eurodomestici"?

Mevrouw Luchetti: Ik heb er niet het minste idee van, niets is gezegd geweest over dit voornemen.

Meneer Volpi: U lijkt niet zozeer geïnteresseerd in het bedrijfsleven, of vergis ik me?

Mevrouw Luchetti: Zo is het!

18 — IL CONSIGLIO DI AMMINISTRAZIONE

Signora Luchetti: Signor Volpi, sa, vero, che oggi pomeriggio c'è la riunione del consiglio di amministrazione in cui si approverà il bilancio? Come nuovo responsabile del settore vendite, lei è tenuto a parteciparvi. L'amministratore delegato illustrerà la strategia commerciale che andrà seguita nei prossimi mesi.

Signor Volpi: Certamente, dottoressa, l'avevo già segnato in agenda.

Signora Luchetti: Saranno anche presentati i nuovi prodotti da lanciare sul mercato nella prossima stagione, gli elettrodomestici di cui le ho parlato ieri. Questa presentazione del nuovo catalogo viene fatta ogni anno in maggio, per il lancio in ottobre, anche se certi anni si è fatta più tardi.

Signor Volpi: In quanti saremo alla riunione?

Signora Luchetti: Di sicuro ci saranno il dottor Sani, l'amministratore delegato, il presidente, il vice-presidente e il direttore generale, poi i diversi consiglieri, e i dirigenti responsabili dei settori acquisti, personale, comunicazioni e media, e naturalmente lei per il settore vendite. Le consiglio di leggere il verbale della riunione precedente, molte questioni di cui si è parlato in quella saranno riprese domani.

Signor Volpi: Si ricorda quali argomenti si sono discussi?

Signora Luchetti: Mah, si sono discusse molte cose, ora non mi ricordo di preciso: si sarà parlato di marketing, di redditività delle filiali, di fatturato... le solite cose!

Signor Volpi: Sarà affrontato anche il problema del quale mi ha parlato la settimana scorsa, la fusione con l'"Eurodomestici"?

Signora Luchetti: Non ne ho la minima idea, non è stato detto niente a questo proposito.

Signor Volpi: Lei non sembra molto interessata alla vita aziendale, o mi sbaglio?

Signora Luchetti: Proprio così!

■ DE DIALOOG BEGRIJPEN
VI IN PLAATS VAN *CI*
Soms, in formeler taalgebruik, wordt het voornaamwoord **ci** *er* vervangen door **vi**. Zo kan je zeggen **vi sono** i.p.v. **ci sono** *er zijn*, hoewel **ci** gebruikelijker is.

◆ GRAMMATICA
BETREKKELIJKE VOORNAAMWOORDEN

Het meest gebruikte betrekkelijk voornaamwoord is **che**. Na een voorzetsel is het **cui**. In formele taal kan **il/la quale, i/le quali** gebruikt worden.

Omgangstaal	Formele taal*
che	**il quale** (m. ev.)
cui (na een voorzetsel)	**la quale** (v. ev.)
	i quali (m. mv.)
	le quali (v. mv.)

* Staat voor deze vormen een voorzetsel: waar nodig samentrekking met het bepaald lidwoord.

la persona / il bambino che **parla** *de persoon die / het kind dat spreekt*
la persona / il verbale che **vedi** *de persoon die / het verslag dat je ziet*
la persona / la ditta a cui **abbiamo parlato** *de persoon met wie / het bedrijf waarmee we hebben gesproken*
la persona / la riunione per cui **sono venuto** *de persoon voor wie / de vergadering waarvoor ik gekomen ben*
la persona / la macchina con cui **siamo venuti** *de persoon met wie / de auto waarmee we gekomen zijn*
la persona / le cose di cui **ti abbiamo parlato** *de persoon over wie / de zaken waarover we je gesproken hebben*

De zinnen met voorzetselconstructie omgezet in formeler, veeleer geschreven taalgebruik:
la persona alla quale abbiamo parlato
la persona per la quale sono venuto
la persona con la quale siamo venuti
la persona della quale ti abbiamo parlato.

▲ VERVOEGING
PASSIEVE VORM

• Vorming van de passieve (of lijdende) vorm: vervoeging van het hulpwerkwoord **essere** *zijn* (in het Nederlands meestal *worden*) + voltooid deelwoord van het werkwoord dat de passieve handeling uitdrukt, bv.:
Il bilancio è approvato. *De balans wordt goedgekeurd* (o.t.t. van **essere** + voltooid deelwoord van **approvare**: passieve vorm in de tegenwoordige tijd)
Il bilancio sarà approvato. *De balans zal worden goedgekeurd* (toekomende tijd van **essere** + voltooid deelwoord van **approvare**: passieve vorm in de toek. tijd)
Il bilancio è stato approvato. *De balans is goedgekeurd (geworden)* (v.t.t. van **essere** + voltooid deelwoord van **approvare**: passieve vorm in de v.t.t.)
Il bilancio sarà stato approvato. *De balans zal goedgekeurd (geworden) zijn* (voltooid toekomende tijd van **essere** + voltooid deelwoord van **approvare**: passieve vorm in de volt. toek. tijd).

• In de passieve vorm moet het voltooid deelwoord overeenkomen met het onderwerp:
La direttiva è stata approvata. *De richtlijn werd goedgekeurd.*

• De handelende persoon wordt ingeleid met het voorzetsel **da** *door*, zo nodig samengetrokken met het erop volgende lidwoord: **Il bilancio è stato approvato dal consiglio d'amministrazione.** *De balans is goedgekeurd door de raad van bestuur.*

VARIANTEN VAN DE PASSIEVE VORM

• I.p.v. het hulpwerkwoord **essere** kan het werkwoord **venire** *komen* gebruikt worden als het werkwoord uit één woord bestaat, bv.:
La presentazione del nuovo catalogo viene/veniva fatta in maggio. *De voorstelling van de nieuwe catalogus is/werd [komt/kwam] gedaan in mei;*
bij samengestelde tijden (meer werkwoordelementen, bv. **è stato/stata**) moet **essere** gebruikt worden: **La presentazione del nuovo catalogo è stata fatta in maggio.** *De voorstelling van de nieuwe catalogus is gedaan (geworden) in mei.*

• Ook het werkwoord **andare** *gaan* kan zo gebruikt worden, dit wanneer er sprake is van een verplichting of noodzaak:
La presentazione del nuovo catalogo va/andava fatta in maggio. *De voorstelling van de nieuwe catalogus moet/moest (dient/diende te) gebeuren in mei.*

ONPERSOONLIJKE VORM MET *SI*

We zagen al onpersoonlijke zinnen met **si** *men* + werkwoord in de 3e persoon enkelvoud. In het Nederlands zou de vertaling ook met het onpersoonlijk gebruik van *je* of *we* kunnen: **Come si fa per andare in via della Luna?** *Hoe gaat men / ga je naar de Maanstraat?* **Si fa la presentazione del nuovo catalogo.** *Men doet / We doen de presentatie van de nieuwe cataloog* of *De nieuwe cataloog wordt gepresenteerd,* dus eigenlijk nog een variant van de passieve vorm... En zo is ook hier in samengestelde tijden het hulpwerkwoord altijd **essere** en het voltooid deelwoord in overeenstemming met wie/wat de handeling ondergaat:

Si è fatta la presentazione (**fatta** → **presentazione**, v. ev.) *Men heeft de presentatie gedaan / De presentatie is gedaan.*

Quali argomenti si sono discussi? (**discussi** → **argomenti**, m. mv.) *Welke onderwerpen zijn besproken?*

Si sono discusse molte cose (**discusse** → **cose**, v. mv.) *Er zijn veel zaken besproken.*

Staat het onpersoonlijke **si** voor **si** als wederkerend voornaamwoord, dan wordt het **ci**: **Ci si alza presto.** *Men staat vroeg op [Men zich wekt vroeg].*

Staat het onpersoonlijke **si** voor **ne** *ervan, erover,...* , dan wordt het **se**: **Se ne parla molto.** *Men praat er veel over.*

● OEFENINGEN

1. GEBRUIK EEN BETREKKELIJK VOORNAAMWOORD OM DE TWEE ZINSDELEN MET ELKAAR TE VERBINDEN, ZOALS IN HET VOORBEELD:

Voorbeeld: Ecco la persona – ti ho parlato di questa persona. → Ecco la persona di cui ti ho parlato.

a. Ti spiego il problema – sono venuto per questo problema.

→ ....

b. Ti ho portato il libro – mi avevi prestato (*geleend*) questo libro.

→ ....

c. Voglio vedere il lavoro – mi avete tanto parlato di questo lavoro.

→ ....

WOORDENSCHAT

affrontare *aankaarten, behandelen*
l'agenda *de agenda*
l'amministratore/ammistratrice *de bestuurder, beheerder;* **amministratore delegato** *gedelegeerd bestuurder, bestuursvoorzitter, CEO, president- directeur*
l'amministrazione *de administratie, het bestuur, beheer*
approvare *goedkeuren*
l'argomento *het argument, onderwerp* **(gli argomenti** mv.*)*
il bilancio *de balans, begroting*
il catalogo *de catalogus, catalogus*
commerciale *commercieel*
il consigliere / la consigliera *de adviseur, raadgever/-geefster* **(i consiglieri** m. mv.*)*
il consiglio *de raad*
delegato/-a *gedelegeerd*
il direttore / la direttrice (generale) *de (algemeen) directeur/-trice*
il dirigente *de leider, bestuurder, manager* **(i dirigenti** mv.*)*
discutere *(be)discussiëren, bespreken*
l'elettrodomestico *het (elektrisch) huishoudapparaat* **(gli elettrodomestici** mv.*)*
il fatturato *de omzet*
la filiale *het filiaal, dochterbedrijf* **(le filiali** mv.*)*
la fusione *de fusie, samensmelting*
l'idea *de/het idee*
illustrare *illustreren, toelichten*
lanciare *lanceren, op de markt brengen*
il lancio *de lancering, het op de markt brengen*
il mercato *de markt*
minimo/-a *minst*
partecipare *participeren, deelnemen*
precedente *vorig*
presentare *presenteren, voorstellen*
la presentazione *de presentatie, voorstelling*
la redditività *de rentabiliteit*
il/la responsabile *de verantwoordelijke*
responsabile *verantwoordelijk*
ricordarsi *zich herinneren*
riprendere *hervatten*
la riunione *de vergadering*
sbagliarsi *zich vergissen*
scorso/-a *afgelopen, vorig, voorbij*
segnare *noteren*
seguire *volgen*
il settore *de sector, afdeling*
solito/-a *gewoon*
la stagione *het seizoen*
la strategia *de strategie*
la vendita *de verkoop* **(le vendite** mv.*)*
il verbale *het (proces-)verbaal, verslag*
il (vice-)presidente / la (vice-)presidentessa *de (vice-)voorzitter/-ster, president(e)*

2. ZET DE ZINNEN IN DE PASSIEVE VORM, ZOALS IN HET VOORBEELD:

Voorbeeld: Accompagno mio figlio a scuola. → Mio figlio è accompagnato a scuola da me.

a. Turisti francesi hanno affittato la mia casa in montagna.

→ ....

b. Molti parlano l'inglese.

→ ....

c. Turisti di tutto il mondo visitano Roma.

→ ....

3. VERTAAL DE VOLGENDE ZINNEN:

a. Dit werk moet gedaan worden.
→ ....

b. Ziehier de zaak waarover we gesproken hebben.
→ ....

c. Men slaapt weinig.
→ ....

d. Het is een stad die moet gezien worden.
→ ....

4. VUL AAN MET DE JUISTE V.T.T.-PASSIEVE VORM VAN HET WERKWOORD TUSSEN HAAKJES, ZOALS IN HET VOORBEELD:

Voorbeeld: Il bilancio .... (approvare) dal consiglio d'amministrazione.
→ Il bilancio è stato approvato dal consiglio d'amministrazione.

a. La recensione al mio libro .... (scrivere) da un famoso giornalista.

b. La mia ditta .... (fondare *oprichten*) da mio nonno (*grootvader*).

c. Quando è uscito, quel film non .... (capire) da nessuno.

17.
AAN DE TELEFOON
AL TELEFONO

DOELSTELLINGEN

- EEN TELEFOONGESPREK VOEREN
- NAAR IEMANDS ACTIVITEITEN INFORMEREN
- EEN MISVERSTAND OPHELDEREN/RECHTZETTEN
- REGELINGEN TREFFEN

BEGRIPPEN

- VRAAGWOORDEN
- UITROEPEN
- 'MOETEN' EN 'NODIG ZIJN'

SHIFTWISSEL

Paola: Hallo, met wie spreek ik [wie spreekt]?

Luca: Hoi, met [ben] Luca.

Paola: Excuseert u me, ik hoor u niet goed. Spreekt u luider!

Luca: Luca, Luca Medi, herken je me niet? We werken samen in het postkantoor!

Paola: O ja! Excuseer me, Luca, ik had je niet herkend. Ik heb een oude telefoon die niet zo goed werkt en af en toe [elke zoveel] valt de lijn (weg). Waarvoor belde je me? Het is een poos (geleden) dat we elkaar zagen [zien]!

Luca: Wel ja, ik ben [heb] veranderd (van) shift een maand geleden [gedaan]; deze week, bijvoorbeeld, doe ík de namiddag en jíj werkt 's morgens, niet?

Paola: Ja, maar waarom [hoe ooit] ben je (van) shift veranderd?

Luca: Ik ben enigszins verplicht geweest.

Paola: Wat? Het is niet mogelijk! Je moet [Is-nodig] protesteren, je hoeft niet alles te accepteren! Je moet wat meer moed tonen [Er is nodig…]!

Luca: Nee, maar wat heb je begrepen? Niemand heeft me verplicht, het was gewoon een manier van spreken [zeggen]! Het is omwille [per weg] van mijn baskettrainingen dat ze (mijn) rooster hebben veranderd.

Paola: Oeps, wat (een) misverstand! Maar speel jij [te] basket? Sinds wanneer [hoeveel tijd]?

Luca: Van toen ik klein was.

Paola: En hoeveel trainingen heb [doe] je per week?

Luca: Drie trainingen plus de wedstrijd op zaterdag of op zondag.

Paola: Wat (een) engagement! En hoeveel uren je eraan moet besteden, mijn God [mama]!

Luca: Wat wil je, het is mijn passie!

Paola: Je zal dan wel heel goed zijn!

Luca: Nou, ik breng het er niet slecht van af, maar helaas ben ik (er) niet in geslaagd om professional te worden. Er is training, volharding en vooral veel geluk voor nodig!

Paola: Ja, dan moet je misschien ook aanleg [van-de natuurlijke gaven] hebben… Excuseer me [veel], maar ik kan niet lang aan de telefoon blijven [zijn] omdat ik een belangrijk telefoontje moet plegen zo meteen [over weinig]. Anders haak ik in en bel ik je zo dadelijk [over een beetje] terug.

Luca: Nee, nee, ook ík verwacht een oproep, waardoor ik de telefoon niet lang bezet kan laten. Ik wou je gewoon vragen of je van shift kon wisselen [doen een wissel van beurt] met me maandag, ik heb de middag nodig om naar de training te gaan.

Paola: Ja hoor, ok, dat is geen enkel probleem, maar we moeten [is nodig] het meteen tegen de baas zeggen.

Luca: Nee, je hoeft het hem niet meteen te zeggen [niet is-van-belang…], ík stuur hem een mail. Hartelijk bedankt!

SCAMBIO DI TURNO

Paola: Pronto, chi parla?

Luca: Ciao, sono Luca.

Paola: Scusi, non la sento bene. Parli più forte!

Luca: Luca, Luca Medi, non mi riconosci? Lavoriamo insieme all'ufficio postale!

Paola: Ah sì! Scusa, Luca, non ti avevo riconosciuto. Ho un vecchio telefono che non funziona tanto bene, ed ogni tanto cade la linea. Per che cosa mi chiamavi? È un pezzo che non ci vediamo!

Luca: Eh sì, ho cambiato turno un mese fa; questa settimana per esempio io faccio il pomeriggio, e tu lavori di mattina, vero?

Paola: Sì, ma come mai hai cambiato turno?

Luca: Sono stato un po' obbligato.

Paola: Cosa? Non è possibile! Bisogna protestare, non bisogna accettare tutto! Ci vuole un po' più di coraggio!

Luca: No, ma che hai capito? Nessuno mi ha obbligato, era solo un modo di dire! È per via dei miei allenamenti di pallacanestro che hanno cambiato orario.

Paola: Accidenti, che malinteso! Ma tu giochi a pallacanestro? Da quanto tempo?

Luca: Da quando ero piccolo.

Paola: E quanti allenamenti fai alla settimana?

Luca: Tre allenamenti più la partita al sabato o alla domenica.

Paola: Che impegno! E quante ore devi dedicarci, mamma mia!

Luca: Che cosa vuoi, è la mia passione!

Paola: Sarai bravissimo allora!

Luca: Beh, me la cavo, ma purtroppo non sono riuscito a diventare professionista. Ci vogliono allenamento, costanza, e soprattutto tanta fortuna!

Paola: Sì, poi magari bisogna avere anche delle doti naturali… Scusami tanto, ma non posso stare al telefono a lungo perché devo fare una telefonata importante fra poco. Magari riattacco e ti richiamo fra un po'.

Luca: No, no, anch'io aspetto una chiamata, per cui non posso lasciare il telefono occupato a lungo. Volevo semplicemente chiederti se puoi fare uno scambio di turno con me lunedì, ho bisogno del pomeriggio per andare all'allenamento.

Paola: Ah sì, va bene, non c'è nessun problema, ma bisogna dirlo subito al principale.

Luca: No, non importa dirglielo subito, gli mando io una mail. Grazie mille!

DE DIALOOG BEGRIJPEN
UITDRUKKINGEN IN EEN TELEFOONGESPREK

→ Bij het opnemen van de telefoon zeg je **Pronto**, wat eigenlijk *klaar* betekent. Iets uitgebreider is: **Pronto, chi parla?** *Hallo, met wie spreek ik, wie heb ik aan de lijn?*

→ De beller antwoordt met **Sono** *Ik ben…*, *Met … :* **Sono Carlo, il signor Rossi** enz. **Sono io.** *Met mij, ik ben het.*

→ *Ophangen* is **riattaccare** of gemeenzaam **mettere giù**, lett. *neerzetten*. Wanneer de verbinding verbroken wordt, bij het wegvallen van de lijn: **cadere la linea**, bv. **Scusa, non ti sentivo più, è caduta la linea.** *Sorry, ik hoorde je niet meer, de verbinding werd verbroken, de lijn viel weg.*

WAAROM, DAAROM

Vragen naar een reden kan met: **Perché?** *Waarom?*, **Per che cosa?** *Waarom? Om welke reden?* Is er wat verbazing: **Come mai?** *Waarom? Hoezo?*

Het antwoord begint doorgaans met **perché**… *omdat*, dus hetzelfde Italiaanse woord in vraag en antwoord. Genuanceerder antwoorden kan met bv. **per via di**, *omwille van, wegens*: **Perché hai cambiato turno? – È per via dei miei allenamenti.** *Waarom heb je van shift gewisseld? – Omwille van mijn trainingen.*

SITUEREN IN DE TIJD

→ Frequentie met het voorzetsel **a**: **tre allenamenti alla settimana**, *drie trainingen per week, in de week*; **Mangio tre volte al giorno.** *Ik eet drie maal per dag*; **Andiamo a Milano una volta al mese.** *We gaan één keer per maand naar Milaan.*

→ *Geleden*: **Quanto tempo fa?** *Hoelang geleden?* **Ho cambiato un mese fa.** *Ik heb een maand geleden geruild.* Let ook op constructies als **È un pezzo che non ci vediamo.** *Het is een poos geleden dat we elkaar gezien hebben.*

CULTURELE INFO

Tegenwoordig zijn er in Italië meer mobiele telefoons dan er mensen zijn! En steeds meer worden smartphones gebruikt voor online communicatie en internetdoeleinden.

◆ GRAMMATICA

VRAAGWOORDEN

Veel vragen worden ingeleid met een van de volgende vraagwoorden:

• **Che?** (onveranderlijk) *Wat? Welk(e)?*
Che vuoi? *Wat wil je?* of neutraler **Che cosa vuoi?** *Wat (voor iets) wil je?*
Che città italiane hai visitato? *Welke Italiaanse steden heb je bezocht?*
A che ora parti? *Hoe laat vertrek je?*

• **Quale?** (mannelijk/vrouwelijk enkelvoud) / **quali?** (mannelijk/vrouwelijk meervoud) is vergelijkbaar met **che?**, maar moet dus overeenkomen met zijn onderwerp:
Quale città italiana / Quali città italiane hai visitato? *Welke Italiaanse stad/ steden heb je bezocht?*

• **Quanto?** *Hoeveel?*
- op zich of voor een werkwoord:
Quanto costano questi occhiali? *Hoeveel kost deze bril?* – **Quanto?!** *Hoeveel?!*
- voor een naamwoord **quanto** (m. ev.)/**quanta** (v. ev.)/**quanti** (m. mv.)/**quante** (v. mv.):
Quanti allenamenti fai alla settimana? *Hoeveel trainingen heb je per week?*

• **Chi?** (onveranderlijk) *Wie?*
Pronto, chi parla? *Hallo, met wie spreek ik [wie spreekt]?*

• Net als in het Nederlands kan voor deze vraagwoorden een voorzetsel staan:
In che città abita? *In welke stad woont u (of: hij/zij)?*
Con chi sei venuto? *Met wie ben je gekomen?*
Da quante persone è composta la tua famiglia? *Uit hoeveel personen bestaat [is samengesteld] je gezin?*

UITROEPEN

De woorden hierboven kunnen ook een uitroep inleiden:
Che malinteso! *Wat een misverstand!*
Quante ore devi dedicarci! *Hoeveel uren moet je er niet aan wijden!?*
Questo cappello costa trecento euro. – Quanto! *Deze hoed kost 300 euro. – Wat veel!*

▲ VERVOEGING

'MOETEN' EN 'NODIG ZIJN'

Moeten, nodig zijn wordt vaak onpersoonlijk uitgedrukt (*men/je/er moet...*, *het is nodig dat/om...*, *er is ... nodig* enz.). In het Italiaans wordt hiervoor gebruikgemaakt van:

• het onpersoonlijk, regelmatig werkwoord **bisognare** in de 3e persoon enkelvoud + infinitief:
Bisogna avere pazienza. *Er is geduld nodig, men/je moet geduld hebben.*
Bisognerà lavorare molto. *Er zal veel gewerkt moeten worden.*

• **ci vuole** + enkelvoud of **ci vogliono** + meervoud (van **volere** *willen*):
Ci vuole un po' più di coraggio. *Er is wat meer moed (voor) nodig.*
Ci voleva molto coraggio. *Het vergde veel moed.*
Ci vogliono allenamento e costanza. *Er is training en volharding voor nodig, het behoeft...*
Ci sono volute due foto. *Er waren twee foto's nodig, men wilde [er zijn gewild] twee foto's.*

• In de dialoog zagen we een manier om het tegengestelde uit te drukken, dat iets niet nodig is, niet hoeft, nl. met **non importa** (van **importare** *belangrijk zijn, van belang zijn, ertoe doen*): **Non importa.** *Het geeft/hoeft niet.*
Bisogna dirlo subito al principale. – **Non importa dirglielo subito.** *Het moet onmiddellijk tegen de baas gezegd worden.* – *Het hoeft hem niet meteen gezegd te worden.*

⬢ OEFENINGEN

🔊 **1. FORMULEER DE VRAGEN DIE DE VOLGENDE ANTWOORDEN OPLEVEREN (MAAK GEBRUIK VAN DE VRAAGWOORDEN OP P. 161), BELUISTER DAARNA DE OPNAME:**
19

Voorbeeld: Questa camicia costa quaranta euro.
→ Quanto costa questa camicia?

a. L'autobus arriva alle dodici e un quarto.

→ ....

b. Vogliamo mangiare la pizza.

→ ....

c. Le mie città preferite sono Siena e Firenze.

→ ....

WOORDENSCHAT

accettare *accepteren, aanvaarden*
accidenti! *oeps!, verdorie!*
l'allenamento *de training*
   (gli allenamenti mv.)
cadere *vallen*
cambiare *veranderen, (ver)-wisselen, ruilen*
cavarsela *het er aardig afbrengen, het wel redden, z'n plan trekken* **(cavare** *wegnemen, uittrekken)*
chiamare *(op)bellen, (op)roepen*
la chiamata *de oproep*
il coraggio *de moed*
la costanza *de volharding*
dedicare *besteden, (toe)wijden*
la dote *de gave* **(le doti** *mv.)*
forte *sterk; luid*
la fortuna *het geluk*
funzionare *functioneren, werken*
giocare *spelen;* **giocare a pallacanestro/tennis/carte** *basketten/tennissen/kaarten*
l'impegno *het engagement*
importante *belangrijk*
lasciare *laten*
la linea *de lijn*
il malinteso *het misverstand*
il modo *de manier, wijze*
naturale *natuurlijk, aangeboren*
obbligare *verplichten*
occupato/-a *bezet*
ogni tanto *om de zoveel tijd, af en toe*
la pallacanestro *het basket(bal)*
la partita *de wedstrijd, partij, match*
la passione *de passie*
possibile *mogelijk*
il/la principale *de baas/bazin, het diensthoofd*
il/la professionista *de professional, beroepsspeler/-speelster;* **professionista** *beroeps-*
protestare *protesteren*
riconoscere *herkennen*
riuscire *lukken, slagen*
lo scambio *de wissel, ruil*
semplicemente *gewoon, alleen maar, eenvoudig(weg)*
la telefonata *het telefoongesprek, telefoontje*
il turno *de beurt, (ploegen)dienst, shift*
vedersi *elkaar zien, ontmoeten*

2. VORM DE ZINNEN MET HET WERKWOORD *BISOGNARE* OM TOT ZINNEN MET *CI* + DE JUISTE VORM VAN HET WERKWOORD *VOLERE*, ZOALS IN HET VOORBEELD:

Voorbeeld: Per entrare, bisogna avere diciotto anni. → Per entrare, ci v*o*gliono diciotto anni.

a. Per fare questo lavoro, bisogna avere la macchina.

→ ....

b. Bisognerà avere molte ore.

→ ....

c. Con quel freddo, bisognava avere il maglione.

→ ....

3. VERTAAL DE VOLGENDE ZINNEN:

a. Er zijn schoenen nodig. (met **ci**) → .....

b. Het zal een jaar vergen. (met **ci**) → .....

c. Met hoeveel vrienden komen jullie? → ....

d. Wat een mooie stad! → ....

🔊 4. BELUISTER DE OPNAME EN VUL DE DIALOOG AAN:

19

a. – ...., chi parla?

b. – Ciao, ... Carlo.

c. – Non posso stare al telefono a lungo, aspetto una .... importante.

d. – Se vuoi .... e ti richiamo più tardi.

18.
INFORMATICA EN INTERNET

INFORMATICA E INTERNET

DOELSTELLINGEN

- BASISWOORDENSCHAT OVER COMPUTERS EN INTERNET
- OM TECHNISCHE UITLEG VRAGEN EN DIE GEVEN

BEGRIPPEN

- GEGROEPEERDE AANWIJZENDE/ BETREKKELIJKE VOORNAAMWOORDEN
- HET VOORNAAMWOORD *CHI*
- VOORWAARDELIJKE WIJS

ADVIES OVER DE NIEUWE COMPUTER

Mevrouw Magri: Goeiedag, ik zou enkele inlichtingen willen over de computer die ik net gekocht heb.

Verkoper: Zeker, mevrouw, welke informatie zou u wensen?

Mevrouw Magri: Heb [Draagt u] geduld, u weet, van informatica, daar begrijp ík niets van.

Verkoper: Maakt u zich geen zorgen, mevrouw. Een expert in informatica zou hier helemaal niet komen: hij zou niets te leren hebben van een winkelverkoper omdat hij alles al zou weten, denkt u niet?

Mevrouw Magri: Laten we zeggen dat ik graag wat minder onhandig zou zijn wanneer ik de pc gebruik, dat is het. Bijvoorbeeld, mijn zoon heeft me een draadloze muis doen kopen, maar ik slaag er niet in om ze te gebruiken omdat ze eerst moet geïnstalleerd worden, en ik heb de installatie-cd niet.

Verkoper: Maar, sorry, wie heeft u gezegd dat ze geïnstalleerd dient te worden?

Mevrouw Magri: Net mijn zoon heeft het mij gezegd, die er redelijk wat verstand van heeft… misschien!

Verkoper: Let op [Doet-u attentie] want wie advies [-zen] geeft is niet altijd echt expert, met alle respect voor uw zoon. Kortom, als u (iets) nodig hebt, komt u (dan) hier bij ons en we zullen u alles uitleggen.

Mevrouw Magri: Ja, maar ik kan toch niet tot hier komen elke keer dat ik een probleem heb: ik zou hier altijd zijn!

Verkoper: Maar [aan] ons zou het plezier doen u (te) zien, daarvoor zijn we hier! Maar wilt u zich liever niet verplaatsen [moeite doen], op onze website, in het menu, is er de rubriek "online assistentie": u klikt erop en een venster opent zich, waar(in) u al uw vragen kunt schrijven. Handig, niet?

Mevrouw Magri: Ja, alles zou heel gemakkelijk lijken, in theorie [woorden] tenminste…

Verkoper: Al degenen die het gedaan hebben, waren heel tevreden. Om terug te komen op uw muis, er zit bijna nooit een cd bijgevoegd, de computer connecteert er zich automatisch (mee). In elk geval gebeurt [zich doet] de installatie van veel programma's inmiddels online. Het zou onmogelijk zijn anders te werk te gaan [doen], daar tegenwoordig [de] kleine draagbare pc's en [de] tablets geen cd-speler meer hebben [niet hebben meer de lezer van cd].

Mevrouw Magri: De mijne heeft alles! Ik heb hem tamelijk duur betaald, om er zeker van te zijn dat het toestel werkt [om-te zijn zeker van hebben een toestel werkend]…

Verkoper: En u hebt (er) goed (aan) gedaan, mevrouw! Zoals het spreekwoord zegt, "wie meer spendeert, spendeert minder"!

20 CONSIGLI SUL NUOVO COMPUTER

Signora Magri: Buongiorno, vorrei alcune informazioni sul computer che ho appena comprato.

Commesso: Certo signora, che informazioni desidererebbe?

Signora Magri: Porti pazienza, sa, io di informatica non ci capisco niente.

Commesso: Non si preoccupi, signora. Un esperto in informatica non verrebbe mica qui: non avrebbe niente da imparare da un commesso di negozio perché saprebbe già tutto, non crede?

Signora Magri: Diciamo che mi piacerebbe essere un po' meno maldestra quando uso il PC, ecco. Per esempio, mio figlio mi ha fatto comprare un mouse wireless, ma non riesco a usarlo perché prima deve essere installato, e non ho il CD di installazione.

Commesso: Ma scusi, chi le ha detto che deve essere installato?

Signora Magri: Me l'ha detto proprio mio figlio, che se ne intende abbastanza… forse!

Commesso: Faccia attenzione, perché non sempre chi dà consigli è veramente esperto, con tutto il rispetto per suo figlio. Insomma, se ha bisogno venga qui da noi e le spiegheremo tutto.

Signora Magri: Sì, ma non posso mica venire fin qui ogni volta che ho un problema: sarei sempre qui!

Commesso: Ma a noi farebbe piacere vederla, siamo qui per questo! Se poi non si vuole scomodare, sul nostro sito Internet, nel menù, c'è la voce "assistenza on line": lei ci clicca su e si apre una finestra dove può scrivere tutte le sue domande. Pratico, no?

Signora Magri: Sì, sembrerebbe tutto molto facile, almeno a parole…

Commesso: Tutti quelli che l'hanno fatto sono stati molto contenti. Per tornare al suo mouse, non c'è quasi mai un CD allegato, il computer ci si connette automaticamente. In ogni caso l'installazione di tanti programmi ormai si fa on line. Sarebbe impossibile fare diversamente, perché oggi i piccoli PC portatili e i tablet, non hanno più il lettore di CD.

Signora Magri: Il mio ha tutto! L'ho pagato piuttosto caro, per essere sicura di avere un apparecchio funzionante…

Commesso: E ha fatto bene signora! Come dice il proverbio, "chi più spende meno spende"!

■ DE DIALOOG BEGRIJPEN
WOORDEN M.B.T. DE COMPUTER

Merk op hoeveel termen in *de informatica* (**l'inform****tica**) uit het Engels komen: *de computer* is **il computer** (of *de pc* **il PC**), *de muis* is **il mouse**, *de tablet* is **il tablet**; *draadloos* is **wireless**, *online* is **on line** enz. Onthoud dat leenwoorden onveranderlijk zijn, dus **il computer / i computer**, **il mouse / i mouse...**

◆ GRAMMATICA
GEGROEPEERDE AANWIJZENDE/BETREKKELIJKE VOORNAAMWOORDEN

• In les 6 zagen we de aanwijzende voornaamwoorden **quello/quella** enz. *die, dat*, waarvan de vorm moet overeenkomen met datgene waarnaar ze verwijzen. Intussen zagen we ze ook voor het betrekkelijk voornaamwoord **che** staan, bv. **Quelli che l'hanno fatto sono stati molto contenti.** *Degenen (Die) die het gedaan hebben, waren [zijn geweest] heel blij.*
• De mannelijke vorm enkelvoud **quello** kan neutraal gebruikt worden, bv.: **Quello che si sente dire.** *Wat [Dat(gene) dat] men hoort zeggen.*
• Er bestaat nog een neutrale, onveranderlijke vorm, **ciò**: **Ciò che voglio dirle.** *Wat [Dat(gene) dat] ik u wil zeggen.*
• Onthoud uit les 16 ook dat i.p.v. het betrekkelijk voornaamwoord **che** ook de constructie 'voorzetsel + **cui**' kan: **Ciò di cui abbiamo bisogno.** *Wat [Dat(gene) van dat] we nodig hadden.*

HET VOORNAAMWOORD *CHI*

• **Chi** kennen we als vraagwoord:
Chi le ha detto questo? *Wie heeft u dit gezegd?*
• Betrekkelijk gebruikt, is **chi** vergelijkbaar met **quello/quelli che** m.b.t. een of meer personen, weliswaar altijd in het mannelijk enkelvoud, ook bij een veralgemening die evt. een meervoud suggereert, zoals het Nederlandse *wie*:
La gente ascolta chi dà consigli. *De mensen luisteren naar wie inlichtingen verstrekt, advies geeft.*
Chi è stato in Italia ne parla molto bene. *Wie in Italië is geweest, spreekt er vol lof [heel goed] over.*

- **Chi** komt vaak voor in spreekwoorden, zoals in de dialoog **Chi più spende, meno spende**.

Chi vivrà vedrà. *De tijd zal het uitwijzen [Wie zal leven zal zien].*

Ride bene chi ride ultimo. *Wie laatst lacht, best lacht [Lacht goed wie lacht laatste].*

▲ VERVOEGING
VOORWAARDELIJKE WIJS

- Vorming:

waar de voorwaardelijke wijs (ook conditionalis genoemd) in het Nederlands uitgedrukt wordt met zou(den) + infinitief, bestaat hij in het Italiaans uit slechts één werkwoordelement dat als volgt is opgebouwd:

stam	+ **er** bij werkwoorden op **-are** + **er** bij werkwoorden op **-ere** + **ir** bij werkwoorden op **-ire**	+ uitgang **-ei, -esti, -ebbe,** **-emmo, -este, -ebbero**

	Werkwoorden op **-are** **parlare**	Werkwoorden op **-ere** **prendere**	Werkwoorden op **-ire** **finire**
(io)	parl*erei*	prend*erei*	fin*irei*
(tu)	parl*eresti*	prend*eresti*	fin*iresti*
(lui, lei)	parl*erebbe*	prend*erebbe*	fin*irebbe*
(noi)	parl*eremmo*	prend*eremmo*	fin*iremmo*
(voi)	parl*ereste*	prend*ereste*	fin*ireste*
(loro)	parl*erebbero*	prend*erebbero*	fin*irebbero*

Ook onregelmatige werkwoorden krijgen deze uitgangen. Afwijkingen zitten dus in de stam, dezelfde als bij de toekomende tijd en voor alle personen (zie les 13). We nemen als voorbeeld het werkwoord **volere** *willen*:

vorrei, vorresti, vorrebbe, vorremmo, vorreste, vorrebbero.

- Gebruik:

vergelijkbaar met het Nederlands, dus het uitdrukken van een verlangen, wens, beleefd verzoek enz., iets wat mogelijk maar onzeker is, realiseerbaar onder voorwaarde:

Vorrei alcune informazioni. *Ik zou enige informatie willen.*

Mi piacerebbe venire. *Ik zou graag komen.*

Avrei un'altra piccola domanda da farle. *Ik zou nog een vraagje willen stellen [Zou-hebben een andere kleine vraag te doen].*

● OEFENINGEN

1. VUL AAN MET HET PASSENDE AANWIJZEND EN BETREKKELIJK VOORNAAMWOORD, ZOALS IN HET VOORBEELD:

Voorbeeld: Volevi un vestito rosso (*rode jurk*) e l'hai comprato.
Hai comprato .... volevi. → Hai comprato quello che volevi.

a. Mi hai chiesto il libro di storia e te l'ho portato.
Ti ho portato .... mi hai chiesto.

b. Siamo andati in quella città. Tu ce l'avevi consigliata.
Siamo andati in .... tu ci avevi consigliata.

c. Avete incontrato quegli amici. Ve li avevo presentati io.
Avete incontrato .... vi avevo presentato.

2. HERSCHRIJF DE ZINNEN MET GEBRUIK VAN HET VOORNAAMWOORD *CHI* (ALTIJD MANNELIJK ENKELVOUD), ZOALS IN HET VOORBEELD.

Voorbeeld: Non mi piacciono le persone che parlano troppo.
→ Non mi piace chi parla troppo.

a. Esco solo con le persone che mi sono simpatiche.

→ ....

b. Quelli che sono andati in quella scuola parlano bene italiano.

→ ....

c. Le persone che non hanno diciotto anni non possono guidare la macchina (*autorijden*).

→ ....

3. VERTAAL DE VOLGENDE ZINNEN:

a. We zouden willen. → ....

b. Ze zouden zijn. → ....

c. Jullie zouden hebben. → ....

d. Je zou weten. → ....

WOORDENSCHAT

alcuni/-e *enige, enkele, een aantal, een paar*
l'apparecchio *het apparaat, toestel*
l'assistenza *de assistentie, bijstand*
automaticamente *automatisch (bijw.)*
cliccare *klikken*
connettere *connecteren, verbinden*
il consiglio *de raad(geving), het advies*
contento/-a *tevreden, blij*
diversamente *anders*
l'esperto *de expert*
facile *gemakkelijk*
la finestra *het venster*
funzionante *functionerend, werkend*
impossibile *onmogelijk*
l'informatica *de informatica*
installare *installeren*
l'installazione *de installatie, het installeren*
intendersi *verstand hebben van*
il lettore *de speler, reader (bv. cd-speler);* **il lettore / la lettrice** *de lezer/lezeres*
maldestro/-a *onhandig*
il menù (of **menu**) *het menu*
ormai *inmiddels*
la parola *het woord (***le parole** *mv.)*
la pazienza *het geduld*
portatile *draagbaar*
pratico/-a *praktisch, handig*
il programma *het programma (***i programmi** *mv.)*
il proverbio *het spreekwoord*
il rispetto *het respect*
sicuro/-a *zeker, verzekerd van*
il sito *de site*
spendere *spenderen, uitgeven, besteden*
spiegare *uitleggen*
veramente *echt, heel; eerlijk gezegd*
la voce *de ingang, rubriek, het item in een lijst; de stem*

4. ZET DE O.T.T-ZINNEN IN DE VOORWAARDELIJKE WIJS, ZOALS IN HET VOORBEELD:

Voorbeeld: Voglio un'informazione. → Vorrei un'informazione.

a. Mi piace andare in Italia. → ....

b. Mi può dire che ore sono? → ....

c. Possiamo arrivare un po' più tardi? → ....

19.
EEN E-MAIL SCHRIJVEN

SCRIVERE UNA MAIL

DOELSTELLINGEN

- WOORDENSCHAT OVER MOBIELE TELEFOON EN E-MAIL
- EEN E-MAIL SCHRIJVEN/LEZEN

BEGRIPPEN

- VORMING EN GEBRUIK VAN BIJWOORDEN
- VOLTOOID VOORWAARDELIJKE WIJS

ELEKTRONISCHE POST

Natalia: Federico, mag ik jouw computer gebruiken om een mail te versturen?

Federico: Ja, zeker, maar waarom verstuur je hem niet met je mobiele telefoon [cel-] ?

Natalia: Ik zou het graag gedaan hebben [zou-hebben gedaan graag], maar mijn smartphone maakt vandaag geen verbinding met het netwerk. Sterker nog, op dit ogenblik werkt [neemt] hij niet eens om te telefoneren: zie je het icoon(tje) op het scherm? Er is geen bereik [veld]. Ook gisteren ging hij traag, of liever, heel traag zou ik zeggen…

Federico: De mijne ontvangt perfect, kijk, hij is sinds vanmorgen geconnecteerd, zonder problemen.

Natalia: Het overkomt me vaak sinds ik veranderd ben van [heb] operator, voordien was het me nooit overkomen. Ik was liever bij de vorige gebleven [Zou-hebben verkozen blijven met die van vroeger], maar deze heeft me een nieuwe telefoon cadeau gedaan. "Cadeau gedaan", bij wijze van [men doet om-te] spreken, aangezien ik hem zal betalen met het abonnement voor 2 jaar.

Federico: Hier, mijn pc is vrij, verstuur je mail maar.

Natalia: Ik moet [aan] Luisa antwoorden, die me heeft geschreven om me te verwittigen dat er morgenochtend een vergadering is met de nieuwe sales manager, wist jíj dat [het]?

Federico: Nee, ik weet er niets van; ze hadden het me moeten zeggen [zouden-hebben gemoeten…].

Natalia: Dan stuur ik je haar mail door, zo lees jij hem ook. Geef je me je e-mailadres?

Federico: Vanuit je mailbox volstaat het om de eerste letters van mijn naam in te tikken in het adresvakje en je zal zien dat het vanzelf [je] verschijnt.

Natalia: Hier is de tekst van Luisa's mail: "Dag [aan] iedereen, donderdag 15 februari om 9 uur worden jullie verzocht om aanwezig te zijn op de ontmoeting met dhr. Biraghi, (de) nieuwe sales manager. Vriendelijke groeten, Luisa Mengoni." Ík kan er echter niet naartoe gaan, ik heb een afspraak met een belangrijke klant.

Federico: Meld [Schrijf] het haar, anders [als niet] zal ze er een hele zaak van [zak van verhalen] maken, je weet hoe Luisa is.

Natalia: Ik doe "allen beantwoorden", zo weten de collega's het ook: "Dag, helaas zal ik morgen niet aanwezig kunnen zijn daar ik al lang [sinds tijd] een andere afspraak ingepland had [hebbende]." Ik vraag ook een [de] leesbevestiging, zo ben ik zekerder. Denk [Zeg] je dat het beter [het geval] zou geweest zijn om het via gecertificeerde mail [post] te versturen?

Federico: Komaan [Geef], niet overdrijven, het is toch niet voor de president van de republiek!

21 POSTA ELETTRONICA

Natalia: Federico, posso usare il tuo computer per mandare una mail?

Federico: Sì, certo, ma perché non la mandi con il cellulare?

Natalia: L'avrei fatto volentieri, ma il mio cellulare oggi non si connette alla rete. Anzi, in questo momento non prende neanche per telefonare: vedi l'icona sullo schermo? Non c'è campo. Anche ieri andava lentamente, anzi, lentissimamente direi…

Federico: Il mio prende perfettamente, guarda, è connesso da stamattina senza problemi.

Natalia: Mi succede spesso da quando ho cambiato operatore, prima non mi era mai successo. Avrei preferito restare con quello di prima, ma questo mi ha regalato un telefono nuovo. "Regalato" si fa per dire, visto che lo pagherò con l'abbonamento per due anni.

Federico: Ecco, il mio PC è libero, manda pure la tua mail.

Natalia: Devo rispondere a Luisa che mi ha scritto per avvertirmi che domattina c'è una riunione con il nuovo responsabile delle vendite, tu lo sapevi?

Federico: No, non ne so niente; avrebbero dovuto dirmelo.

Natalia: Allora ti inoltro la sua mail, così la leggi anche tu. Mi dai il tuo indirizzo e-mail?

Federico: Dalla tua casella di posta elettronica, basta digitare le prime lettere del mio nome nella stringa dell'indirizzo, e vedrai che ti appare da solo.

Natalia: Ecco il testo della mail di Luisa: "Buongiorno a tutti, giovedì 15 febbraio alle ore 9 siete pregati di essere presenti all'incontro con il dott. Biraghi, nuovo responsabile delle vendite. Cordiali saluti, Luisa Mengoni." Io però non ci posso andare, ho appuntamento con un cliente importante.

Federico: Scriviglielo, se no farà un sacco di storie, sai com'è Luisa.

Natalia: Faccio "rispondi a tutti", così anche i colleghi lo sapranno: "Buongiorno, purtroppo domani non potrò essere presente avendo già da tempo fissato un altro appuntamento." Chiedo anche l'avviso di lettura, così sono più sicura. Dici che sarebbe stato il caso di mandarla in posta certificata?

Federico: Dai, non esagerare, non è mica per il presidente della repubblica!

DE DIALOOG BEGRIJPEN
MOBIEL BELLEN EN E-MAILEN

Een paar nuttige wendingen: **il telefono prende / non prende** *de telefoon werkt / werkt niet*, al naargelang er *wel of geen bereik, ontvangst is* (**c'è / non c'è campo**); **l'operatore** *de (telecom)operator, -provider*; **la posta elettronica certificata (P.E.C.)** *de elektronische aangetekende brief, gecertificeerde e-mail die dezelfde juridische waarde heeft als een papieren versie.*

SI FA PER DIRE

De uitdrukking **si fa per dire** is vergelijkbaar met ons *bij wijze van spreken, zogezegd, als het ware*, waarbij wat gezegd wordt niet helemaal waar is; ze vervangt 'als het ware' aanhalingstekens, zoals in Natalia's **il telefono "regalato"**…

UN SACCO (DI)

Il sacco *de zak* wordt in gesproken omgangstaal gebruikt om *een grote hoeveelheid* in te leiden: **Quando parte, porta sempre un sacco di cose inutili.** *Wanneer hij weggaat, draagt hij altijd een heleboel onnodige dingen mee.* Zo kan **un sacco** ook op zich gebruikt worden: **Gli piace un sacco.** *Het bevalt hem in grote mate*; **La pizza mi piace un sacco.** *Ik vind de pizza bijzonder lekker.*

◆ GRAMMATICA
VORMING EN GEBRUIK VAN BIJWOORDEN

Met een bijwoord kan je een werkwoord, bijvoeglijk naamwoord of ander bijwoord nader bepalen.

• Sommige bijwoorden hebben, net als in het Nederlands, dezelfde vorm als het bijvoeglijk naamwoord, bv. **forte** *sterk*.
• Vaak wordt een bijwoord gevormd door het suffix **-mente** toe te voegen aan het vrouwelijk enkelvoud van een bijvoeglijk naamwoord: **lento** (m.) / **lenta** (v.) *traag, langzaam* → **lentamente**, **perfetto** (m.) / **perfetta** (v.) *perfect* → **perfettamente**; bij bijwoorden afgeleid van een bijvoeglijk naamwoord op **-le** valt de **-e** weg voor het suffix **-mente**: **personale** *persoonlijk* (m./v.) → **personalmente**; **piacevole** *aangenaam* → **piacevolmente**.
• Sommige bijwoorden eindigen op **-i**, bv. **volentieri** *graag*, **tardi** *laat*, **fuori** *buiten*.
• Bijwoorden kunnen, net als bijvoeglijke naamwoorden, versterkt worden (zie les 8): **lentissimamente** *heel langzaam*, **fortissimo** *'bere'sterk*, **benissimo** *'kei'goed*.

▲ VERVOEGING
VOLTOOID VOORWAARDELIJKE WIJS

Waar de voltooid voorwaardelijke wijs in het Nederlands uitgedrukt wordt met zou(den) + hebben/zijn + voltooid deelwoord van het hoofdwerkwoord, bestaat hij in het Italiaans uit twee elementen, nl. de (gewone) voorwaardelijke wijs van het hulpwerkwoord **essere/avere** + voltooid deelwoord van het hoofdwerkwoord:

	Werkwoorden op **-are** andare	Werkwoorden op **-ere** v<u>e</u>ndere	Werkwoorden op **-ire** finire
(io)	**sarei andato/andata**	**avrei venduto**	**avrei finito**
(tu)	**saresti andato/andata**	**avresti venduto**	**avresti finito**
(lui, lei)	**sarebbe andato/andata**	**avrebbe venduto**	**avrebbe finito**
(noi)	**saremmo andati/andate**	**avremmo venduto**	**avremmo finito**
(voi)	**sareste andati/andate**	**avreste venduto**	**avreste finito**
(loro)	**sar<u>e</u>bbero andati/andate**	**avr<u>e</u>bbero venduto**	**avr<u>e</u>bbero finito**

Onthoud ook:

• **<u>e</u>ssere** en **avere** hebben zichzelf als hulpwerkwoord: **sarei stato** *ik zou geweest zijn* enz. en **avrei avuto** *ik zou gehad hebben* enz.

• bij vervoeging met het hulpwerkwoord **<u>e</u>ssere** richt het voltooid deelwoord zich naar het onderwerp, bv.:
sarei stato/stata (mannelijk/vrouwelijk enkelvoud), maar **avrei avuto** (mannelijk en vrouwelijk, enkelvoud en meervoud)
Mia sorella sarebbe stata molto felice di con<u>o</u>scerti, ma oggi non poteva venire. *Mijn zus zou heel blij geweest zijn je te (leren) kennen, maar vandaag kon ze niet komen,* maar **Mia sorella avrebbe avuto molte cose da dirti, ma oggi non poteva venire**. *Mijn zus zou je veel zaken te vertellen gehad hebben, maar vandaag kon ze niet komen.*

• heel wat werkwoorden hebben een onregelmatig voltooid deelwoord, dus raden we aan ze af en toe te herhalen (zie o.a. les 10) om ze vlot te kunnen gebruiken in 'samengestelde tijden', zoals hier in de verleden tijd van de voorwaardelijke wijs.

● OEFENINGEN

1. VORM DE ZINNEN IN DE (GEWONE) VOORWAARDELIJKE WIJS OM TOT ZINNEN IN DE VOLTOOID VOORWAARDELIJKE WIJS:

a. Con il mio operatore queste cose non succederebbero. .... (met **essere**)

b. In treno viaggeremmo (viaggiare *reizen*) molto più comodi. .... (met **avere**)

c. Carla preferirebbe andarci lunedì. .... (met **avere**)

d. Carla ci andrebbe più volentieri lunedì. .... (met **essere**)

2. LEID HET BIJWOORD AF VAN HET BIJVOEGLIJK NAAMWOORD:

a. strano → .... c. solito → ....

b. professionale → .... d. fortunato → ....

3. VERTAAL DE VOLGENDE ZINNEN:

a. We zouden gewild hebben. → ....

b. Ze (v.) zouden geweest zijn. → ....

c. Hij zou gekund hebben. → ....

d. Jullie (v.) zouden gekomen zijn. → .....

4. VERVANG IN DE ZINNEN *MOLTO* DOOR EEN VORM MET -*ISSIM*-:

a. Camminavamo (*We wandelden*) molto lentamente. → ....

b. Parla sempre molto forte. → ....

c. La nostra macchina va molto piano (*langzaam*). → ....

d. Siete arrivati molto tardi. → ....

🔊 5. BELUISTER DE OPNAME EN VUL DE ZINNEN AAN:

21

a. Da qui non si può telefonare: non c'è ....

b. È vero, il mio cellulare non si .... alla rete.

c. Con il mio vecchio operatore non mi è mai .... di avere problemi di connessione.

d. Il nuovo operatore mi ha .... un cellulare nuovo.

WOORDENSCHAT

l'abbonamento *het abonnement*
anzi *integendeel, sterker nog,...*
apparire *verschijnen*
avvertire *verwittigen, waarschuwen*
l'avviso di lettura *de leesbevestiging*
il campo *het veld, bereik*
la casella di posta elettronica *de mailbox*
certificato/-a *gecertificeerd*
cordiale *vriendelijk, hartelijk*
digitare *intikken, -toetsen*
esagerare *overdrijven*
fissare *vastleggen, -zetten, inplannen*
l'icona *het icoon(tje)*
l'incontro *de ontmoeting*
inoltrare *doorsturen, -geven*
la mail *de (e-)mail*
il momento *het moment, ogenblik*
neanche *niet eens, zelfs niet*
l'operatore *de operator*
pregare *verzoeken*
regalare *cadeau doen, schenken, geven*
la repubblica *de republiek*
la rete *het net(werk)*
rispondere *(be)antwoorden*
i saluti *de groeten*
lo schermo *het scherm*
stamattina *vanmorgen*
la stringa *het vakje, veld* (voor het e-mailadres)
succedere *overkomen, gebeuren*
telefonare *telefoneren*
il testo *de tekst*

20.
PRAKTISCHE INSTRUCTIES GEVEN

DARE ISTRUZIONI PRATICHE

DOELSTELLINGEN

- EEN PROBLEEM VOORLEGGEN EN OM HULP VRAGEN
- DE WERKING VAN EEN TOESTEL TOELICHTEN
- PRAKTISCHE INSTRUCTIES GEVEN
- IEMAND HELPEN OM IETS TE VINDEN

BEGRIPPEN

- OVEREENKOMST VAN HET VOLTOOID DEELWOORD
- MODALE WERKWOORDEN

EEN PROBLEEM OM HET KANTOOR BINNEN TE GAAN

Elena: Hallo, Giovanni, sorry dat ik je zo laat stoor, maar ik heb een probleem om (het) kantoor binnen te gaan.

Giovanni: Maar wat doe je daar, op kantoor, op dit uur?

Elena: Helaas ben ik moeten [gemoeten] terugkomen omdat ik het verslag over ons project met [het] Zweden heb vergeten en ik moet het morgenochtend voorstellen op het congres in [van] Milaan. Ik ben niet eerder kunnen [gekund] komen, ik had een verplichting, nu moet ik noodgedwongen binnengaan en er is een [het] alarm, wat [hoe] doe ik?

Giovanni: Maar ken je de code niet uit het hoofd [geheugen]?

Elena: Nee… Ik heb hem op mijn tablet genoteerd en ik heb [me ben] hem thuis vergeten.

Giovanni: Je hebt de tablet thuis vergeten, je kent de code niet vanbuiten en je bent buitengesloten uit het kantoor om halftien 's avonds; je bent wel een fenomeen, weet je? Een paar dingetjes in je geheugen (prenten), type telefoonnummer, auto(nummer)plaat, rijksregisternummer [fiscale code] en zo verder, het is toch niet zo moeilijk ze (uit het hoofd te) leren, niet?

Elena: Geef je me hem dan of niet, deze code?

Giovanni: Ok: je staat voor de hoofdingang?

Elena: Ja, net voor het klavier van de alarmcode.

Giovanni: Druk dan één keer op de toets met het sterretje, ok?

Elena: Ja, is gebeurd, en daarna?

Giovanni: Toets de code in: hekje 1 5 5 1 3 AB, dan druk je tweemaal (op) OK.

Elena: Ziezo, ja, nu ben ik binnengegaan. Sorry, wacht nu een ogenblikje alvorens in te haken, ik wil er zeker van zijn het mapje te vinden. Alle projectmapjes liggen in het kastje in het kantoor van Sandro, juist?

Giovanni: Ja, of dat is tenminste waar [daar dat] de secretaresse ze zou hebben moeten leggen.

Elena: Verdorie, de deur is op slot [gesloten met sleutel]!

Giovanni: Geen [Niets] paniek, komaan [geef], de sleutel zou in het metalen [van metaal] kastje in de gang moeten liggen.

Elena: Oef! Is het de sleutel met het nummer 6?

Giovanni: Ja, let op want de deur is wat moeilijk te openen: geef de sleutel een halve draai [doe halve draai van sleutel], hef dan de deurkruk wat op en trek hard, je zal zien dat ze opengaat [zich opent].

Elena: Je gaat me nu toch niet zeggen [Niet is dat nu me zegt] dat ik een schroevendraaier moet nemen en het slot demonteren? Nee, ze is opengegaan, nu kijk ik in de derde lade links…

Giovanni: Nee, het is de tweede rechts.

Elena: O ja: hier is het mapje! Ik ben op! En morgenochtend moet ik naar Milaan gaan om de Zweedse klanten te ontmoeten. Ook [de] vorige maand ben ík erheen moeten gaan omdat zíj niet tot hier zijn willen [gewild] komen. Dank je, Giovanni!

Giovanni: Succes [In muil van-de wolf]!

22 UN PROBLEMA PER ENTRARE IN UFFICIO

Elena: Pronto, Giovanni, scusa se ti disturbo così tardi, ma ho un problema per entrare in ufficio.

Giovanni: Ma che ci fai in ufficio a quest'ora?

Elena: Purtroppo sono dovuta tornare perché ho dimenticato la relazione sul nostro progetto con la Svezia e la devo presentare domattina al convegno di Milano. Non sono potuta venire prima, avevo un impegno, ora devo entrare per forza e c'è l'allarme, come faccio?

Giovanni: Ma non sai il codice a memoria?

Elena: No… L'ho segnato sul mio tablet e me lo sono dimenticato a casa.

Giovanni: Ti sei dimenticata il tablet a casa, non sai il codice a memoria e sei chiusa fuori dall'ufficio alle nove e mezza di sera; sei proprio un fenomeno, sai? Un po' di cosine a memoria, tipo numero di telefono, targa della macchina, codice fiscale e così via non è poi così difficile impararle, no?

Elena: Allora me lo dai o no questo codice?

Giovanni: Va bene: sei davanti all'ingresso principale?

Elena: Sì, proprio di fronte alla tastiera del codice di allarme.

Giovanni: Allora premi una volta sul tasto con l'asterisco, okay?

Elena: Sì, ecco fatto; e dopo?

Giovanni: Digita il codice: cancelletto uno cinque cinque uno tre AB, poi premi due volte OK.

Elena: Ecco, sì, ora sono entrata. Scusa, adesso aspetta un attimo prima di riattaccare, voglio essere sicura di trovare la cartellina. Tutte le cartelline dei progetti sono nell'armadietto nell'ufficio di Sandro, vero?

Giovanni: Sì, o almeno è lì che li avrebbe dovuti mettere la segretaria.

Elena: Accidenti, la porta è chiusa a chiave!

Giovanni: Niente panico, dai, la chiave dovrebbe essere nell'armadietto di metallo nel corridoio.

Elena: Meno male! È la chiave con il numero sei?

Giovanni: Sì, fai attenzione perché la porta è un po' dura da aprire: fa' mezzo giro di chiave poi solleva un po' la maniglia e tira forte, vedrai che si apre.

Elena: Non è che adesso mi dici che devo prendere un cacciavite e smontare la serratura? No, si è aperta, adesso guardo nel terzo cassetto a sinistra…

Giovanni: No, è il secondo a destra.

Elena: Ah sì: ecco la cartellina! Sono sfinita! E domattina devo andare a Milano ad incontrare i clienti svedesi. Anche il mese scorso ci sono dovuta andare io perché loro non sono voluti venire fin qui. Grazie, Giovanni!

Giovanni: In bocca al lupo!

■ DE DIALOOG BEGRIJPEN
HET WERKWOORD *SAPERE*
Het onregelmatig werkwoord **sapere** (zie o.a. o.t.t. in les 7, toek.t. in les 13) heeft verschillende vertalingen: *weten* (**Sei un fenomeno, sai?** *Je bent een fenomeen, weet je?*; **I colleghi lo sapranno.** *De collega's zullen het weten*); *kennen* (**Non sai il codice a memoria?** *Ken je de code niet uit het hoofd?*); *kunnen* (**Sa dire dov'è il supermercato?** *Kan je me zeggen waar de supermarkt is?*); *weten te* (**So come entrare.** *Ik weet hoe binnen te gaan.*) of m.b.t. een taal: **Sa benissimo il ne(d)erlandese / l'olandese.** *Hij kent heel goed Nederlands.*

RICORDARSI EN DIMENTICARSI
Ricordarsi is *zich herinneren, onthouden, niet vergeten*: **Elena si è ricordata di noi.** *Elena herinnerde zich ons, is ons niet vergeten;* **Ricordati che abbiamo un appuntamento.** *Onthoud [Herinner jezelf eraan] dat we een afspraak hebben.*
Dimenticarsi is *vergeten, zich niet herinneren, ergens laten liggen*: **Mi sono dimenticato che avevo un appuntamento.** *Ik ben vergeten dat ik een afspraak had*; **Ti sei dimenticata il tablet a casa.** *Je hebt je tablet thuis vergeten.*
Als wederkerende werkwoorden worden ze vervoegd met **essere**.

IN BOCCA AL LUPO!
Met deze uitdrukking, eigenlijk 'In de muil van de wolf!', wens je iemand succes toe. Het antwoord hierop is **Crepi il lupo!** *Dat de wolf crepeert!* Arme wolf...
Er is ook **buona fortuna**, wat volgens bijgelovigen eerder ongeluk zou brengen...

CULTURELE INFO
Il codice fiscale, ingevoerd in 1973, bestaat uit 16 karakters (cijfers en letters). Personen en bedrijven hebben die in Italië nodig voor allerlei fiscale en administratieve procedures, als identificatienummer, voor de belastingen, sociale zekerheid enz. Hij staat ook gedrukt op de **tessera sanitaria** *sociale zekerheidskaart*.

◆ GRAMMATICA
OVEREENKOMST VAN HET VOLTOOID DEELWOORD
We weten dat het voltooid deelwoord in bepaalde gevallen in geslacht en getal moet overeenkomen met een element in de zin:
• bij vervoeging met het hulpwerkwoord **essere** richt het zich naar het onderwerp:
Carla è andata al mare. *Carla is naar zee gegaan.*
Carla e Luisa sono andate al mare. *Carla en Luisa zijn naar zee gegaan.*

- bij vervoeging met het hulpwerkwoord **avere** is er geen overeenkomst met het onderwerp (**Carla ha fatto / Carla e Luisa hanno fatto una gita al mare.** *Carla heeft / Carla en Luisa hebben een uitstap naar zee gedaan*), maar wel met het lijdend voorwerp indien dit vóór het hoofdwerkwoord staat:

La segretaria avrebbe dovuto mettere la chiave lì. *De secretaresse zou de sleutel daar moeten hebben gelegd*, maar **La segretaria la avrebbe dovuta mettere lì.** *De secretaresse zou hem* (v. in het Italiaans!) *daar moeten hebben gelegd*.

Ho visto Carla e Luisa in riva al mare. *Ik heb Carla en Luisa aan de kust gezien*, maar **Le ho viste in riva al mare.** *Ik heb hen aan de kust gezien*.

- bij wederkerende werkwoorden, altijd vervoegd met **essere**, is er altijd overeenkomst met het onderwerp:

Mi sono fatto/fatta male alla mano. *Ik (m./v.) heb me pijn gedaan aan mijn hand.*
Ci siamo lavati/lavate i denti. *We (m./v.) hebben onze tanden gepoetst.*
Elena si è dimenticata / si è ricordata di noi. *Elena is ons vergeten / herinnert zich ons.*

▲ VERVOEGING
MODALE WERKWOORDEN

De belangrijkste modale werkwoorden zijn **dovere** *moeten*, **potere** *mogen, kunnen*, **volere** *willen* (en eventueel ook **sapere** in de betekenis van *kunnen*).

- Modale werkwoorden kunnen zich als hulpwerkwoorden gedragen:

- er volgt dan een infinitief op:

Devo andare a Milano. *Ik moet naar Milaan gaan.*
Non possiamo venire da voi. *We kunnen niet bij jullie komen.*

- bij samengestelde tijdsvormen (bv. de v.t.t.) worden ze, zoals in het Nederlands, vervoegd met het hulpwerkwoord dat bij het hoofdwerkwoord hoort:

Sono dovuto andare a Milano. *Ik ben naar Milaan moeten gaan* (**andare** met **essere**).
Ho dovuto imparare il tedesco. *Ik heb Duits moeten leren* (**imparare** met **avere**).

- is het hulpwerkwoord **essere**, dan richt het voltooid deelwoord zich uiteraard naar het onderwerp:

Paolo e Luigi sono dovuti andare a Milano. *Paolo en Luigi zijn naar Milaan moeten gaan.*
Isabella e Susanna sono dovute andare a Milano. *Isabella en Susanna...*

- Een modaal werkwoord kan op zich gebruikt worden: **Che cosa vuoi?** *Wat wil je?* en wordt dan vervoegd met **avere** als hulpwerkwoord: **Questo cambiamento, l'ha voluto il direttore.** *Het is de directeur die deze wijziging heeft gewild.*

Let dus op bij werkwoorden zoals **sapere**: vervoegd met het hulpwerkwoord **avere** als het op zich gebruikt wordt in de betekenis van bv. 'weten', vervoegd met **essere** als het modaal fungeert bij een werkwoord dat als hulpwerkwoord **essere** heeft:
Non ha saputo come venire da sola. *Ze wist [heeft geweten] niet hoe alleen te komen.*
Non è saputa venire da sola. *Ze is niet alleen kunnen komen.*

⬢ OEFENINGEN

1. VUL DE ZINNEN AAN MET DE JUISTE VORM VAN HET VOLTOOID DEELWOORD VAN HET WERKWOORD TUSSEN HAAKJES:

a. Ti (m.) sei .... le mani prima di venire a tavola? (lavarsi)

b. Le mie cugine hanno .... in tutto il mondo. (viaggiare)

c. Ci (m.) siamo .... l'appuntamento. (dimenticarsi)

d. Carla, siamo in ritardo e tu non ti sei ancora .... le scarpe! (mettere)

2. VUL AAN MET DE JUISTE V.T.T.-VORM VAN HET WERKWOORD TUSSEN HAAKJES:

a. Carla non .... come aprire la porta. (sapere)

b. Mio fratello .... cambiare città per trovare lavoro. (dovere)

c. Ci (m.) dispiace, non .... arrivare prima. (potere)

d. Mia sorella non .... venire fin qui. (sapere)

3. VERTAAL DE VOLGENDE ZINNEN MET GEBRUIK VAN WEDERKERENDE WERKWOORDEN:

a. Ze (m.) hebben hun schoenen aangetrokken. → ....

b. Ze (v.) hebben hun tanden gepoetst. → ....

c. We (m.) zijn onze afspraak vergeten. → ....

d. Ze herinnerde zich jou nog. → ....

🔴 4. BELUISTER DE OPNAME EN VUL DE ZINNEN AAN:

a. Non posso entrare perché c'è l'..............

b. Ma come? Non sai il .... a memoria?

c. Devi digitare il codice sulla .... dell'allarme.

●WOORDENSCHAT

l'**allarme** *het alarm*
l'**armadietto** *het kastje (*l'**armadio** *de kast)*
l'**asterisco** *de asterisk, het sterretje*
un **attimo** *een ogenblikje, momentje*
il **cacciavite** *de schroevendraaier*
il **cancelletto** *het hekje (op een klavier)*
la **cartellina** *het mapje (verkleinvorm van* la **cartella** *de map, het dossier)*
il **cassetto** *de lade*
la **chiave** *de sleutel*
chiuso/-a *gesloten*
il **codice fiscale** (lett. *de fiscale code*) *het rijksregisternummer (B.)/ burgerservicenummer (Nl.)*
il **convegno** *het congres*
duro/-a *hard, moeilijk, zwaar*
il **fenomeno** *het fenomeen*
fuori *buiten*
incontrare *ontmoeten*
l'**ingresso** *de ingang*
l'**istruzione** *de instructie (*le **istruzioni** *mv.)*
il **lupo** *de wolf*
la **maniglia** *de deurkruk, -knop*
a **memoria** *uit het hoofd, vanbuiten (*la **memoria** *het geheugen)*
il **metallo** *het metaal*
il **numero** *het nummer*
il **panico** *de paniek*
premere *drukken*
il **progetto** *het project*
la **relazione** *het verslag*
il **segretario** / la **segretaria** *de secretaris/secretaresse*
la **serratura** *het slot*
sfinito/-a *uitgeput, afgemat, op*
smontare *demonteren*
sollevare *opheffen, tillen*
svedese *Zweeds*
la **targa** *de (nummer)plaat*
la **tastiera** *het klavier*
il **tasto** *de toets*
tirare *trekken*

IV

VRIJE

TIJD

21.
EEN HOTELKAMER BOEKEN

PRENOTARE UNA CAMERA D'ALBERGO

DOELSTELLINGEN

- NAAR EEN HOTEL OF RESTAURANT GAAN
- EEN KEUZE MAKEN
- VOORKEUR EN EISEN STELLEN

BEGRIPPEN

- *C'È* EN *CI SONO* IN VERSCHILLENDE TIJDEN
- ONREGELMATIGE WERKWOORDEN: *PIACERE, SCEGLIERE, TENERE, VALERE*

EEN KAMER MET ZEEZICHT

Meneer Marchetti: Hallo? Goeiedag, ik zou een kamer willen boeken voor het weekend van 14 mei, is dat mogelijk?

Receptioniste: Een ogenblik… Wilt u een [ze] eenpersoonskamer, een tweepersoonskamer met aparte bedden of met een tweepersoonsbed?

Meneer Marchetti: Ik zou een kamer met tweepersoonsbed, met badkamer en met zeezicht [uitzicht op-de zee] willen, zijn er nog?

Receptioniste: We hebben een kamer met tweepersoonsbed met badkamer, maar niet met zeezicht, het spijt me. Maar dit is een heel mooie kamer, weet u? Ruim, licht, met airconditioning, televisie, minibar en natuurlijk wifi voor internetverbinding.

Meneer Marchetti: Ok, goed. Maar, excuseer, aan één iets hecht ik heel veel belang: is ze rustig? Vorig jaar hebben jullie me een kamer gegeven die (uit)gaf op de straat en heel de nacht was er volk dat passeerde, schreeuwde, lachte; er waren zelfs auto's met loeiharde muziek [op hele volume]. Die welke jullie me aanbieden is toch niet zo lawaaierig?

Receptioniste: Nee, absoluut niet! Nou, laten we zeggen dat je ietsje van het straatverkeer wel hoort, maar in ieder geval hebben we dit jaar dubbele beglazing[en] laten [doen] plaatsen en dat is een heel ander verhaal [zaak]!

Meneer Marchetti: Laten we het [goed] hopen… En hoeveel kost [komt] deze kamer?

Receptioniste: 100 euro per nacht: in de prijs is het ontbijt inbegrepen, dat men van 8 tot 10u30 kan nemen [doet] in onze restaurantzaal. Die welke wel [ja] uitzicht op zee heeft, herinnert u ze zich?

Meneer Marchetti: Zeker dat ik me ze herinner! Ieder jaar kies ik jullie hotel voor de kwaliteit van de keuken! Ik ben gek op jullie *fritti misti* en jullie *spaghetti allo scoglio*!

Receptioniste: Dank u, meneer, veel klanten komen hiervoor bij [kiezen] ons.

Meneer Marchetti: Maar, sorry, tussen nu en [van hier tot] mei zullen er wellicht afzeggingen zijn en dan zal er misschien een kamer met zeezicht vrij zijn, niet? Zouden jullie me in dat geval kunnen opbellen?

Receptioniste: Zeker. U bent meneer…?

Meneer Marchetti: Marchetti Francesco. Het is een boeking voor drie nachten, 13, 14 en 15 mei.

Receptioniste: Momentje, zodat ik het noteer. O, ik was het vergeten: eigenlijk [in werkelijkheid] is [zou-zijn] er een kamer met zeezicht, maar we bieden ze nooit aan [n]iemand aan omdat ze klein en zonder klimaatregelaar is. Als u wilt [eraan houdt]…

Meneer Marchetti: Nee, ik houd niet van kleine kamers, en bovendien heb ik last van de warmte! Voorlopig [Voor nu] neem ik deze, als er verder nieuws is [zijn], bellen júllie me op. Moet ik een waarborgsom betalen [versturen]?

Receptioniste: Normaalgezien zou u ons een voorschot moeten betalen van 10 %, maar daar u een vaste klant bent, vertrouwen we [ons op] u.

Meneer Marchetti: Bedankt voor het vertrouwen! Tot ziens!

We vertrouwen erop dat voortaan (…) en […] alleen echt nodig zijn bij nieuwigheden…

23 — UNA CAMERA CON VISTA SUL MARE

Signor Marchetti: Pronto? Buongiorno, vorrei prenotare una camera per il fine settimana del 14 maggio, è possibile?

Receptionist: Un momento… La vuole singola, doppia o matrimoniale?

Signor Marchetti: Vorrei una matrimoniale con bagno e con vista sul mare; ce ne sono ancora?

Receptionist: Abbiamo una camera matrimoniale con bagno, ma non con vista sul mare, mi dispiace. Ma questa è una bellissima camera, sa? Spaziosa, luminosa, con l'aria condizionata, televisione, frigobar e naturalmente il wi-fi per la connessione Internet.

Signor Marchetti: Va bene, va bene. Però, mi scusi, ad una cosa tengo moltissimo: è silenziosa? L'anno scorso mi avete dato una camera che dava sulla strada, e tutta la notte c'era gente che passava, gridava, rideva, c'erano persino macchine con la musica a tutto volume. Quella che mi proponete non è così rumorosa, vero?

Receptionist: No, assolutamente no! Beh, diciamo che qualcosina del traffico della strada lo si sente, ma in ogni caso quest'anno abbiamo fatto mettere i doppi vetri, ed è tutta un'altra cosa!

Signor Marchetti: Speriamo bene… E quanto viene questa camera?

Receptionist: Cento euro a notte; nel prezzo è compresa la prima colazione, che si fa dalle otto alle dieci e trenta nella nostra sala ristorante. Quella sì, che ha la vista sul mare, se la ricorda?

Signor Marchetti: Certo che me la ricordo! Ogni anno scelgo il vostro albergo per la qualità della cucina! Adoro i vostri fritti misti e i vostri spaghetti allo scoglio!

Receptionist: Grazie, signore, molti clienti ci scelgono per questo.

Signor Marchetti: Ma scusi, da qui a maggio forse ci saranno delle disdette, e allora ci sarà magari una camera con vista sul mare libera, no? In quel caso mi potreste chiamare?

Receptionist: Certo; Lei è il signor…?

Signor Marchetti: Marchetti Francesco. È una prenotazione per tre notti, 13, 14 e 15 maggio.

Receptionist: Un attimo che lo segno. Ah, dimenticavo: in realtà ci sarebbe una camera con vista sul mare, ma non la proponiamo mai a nessuno perché è piccola e senza climatizzatore. Se lei ci tiene…

Signor Marchetti: No, non mi piacciono le camere piccole, e poi soffro il caldo! Per ora prendo questa, poi se ci sono novità mi chiamate voi. Devo mandare una caparra?

Receptionist: Normalmente bisognerebbe mandarci un anticipo del dieci per cento, ma siccome lei è un cliente abituale, ci fidiamo di lei.

Signor Marchetti: Grazie per la fiducia! Arrivederci!

■ DE DIALOOG BEGRIJPEN

SINGOLA, DOPPIA O MATRIMONIALE?

Een hotelkamer is **singola** (*enkel*) met een eenpersoonsbed, **doppia** (*dubbel*) met twee aparte bedden of **matrimoniale** (*echtelijk, huwelijks-*) met een tweepersoonsbed. De bedden in **matrimoniali** zijn vrij groot in Italië en heten dan ook **a due piazze** *met twee plaatsen,* vergeleken met bedden **a una piazza e mezza** *met anderhalve plaats* die ook **letto matrimoniale alla francese** genoemd worden, omdat in Frankrijk koppels in kleinere bedden slapen dan in Italië... Wil één persoon een kamer met een groot bed, dan vraagt die naar **una camera matrimoniale uso singola** een *'tweepersoonskamer voor individueel gebruik'.*

VENIRE VOOR COSTARE

Het werkwoord **venire** *komen* wordt vaak i.p.v. **costare** *kosten* gebruikt om naar een prijs te vragen of om een prijs mee te delen: **Quanto viene questa camera?** *Hoeveel kost deze kamer?, Op hoeveel komt deze kamer?*

FIDARSI

Dit wederkerend werkwoord betekent *vertrouwen (hebben)* en wordt doorgaans gebruikt met het voorzetsel **di** + wie/wat (of het voornaamwoord voor wie/wat) men vertrouwt: **Mi fido di te.** *Ik heb vertrouwen in je, vertrouw je.* Als wederkerend werkwoord wordt het vervoegd met het hulpwerkwoord **essere**, dus moet het voltooid deelwoord in samengestelde tijden altijd overeenkomen met het onderwerp: **Ci siamo fidati/fidate di te.** *We (m./v.) hebben je vertrouwd.*

CULTURELE INFO

Italianen houden aan hun vakantie. Door de aanslepende economische crisis nemen veel van de schiereilandbewoners geen drie tot vier zomerweken meer vrij, maar gaan een paar weekends naar zee of hooguit een week van huis weg. Ze blijven het liefst in eigen land. Als ze al naar het buitenland trekken, is dat naar buurlanden zoals Kroatië of Slovenië. In Italië neemt het aantal lastminutevakanties naar verre stranden wel toe, maar het zijn vooral jongeren die voor dergelijke formules kiezen. Voor de doorsnee Italiaan blijft vakantie een familiegebeuren, naar oorden waar ouders én kinderen het naar hun zin hebben, zoals de badplaatsen aan de Adriatische of Tyrrheense kust, bijvoorbeeld Rimini of Viareggio, die ook een bruisend nachtleven te bieden hebben.

GRAMMATICA

C'È EN *CI SONO*

Ziehier een overzicht van **c'è** *er is* en **ci sono** *er zijn* in de tijden die we tot nu toe gezien hebben:

o.t.t.	v.t.t.	o.v.t.	toek.tijd	volt.toek.t.	voorw. wijs	volt. voorw. wijs
c'è	c'è stato/stata	c'era	ci sarà	ci sarà stato/stata	ci sarebbe	ci sarebbe stato/stata
ci sono	ci sono stati/state	c'erano	ci saranno	ci saranno stati/state	ci sarebbero	ci sarebbero stati/state

Onthoud:
- in de ontkennende vorm staat **non** voor **ci/c'/ce**: **Non ci sono camere libere.** *Er zijn geen kamers vrij [Niet er zijn kamers vrije]*, **Non c'è una camera libera.** *Er is geen kamer vrij [Niet er is een kamer vrije].*
- voor het voornaamwoord **ne** verandert **ci** in **ce**: **Ci sono camere.** *Er zijn kamers* → **Ce ne sono.** *Er zijn er,* **Non ce ne sono.** *Er zijn er geen.*

VERVOEGING

MEER ONREGELMATIGE WERKWOORDEN

Ziehier nog enkele veel gebruikte werkwoorden met een onregelmatige o.t.t.:

	piacere *bevallen, graag...*	scegliere *kiezen*	tenere *houden*	valere *waard zijn*
(io)	piaccio	scelgo	tengo	valgo
(tu)	piaci	scegli	tieni	vali
(lui, lei)	piace	sceglie	tiene	vale
(noi)	piacciamo	scegliamo	teniamo	valiamo
(voi)	piacete	scegliete	tenete	valete
(loro)	piacciono	scelgono	tengono	valgono

Zijn onregelmatig in de toekomende tijd: **tenere** → **terrò**, **valere** → **varrò**.

Zijn onregelmatig in de voorwaardelijke wijs: **tenere** → **terrei**, **valere** → **varrei**.

Hebben een onregelmatig voltooid deelwoord: **piacere** → **piaciuto**, **scegliere** → **scelto**, **valere** → **valso**.

⬢ OEFENINGEN

1. VUL AAN MET DE JUISTE VERVOEGING VAN *C'È* OF *CI SONO*:

a. Ho chiesto se .... una camera con vista sul mare, ma mi hanno detto che erano finite.

b. In questo ristorante .... un'ottima cucina.

c. Qui in giro .... persone strane, non trovi?

d. In realtà .... una camera con vista sul mare, ma non la proponiamo mai a nessuno perché è piccola.

2. VUL AAN MET DE JUISTE O.T.T.-VORM VAN HET WERKWOORD TUSSEN HAAKJES:

a. Voglio una camera con vista sul mare, ci .... moltissimo. (tenere)

b. Carlo .... quell'albergo per la sua ottima cucina. (scegliere)

c. Mi .... mangiare la pizza alla sera. (piacere)

d. Le opere di quell'artista .... molti milioni. (valere)

3. VERTAAL DE VOLGENDE ZINNEN:

a. Ze kiest. → ....

b. We hebben gekozen. → ....

c. Ik hield niet van de zee. → ....

d. Ze hechten er geen belang aan. → ...

🔊 4. BELUISTER DE OPNAME EN VUL DE ZINNEN AAN:

23

a. Buongiorno, vorrei .... una camera per il prossimo fine settimana.

b. Ora guardo se ci .... delle camere libere.

c. La vuole singola, doppia o .... ?

d. Vorrei una camera con .... sul mare.

WOORDENSCHAT

abituale *gewoon(te-), vast*
l'albergo *het hotel*
l'aria condizionata *de air-conditioning* **(l'aria** *de lucht)*
assolutamente *absoluut (bijw.)*
la caparra *de (waar)borg(som), aanbetaling, het voorschot*
il climatizzatore *de klimaatregelaar*
la connessione *de connectie, verbinding*
dare sulla strada *uitgeven, -komen op de straat, aan de straatkant liggen*
la disdetta *de af-, opzegging* **(le disdette** *mv.)*
doppio/-a *dubbel*
la fiducia *het vertrouwen*
il frigobar *de minibar*
fritto/-a *gefrituurd;* **misto/-a** *gemengd,* **il fritto misto** *schotel met assortiment gefrituurd heerlijks uit de zee*
gridare *schreeuwen, roepen*
luminoso/-a *licht*
matrimoniale *echtelijk, huwelijks-*
la musica *de muziek*
la novità *de nieuwigheid, het nieuwe, nieuws* **(le novità** *mv.)*
prenotare *reserveren, boeken*
ridere *lachen*
il ristorante *het restaurant*
rumoroso/-a *rumoerig, luidruchtig, lawaaierig*
la sala *de zaal*
scegliere *kiezen*
lo scoglio *de rots* **(spaghetti allo scoglio** *spaghetti met 'tussen de rotsen levende vis, schaal- en schelpdieren')*
silenzioso/-a *stil, rustig*
singolo/-a *enkel, apart*
soffrire *lijden, last hebben van*
gli spaghetti *(mv.) de spaghetti* **(lo spaghetto** *het touwtje)*
spazioso/-a *ruim*
sperare *hopen*
il vetro *het glas(werk), de ruit* **(i vetri** *mv.)*
la vista *het zicht*
il volume *het volume*

22.
IN HET STATION EN OP DE LUCHTHAVEN

ALLA STAZIONE E ALL'AEROPORTO

DOELSTELLINGEN	BEGRIPPEN
- WOORDENSCHAT OVER TREIN- EN VLIEGTUIGREIZEN - BEZORGDHEID UITDRUKKEN - IEMAND GERUSTSTELLEN EN HELPEN OM EEN OPLOSSING TE VINDEN	- O.T.T. IN DE CONJUNCTIEF (AANVOEGENDE WIJS) - ONREGELMATIGE WERKWOORDEN: *MORIRE, TACERE, TOGLIERE*

REIZIGERSSTRESS

Alessandra: Excuseer, is de trein naar de luchthaven al vertrokken?

Stationschef: Ja, een minuut geleden.

Alessandra: Verdorie! En wat doe ik nu?

Stationschef: Ik geloof dat de volgende over (een) halfuur vertrekt [vertrekke].

Alessandra: Dat is te laat! Ik zal vast het vliegtuig missen! Je moet op (de) luchthaven aankomen een uur vóór het opstijgen voor de check-in, de veiligheidscontroles en de inscheping.

Stationschef: Helaas [er] zijn er geen eerder: ooit [een keer] was er een elke 10 minuten, maar nu, met alle bezuinigingen op het budget bij de spoorwegen, schaffen ze alle voor de mensen goedkope en comfortabele treinen af, en het openbaar vervoer [dienst] sterft [bij] beetje bij beetje. En de reizigers zwijgen en accepteren alles! Nu [dat] ik eraan denk, de trein die ú gemist hebt, was een stoptrein [regionale], hé?

Alessandra: Ja, hij stopte [zich] in alle stations, nee, in bijna alle, het was een express [snelle] stoptrein.

Stationschef: Het lijkt me dat de volgende Intercity voor Milaan er is [zij]: die stopt ook aan de luchthaven. Hij vertrekt over 10 minuten.

Alessandra: Nee! Op dit uur zal er een eindeloze [zonder einde] rij staan aan het loket, ik zal er nooit in lukken de toeslag te kopen!

Stationschef: Rustig, juffrouw, er zijn ticketautomaten die zowel met [de] contanten als met [de] krediet- en betaalkaarten werken. Ik vind het jammer dat u zo gestresseerd bent [weze], eigenlijk [op bodem] is er voldoende tijd [de tijd is er], komaan nou!

Alessandra: Wat [Zaak] wilt u, het is [de] reizigersstress... Hartelijk dank, ik hoop dat er ook niet te veel volk staat [zij] aan de ticketautomaten. (...) Ziezo! Het is me gelukt, ik heb mijn ticket, en waar is de trein nu?

Stationschef: Hij vertrekt [van]op spoor 3; ú hebt [de] plaats 85 in [het] rijtuig 4, dat is de wagon achteraan [van staart], de laatste.

Alessandra: Eindelijk op de luchthaven! Ik bekijk meteen het vertrektijdenbord... hierzo! Ik moet snel [in haast] naar [de] gate G gaan voor de boarding. Mijn vliegtuig komt van Palermo, het is net geland en stijgt zo [over heel weinig] op.

Luchthavenbediende: Excuseer, juffrouw, uw bagage is te groot om in (de) cabine mee te nemen [zijn gedragen]. We moeten ze labelen en ze in (het) laadruim plaatsen: dat is het reglement.

Alessandra: Hoezo?! Deze piepkleine koffer? Brute pech, ik zal hem enkele uren moeten missen [me ervan zal scheiden voor enige uren]...

Luchthavenbediende: Maakt u zich geen zorgen, juffrouw, ontspant u zich, de vlucht duurt maar anderhalf uur.

Alessandra: Dat is al te (lang), naar [voor] mijn zin[nen]!

24 LO STRESS DEL VIAGGIATORE

Alessandra: Scusi, è già partito il treno per l'aeroporto?

Capostazione: Sì, un minuto fa.

Alessandra: Accidenti! E come faccio adesso?

Capostazione: Credo che il prossimo parta tra mezz'ora.

Alessandra: È troppo tardi! Di sicuro perderò l'aereo! Bisogna arrivare in aeroporto un'ora prima del decollo per il check-in, i controlli di sicurezza e l'imbarco.

Capostazione: Purtroppo non ce ne sono prima: una volta ce n'era uno ogni dieci minuti, ma ora, con tutti i tagli al bilancio delle ferrovie, tolgono tutti i treni economici e comodi per la gente, e il servizio pubblico muore a poco a poco. E i viaggiatori tacciono e accettano tutto! Ora che ci penso, il treno che ha perso lei era un regionale, vero?

Alessandra: Sì, si fermava in tutte le stazioni; no, in quasi tutte, era un regionale veloce.

Capostazione: Mi sembra che ci sia il prossimo Intercity per Milano: quello si ferma anche all'aeroporto. Parte tra dieci minuti.

Alessandra: No! A quest'ora ci sarà una fila senza fine allo sportello, non ce la farò mai a comprare il supplemento!

Capostazione: Tranquilla, signorina, ci sono le biglietterie automatiche, che funzionano sia con i contanti che con le carte di credito e il bancomat. Mi dispiace che lei sia così stressata, in fondo il tempo c'è, andiamo!

Alessandra: Cosa vuole, è lo stress del viaggiatore... Grazie mille, spero che non ci sia troppa gente anche alle biglietterie automatiche. (…) Ecco! Ce l'ho fatta, ho il biglietto, e adesso dov'è il treno?

Capostazione: Parte dal binario tre; lei ha il posto 85 nella carrozza 4, è il vagone di coda, l'ultimo.

Alessandra: Finalmente all'aeroporto! Guardo subito il tabellone delle partenze… ecco! Devo andare in fretta al gate G per l'imbarco. Il mio aereo viene da Palermo, è appena atterrato e decolla tra pochissimo.

Impiegato: Scusi, signorina, il suo bagaglio è troppo grande per essere portato in cabina. Dobbiamo etichettarlo e metterlo in stiva: è il regolamento.

Alessandra: Ma come! Questa piccolissima valigia? Pazienza, me ne separerò per qualche ora…

Impiegato: Non si preoccupi, signorina, si rilassi, il volo dura solo un'ora e mezza.

Alessandra: È già troppo, per i miei gusti!

■ DE DIALOOG BEGRIJPEN
SIA ... CHE

De constructie **sia ... che** (of **sia ... sia**) is vergelijkbaar met *zowel ... als*: **sia con i contanti, che con le carte di credito** *zowel met cash als met kredietkaart.*

CULTURELE INFO

Il treno regionale is een *stoptrein*; **il regionale veloce** heeft minder haltes, maar doet toch heel wat stations aan. Er zijn nog andere treinen, zoals de **Intercity** die sneller is en meer comfort biedt maar behoorlijk duurder uitkomt, en **la Frecciarossa, Frecciabianca** en **Frecciargento**, *de Rode, Witte* en *Zilveren Pijl*, hogesnelheidstreinen. **Le FS (le Ferrovie dello Stato** 'de Spoorwegen van de Staat'**)**, de Italiaanse Spoorwegen worden beheerd door het staatsbedrijf **Trenitalia**. De voorbije 30 jaar werd het spoorwegnet fors uitgebreid, waardoor de legendarische vertragingen en storingen grotendeels tot het verleden behoren. Italianen nemen vaak hst's zoals de **Eurostar** en **Intercity**, vooral beroepshalve. Helaas hangt er een prijskaartje aan deze snellere, meer comfortabele treinreizen. De auto blijft evenwel het meest gebruikte vervoermiddel in de vrije tijd of voor familievakanties. Al kan men ook kiezen voor een goedkopere regionale trein met veel stopplaatsen (ook nog **il locale** *de lokale, plaatselijke* genoemd, naar zijn vroegere benaming). Sinds enkele jaren wordt een deel van het spoorwegnet uitgebaat door privébedrijven zoals **Italo**, die veel voordeliger tarieven aanbieden en hierdoor de druk op overheidsdiensten doet toenemen.

▲ VERVOEGING

Eerder zagen we de volgende 'wijzen' en tijden:
- gebiedende wijs of imperatief (voor het uitdrukken van een bevel, gebod, verbod)
- voorwaardelijke wijs of conditionalis (voor iets onder voorwaarde)
- de aantonende wijs of indicatief, zonder hem expliciet te vernoemen (voor feiten, objectieve zaken, de werkelijkheid) in de o.t.t., v.t.t., o.v.t., toek.t. en v.toek.t.

O.T.T. IN DE CONJUNCTIEF (AANVOEGENDE WIJS)

Tijd nu voor de conjunctief, ook aanvoegende wijs of subjunctief genoemd (wij kiezen voor 'conjunctief' omdat deze term aansluit bij het Italiaanse **congiuntivo**). De werkwoordsvormen van deze wijs komen in het Nederlands nauwelijks nog voor (bv. het 'zij' zo, 'leve' de vakantie!, 'koste' wat het kost, men 'neme'), maar zijn in Romaanse talen heel gebruikelijk.

Gebruik:
- voor het uitdrukken van iets subjectiefs zoals een wens, gevoel, mening, aansporing, mogelijkheid, waarschijnlijkheid enz.
- dus vaak met werkwoorden zoals **credere** *geloven*, **pensare** *denken*, **dubitare** *(be)twijfelen*, **immaginare** *zich inbeelden, voorstellen*, **temere** *vrezen*, **rallegrarsi** *zich verheugen*, **essere contento** *blij zijn* enz.

Sono contento che tu sia venuto. *Ik ben blij dat je gekomen 'bent'.*
Mi sembra che ci sia il treno. *Het lijkt me dat de trein er 'is'.*
Credo che il prossimo parta tra mezz'ora. *Ik geloof dat de volgende over een halfuur 'vertrekt'.*
Mi fa piacere che Carlo venga domani. *Het doet me plezier dat Carlo morgen 'komt'.*
Mi dispiace che sia stressata / che oggi faccia brutto tempo. *Ik vind het jammer dat u gestresseerd 'bent' / dat het vandaag slecht weer 'is' ['doet'].*

- uit deze voorbeelden blijkt dat de conjunctief gebruikt wordt in de bijzin als het onderwerp verschilt van dat in de hoofdzin en de bijzin ingeleid wordt met het voegwoord **che** (in het Nederlands gebruiken we dan *dat* + 'gewone' o.t.t., dus die in de indicatief).

Beseffend dat het gebruik van deze wijs voor een Nederlandstalige niet evident is, proberen we het op dit niveau simpel te houden. Begin gewoon al met het herkennen van de vormen.

Net zoals er in de indicatief verschillende tijden zijn, bv. **il treno parte** (o.t.t.) of **il treno è partito** (v.t.t.), is dat ook het geval in de conjunctief, bv. **credo che il treno parta** (o.t.t.-conj.) of **credo che il treno sia partito** (v.t.t.-conj.).

Vorming van de **onvoltooid tegenwoordige tijd in de conjunctief**:
ziehier de vervoeging van de (onregelmatige hulp)werkwoorden **essere** en **avere**, en het model voor de drie regelmatige werkwoordsgroepen:

	avere	essere	-are-werkwoorden parlare	-ere-werkwoorden prendere	-ire-werkwoorden offrire
io	abbia	sia	parli	prenda	offra
tu	abbia	sia	parli	prenda	offra
lui, lei	abbia	sia	parli	prenda	offra
oi	abbiamo	siamo	parliamo	prendiamo	offriamo
voi	abbiate	siate	parliate	prendiate	offriate
loro	abbiano	siano	parlino	prendano	offrano

Let op:

• Net als in de o.t.t.-indicatief (zie les 5) lassen veel werkwoorden op **-ire** tussen stam en uitgang **-isc-** in bij alle personen behalve de 1e en 2e meervoud, bv. **finire**: fin*isc*a, fin*isc*a, fin*isc*a, fin*iamo*, fin*iate*, fin*isc*ano.

• Bij de meeste onregelmatige werkwoorden bestaat de o.t.t.-conj. uit de (onregelmatige) stam van de 1e persoon enkelvoud in de o.t.t.-indicatief + conjuctiefuitgang, behalve in de 1e en 2e persoon meervoud die geen afwijking vertonen, bv. **venire**: ven*g*a, ven*g*a, ven*g*a, veniamo, veniate, v*e*n*g*ano.

MEER ONREGELMATIGE WERKWOORDEN

Ziehier de onregelmatig vervoeging in de o.t.t.-indicatief van nog drie werkwoorden:

	morire *sterven*	**tacere** *zwijgen*	**togliere** *afschaffen,...*
(io)	muoio	taccio	tolgo
(tu)	muori	taci	togli
(lui, lei)	muore	tace	toglie
(noi)	moriamo	tacciamo	togliamo
(voi)	morite	tacete	togliete
(loro)	mu*o*iono	t*a*cciono	t*o*lgono

Hun voltooid deelwoord is:

morire → morto

tacere → taciuto

togliere → tolto.

● OEFENINGEN

1. VUL AAN MET DE JUISTE O.T.T.-CONJUNCTIEFVORM VAN HET WERKWOORD TUSSEN HAAKJES:

a. Mi dispiace che tu non .... da noi. (venire)

b. Ci sembra che voi .... troppo. (mangiare)

c. Spero che lei non .... il treno. (perdere)

d. Credo che Carla e Paolo .... l'aereo delle dodici e trenta. (prendere)

22. In het station en op de luchthaven

● WOORDENSCHAT

l'**a**e**reo** *het vliegtuig*
l'**aeroporto** *de luchthaven*
a poco a poco *beetje bij beetje*
atterrare *landen*
automa**tico/-a** *automatisch*
  automa**tiche** (v. mv.)
il bagaglio *de bagage*
la biglietteria *het kaartjesloket*
  (**le biglietterie** mv.)
il biglietto *het kaartje, ticket*
il binario *het spoor*
la cabina *de cabine*
il/la capostazione *de stationschef*
la carrozza *het rijtuig*
il check-in *de check-in*
il controllo *de controle*
decollare *opstijgen*
il decollo *het opstijgen, de take-off*
durare *duren*
etichettare *etiketteren, labelen,*
  taggen (**l'etichetta** *het etiket,*
  label, de tag)
fermarsi *stoppen, stilstaan,*
  ophouden; **fermare** *doen*
  stilstaan, stilzetten
la ferrovi**a** *de spoorweg*
  (**le ferrov**i**e** mv.)
la fila *de rij, file*
finalmente *eindelijk*
il gate *de gate*
già *al*
il gusto *de smaak(zin)* (**i gusti** mv.)
l'**imbarco** *het inschepen*

in fretta *snel* (**la fretta** *de haast*)
la partenza *het vertrek*
il posto *de (zit)plaats*
pu**bblico/-a** *publiek, openbaar*
regionale *regionaal*
il regolamento *het reglement*
rilassarsi *zich ontspannen*
separare *scheiden*
il servizio pu**bblico** *de*
  overheidsdienst
la sicurezza *de veiligheid*
la stazione *het station*
  (**le stazioni** mv.)
la stiva *het (laad)ruim*
lo stress *de stress*
stressato/-a *gestresseerd*
il supplemento *het supplement,*
  de toeslag
il tabellone *het (info)bord*
il taglio *de snede, bezuiniging*
  (**i tagli** mv.)
togliere *afschaffen, weghalen,*
  -nemen
il treno *de trein*
il vagone *de wagon*
la valigia *de koffer, valies*
il viaggiatore / la viaggiatrice
  de reiziger/reizigster
il volo *de vlucht*

2. HERSCHRIJF DE ZINNEN IN DE PERSOON TUSSEN HAAKJES, ZOALS IN HET VOORBEELD:

Voorbeeld: Credo che lei sia spagnola (loro). Credo che loro siano spagnole.

a. Spero che loro vadano al mare. (tu) →..

b. Credo che lei sia inglese. (voi) → ....

c. Mi fa piacere che tu venga a Milano. (voi) → ....

d. Non so a che ora lei finisca di lavorare. (voi) → ....

3. VUL AAN MET DE TUSSEN HAAKJES GEVRAAGDE VORM VAN HET ONREGELMATIG WERKWOORD:

a. Se mi sarà possibile, il mese prossimo .... da voi a Milano. (venire – toek. t.)

b. Quando tu .... la porta, io potrò finalmente entrare a casa tua. (aprire – v.toek.t.)

c. Le nostre vacanze al mare .... bellissime. (essere – v.t.t.)

d. Spero che Filippo .... bene. (scegliere – o.t.t.-conj.)

4. BELUISTER DE OPNAME EN VUL DE ZINNEN AAN:

a. Bisogna arrivare in aeroporto un'ora prima del .... per il check-in.

b. A quest'ora ci sarà una fila senza fine allo .... della biglietteria.

c. Il suo treno parte dal .... tre.

d. Non si preoccupi, signorina, si rilassi, il .... dura solo un'ora e mezza.

23. SPORT EN VRIJE TIJD

LO SPORT E IL TEMPO LIBERO

DOELSTELLINGEN

- WOORDENSCHAT OVER SPORT
- PRATEN OVER STUDIES EN FAMILIE

BEGRIPPEN

- V.T.T. IN DE CONJUNCTIEF
- ONREGELMATIGE WERKWOORDEN: *PRODURRE, SPEGNERE*

SPORTARTIKELEN

Paola: Hallo, ik zou een paar gymschoenen willen. Wat raadt u me aan?

Verkoper: Het hangt (ervan) af, mevrouw. We hebben tennis-, basketbal-, voetbalschoenen of ook gewoon schoenen om te gaan lopen.

Paola: Ja, ja, precies die! Ze dienen [me] voor mijn dagelijkse jogging. De dokter heeft me aangeraden om elke dag wat te gaan lopen. Ik heb [ervan] een paar gekocht in een supermarkt, maar ik geloof niet dat het een goede aankoop 'is' geweest: ik heb ze maar een keer aangedaan en nu doen mijn voeten me vreselijk pijn!

Verkoper: Ik vrees dat ze u echt slecht geadviseerd 'hebben'!

Paola: U, daarentegen, wat raadt u me aan?

Verkoper: Voor een amateursportactiviteit zoals de uwe, laten we zeggen voor fitness, zou ik u deze aanraden: ze zijn een uitstekend middengamma product. Wij produceren ze zelf, via een Italiaans bedrijf dat onze modellen realiseert. Mooi, hé?

Paola: Zeker! Déze zou [zal] ik zelfs dragen om te gaan wandelen!

Verkoper: Ik geloof dat uw mobiele telefoon aan het rinkelen 'is', mevrouw.

Paola: O, excuseert u me, gewoonlijk zet ik hem altijd uit wanneer ik een winkel binnenstap! Hallo? Ja, excuseer me maar ik ben in een winkel… ja, net van sportartikelen… O, ok, ík koop het dan (voor) je. Dààg! Het was mijn zoon, die een gympak voor de turnles nodig heeft. Weet u, hij zit in [doet] het 1e middelbaar en ze hebben twee uur per week [van] lichamelijke opvoeding.

Verkoper: Welke maat draagt hij?

Paola: Ik weet (het) niet, omdat hij zoveel gegroeid is [in] de laatste maanden, ik weet niet of hij nog [de] kindermaten draagt.

Verkoper: Kijk, laten we (het) zo doen: ik geef u een small voor volwassene(n), als het niet past [gaat goed] brengt u het me terug en ruilen we het, goed?

Paola: Ja, dank u, u bent heel vriendelijk. O, geeft u mij ook een [paar van] short[s] en [van-de] katoenen sokken, (nog) altijd voor hem. Gelukkig is zijn broer al groot en gaat die [zich] zijn sportartikelen alleen kopen: voor mij zou het te ingewikkeld zijn. Hij doet (aan) een heleboel verschillende sporten en voor ieder is er een andere uitrusting: een [de] kimono voor het judo, [de] bokshandschoenen voor het Thaise boksen, ski's en skischoenen voor de hindersporten [hel-]… Oeps! Ik bedoelde [Wilde zeggen] "de wintersporten"! De enige sport die hij niet beoefent [doet], is [het] zwemmen, het zou te eenvoudig zijn: een zwembroek, een (bad)muts en een bril… en bijna niets te wassen thuis! Hoe dan ook, zich spullen kopen, dat kan hij wel [tenminste om kopen-zich het goed zich 'regelt'], ze netjes en op orde, gewassen en gestreken houden iets minder.

ARTICOLI SPORTIVI

Paola: Buongiorno, vorrei un paio di scarpe da ginnastica; che cosa mi consiglia?

Commesso: Dipende, signora; abbiamo scarpe da tennis, da pallacanestro, da calcio, o anche semplicemente scarpe per andare a correre.

Paola: Sì, sì, proprio quelle! Mi servono per il mio jogging quotidiano. Il medico mi ha consigliato di andare a correre un po' ogni giorno.
Ne ho comprato un paio in un supermercato, ma non credo che sia stato un buon acquisto: le ho messe solo una volta ed ora mi fanno terribilmente male i piedi!

Commesso: Temo che l'abbiano consigliata proprio male!

Paola: Lei, invece, che cosa mi consiglia?

Commesso: Per un'attività sportiva dilettantistica come la sua, diciamo di fitness, le consiglierei queste: sono un ottimo prodotto di media gamma. Le produciamo noi stessi, tramite una ditta italiana che realizza i nostri modelli. Belle, no?

Paola: Certo! Queste le metterò anche per andare a spasso!

Commesso: Credo che le stia suonando il cellulare, signora.

Paola: Oh, mi scusi, di solito lo spengo sempre quando entro in un negozio! Pronto? Sì, scusa ma sono in un negozio… sì, proprio di articoli sportivi… Ah, va bene, te la compro io allora. Ciao!
Era mio figlio, che ha bisogno di una tuta da ginnastica per la palestra; sa, fa la prima media, e hanno due ore alla settimana di educazione fisica.

Commesso: Che taglia porta?

Paola: Non so, perché è cresciuto tanto negli ultimi mesi, non so se porti ancora le taglie da bambino.

Commesso: Guardi, facciamo così: le dò una small da adulto, se non va bene me la riporta e la cambiamo; va bene?

Paola: Sì, grazie, è molto gentile. Ah, mi dia anche un paio di calzoncini e delle calze di cotone, sempre per lui. Per fortuna suo fratello è già grande e i suoi articoli sportivi se li va a comprare da solo: per me sarebbe troppo complicato.
Fa un sacco di sport diversi, e per ognuno c'è un'attrezzatura diversa: il kimono per il judo, i guantoni per la boxe tailandese, gli sci e gli scarponi per gli sport infernali… Oh scusi! Volevo dire "gli sport invernali"! L'unico sport che non fa è il nuoto, sarebbe troppo semplice: un costume, una cuffia ed un paio di occhialini… e quasi niente da lavare a casa! Comunque almeno per comprarsi la roba si arrangia; per tenerla pulita e in ordine, lavata e stirata, un po' meno.

■ DE DIALOOG BEGRIJPEN

ANDARE A SPASSO

Lo spasso is *het plezier, vermaak, genoegen*. Het wordt gebruikt in idiomatische uitdrukkingen zoals **andare a spasso** *uit wandelen gaan (om je zinnen wat te verzetten)* of, ironisch, **essere a spasso** *werkloos zijn, op straat staan*.

GEBRUIK VAN *STARE* IN DE CONJUNCTIEF

Het werkwoord **stare** zagen we in les 6. In zinnen waar het niet om een 'feit' gaat, maar onzekerheid, onwerkelijkheid, hypothese enz. (zie vorige les), staat **stare** in de conjunctief:

→ **stare** + gerundium (zie les 9): **Non mi sembra che tu stia lavorando.** *Het lijkt me niet dat je aan het werken 'bent'.*
→ **stare per** + infinitief (zie les 14): **Credo che tua sorella stia per partire.** *Ik geloof dat je zus op het punt staat ('is') om te vertrekken.*

WERKWOORDEN DIE MET HET HULPWERKWOORD *ESSERE* VERVOEGD WORDEN

Het hulpwerkwoord is **essere** bij alle wederkerende werkwoorden en bij de meeste werkwoorden van beweging en werkwoorden die uitdrukken dat het onderwerp doorheen de tijd een 'verandering' ondergaat, bv.: **crescere** *groeien* (**è cresciuto/-a** *hij/ze is gegroeid*), **dimagrire** *vermageren* (**sono dimagrito** *ik ben afgevallen*), **ingrassare** *verdikken* (**sono ingrassato** *ik ben bijgekomen*), **invecchiare** *verouderen* (**sono invecchiato** *ik ben ouder geworden*), **aumentare** *verhogen* (**è aumentato** *het is toegenomen*). Zo ook **durare** *duren*: **È durato a lungo.** *Het heeft lang geduurd.* Niet vergeten: vervoeging met **essere** → overeenkomst van het voltooid deelwoord met het onderwerp: **Mia figlia è cresciuta.** *Mijn dochter is gegroeid.*

UN PAIO DI ...

Zoals wij het kunnen hebben over 'een paar schoenen of sokken' gebruikt een Italiaan ook een gelijkaardige structuur bij o.a. een (of een aantal stuks van) broek, bril: **un paio di scarpe, calze, calzoncini, pantaloni, occhiali(ni)** *een paar schoenen, sokken/kousen, een short, pantalon, (zwem)bril*; **tre paia di scarpe da calcio** *drie paar voetbalschoenen [drie paren van schoenen voor voetbal]*.

CULTURELE INFO

Paola's zoon zit in het **prima media**, het 1e jaar van het 'middelbaar onderwijs'. **La scuola dell'obbligo** *de leerplicht* loopt van 6 tot 16 jaar (**la scuola dell'infanzia** *de kleuterschool*, voor 3- tot 5-jarigen, is niet verplicht). Laten we even het Italiaanse onderwijssysteem toelichten: **la scuola primaria** *de primaire/lagere school* gedurende 5 jaar; dan 3 jaar **scuola secondaria di primo grado** 'secundair onderwijs - 1e graad' (**prima, seconda** en **terza media**), vervolgens 5 jaar **scuola secondaria di secondo grado** '2e graad' in verschillende types: **il liceo** voor algemene vakken en eventuele specialisatie (bv. **classico** met Latijn en Grieks, **scientifico** *wetenschappelijk georiënteerd*, **linguistico** *met meer taalvakken*, **pedagogico** *pedagogisch*) en **il instituto tecnico o professionale** *technisch of beroepsonderwijs*. Wie dit voortgezet onderwijs afrondt met een diploma, na het afleggen van *het maturiteitsexamen* **la maturità**, kan naar de universiteit.

 ## GRAMMATICA EN VERVOEGING
VOLTOOID TEGENWOORDIGE TIJD IN DE CONJUNCTIEF

Gebruik:
- de v.t.t. drukt een eenmalig en afgelopen gebeuren in het verleden uit; in de conjunctief gaat het om iets subjectiefs in het heden over iets dat is gebeurd in het verleden
- zinsconstructie: o.t.t.-ind. in de hoofdzin (die het denken, vrezen, veronderstellen enz. uitdrukt), v.t.t.-conj. in de bijzin (die het subjectieve gegeven in het verleden uitdrukt), waarbij het onderwerp in elk zinsdeel verschillend is

Non credo che sia stato un buon acquisto. *Ik geloof niet dat het een goede aankoop 'is' geweest.*

Penso che tu abbia fatto un errore. *Ik denk dat je een fout 'hebt' gemaakt.*

Vorming:
- hulpwerkwoord in de o.t.t.-conjunctief + voltooid deelwoord van het hoofdwerkwoord, bv. het onregelmatig werkwoord **scegliere** *kiezen*

abbia scelto	**abbiamo scelto**
abbia scelto	**abbiate scelto**
abbia scelto	**abbiano scelto**

- let op de vorm van het voltooid deelwoord bij vervoeging met het hulpwerkwoord **essere**, bv. **dimagrire**:

sia dimagrito/-a	**siamo dimagriti/-e**
sia dimagrito/-a	**siate dimagriti/-e**
sia dimagrito/-a	**siano dimagriti/-e**.

MEER ONREGELMATIGE WERKWOORDEN

Ziehier nog twee werkwoorden met een onregelmatige o.t.t.-ind.:

	produrre *produceren*	**spegnere** *uitzetten, doven*
(io)	**produco**	**spengo**
(tu)	**produci**	**spegni**
(lui, lei)	**produce**	**spegne**
(noi)	**produciamo**	**spegniamo**
(voi)	**producete**	**spegnete**
(loro)	**prod<u>u</u>cono**	**sp<u>e</u>ngono**

Hun toekomende tijd, o.v.t. en voltooid deelwoord zijn:

produrre: produrrò, producevo, prodotto

spegnere: spegnerò, spegnevo, spento.

⬢ OEFENINGEN

1. DE VOLGENDE ZINNEN STAAN IN DE O.T.T.-CONJUNCTIEF, HERSCHRIJF ZE IN DE V.T.T.-CONJUNCTIEF, ZOALS IN HET VOORBEELD:

Voorbeeld: Credo che il treno parta alle dodici e trenta. → Credo che il treno sia partito alle dodici e trenta.

a. Mi dispiace che tu non venga da noi.

→ ....

b. Ci sembra che voi mangiate troppo.

→ ....

c. Spero che lei non perda il treno.

→ ....

d. Credo che Carla e Paolo prendano l'aereo delle quattordici.

→ ....

●WOORDENSCHAT

l'adulto *de volwassene*
arrangiarsi *zich/het redden;*
    arrangiare *regelen*
l'articolo *het artikel*
    (gli articoli mv.)
l'attività *de activiteit*
l'attrezzatura *de uitrusting*
il bambino / la bambina *het kind*
il calcio *het voetbal*
la calza *de sok, kous* **(le calze** mv.)
i calzoncini (mv.) *de short*
correre *(hard)lopen, rennen*
il costume *het (bad)pak,*
    de zwembroek
il cotone *het katoen*
la cuffia *de (bad)muts*
dilettantistico/-a *amateur-*
diverso/-a *divers, anders,*
    verschillend
l'educazione *de opvoeding*
fisico/-a *fysiek, lichamelijk*
la gamma *het gamma*
la ginnastica *de gymnastiek,*
    het turnen
i guantoni *de bokshandschoenen*
    (il guanto *de handschoen)*
infernale *hels*
invernale *winters*
lavare *wassen*
il medico *de dokter, arts*
il modello *het model*
il nuoto *het zwemmen*
gli occhialini (mv.) *de zwembril*
l'ordine *de orde*
la palestra *de gymles, -zaal*
il prodotto *het product*
produrre *produceren*
pulito/-a *net(jes), proper*
quotidiano/-a *dagelijks*
riportare *terugbrengen*
gli scarponi *de ski- of*
    bergschoenen
lo sci *het skiën*
semplicemente *simpel, eenvoudig*
    (bijw.)
sportivo/-a *sport-, sportief*
stirare *strijken*
la taglia *de maat*
tailandese *Thais*
il tennis *het tennis*
terribilmente *vreselijk* (bijw.)
la tuta *het trainingpak*

2. HERSCHRIJF DE ZINNEN IN DE PERSOON TUSSEN HAAKJES, ZOALS IN HET VOORBEELD.

Voorbeeld: Credo che lei sia stata a Roma (loro). → Credo che loro siano stati a Roma.

a. Spero che loro siano andati a lavorare. (tu)

→ ....

b. Credo che lei abbia fatto un buon acquisto. (voi)

→ ....

c. Mi fa piacere che tu sia venuta a Milano. (voi)

→ ....

d. Mi sembra che lui abbia mangiato troppo. (loro)

→ ....

3. VUL AAN MET HET ONREGELMATIG WERKWOORD TUSSEN HAAKJES, VERVOEGD IN DE GEVRAAGDE TIJD:

a. Le Ferrovie dello Stato .... molti treni su questa linea. (togliere – v.t.t.)

b. Non .... venire da te domani perché ho un problema alla macchina. (potere – o.t.t.-indicatief)

c. Quando esco, ... sempre la luce. (spegnere – o.t.t.-indicatief)

d. L'anno prossimo, la mia ditta .... molti elettrodomestici. (produrre – toek. tijd)

4. BELUISTER DE OPNAME EN VUL DE ZINNEN AAN:

a. Vorrei un .... di scarpe da ginnastica per mio figlio.

b. Alle scuole medie vanno in .... due ore alla settimana per le lezioni di educazione fisica.

c. Devo comprare gli sci e gli scarponi per gli sport ....

24.
BIOSCOOP EN THEATER
IL CINEMA E IL TEATRO

DOELSTELLINGEN	BEGRIPPEN

- PLANNEN VOOR EEN UITJE MET VRIENDEN
- PERSOONLIJKE SMAAK UITDRUKKEN
- VERSCHILLENDE OPTIES EVALUEREN EN BESPREKEN
- WOORDENSCHAT OVER BIOSCOOP EN THEATER

- O.V.T. EN V.V.T. IN DE CONJUNCTIEF
- MEER OVER HET GEBRUIK VAN DE CONJUNCTIEF

GEËNGAGEERDE OF ONTSPANNENDE FILM?

Ludovico: Wat zou je ervan denken [Jou zou-gaan] om vanavond naar de bioscoop te gaan?

Simona: Dat hangt af van de film, je weet goed dat ik [het] theater verkies.

Ludovico: O ja? Ik dacht [geloofde] dat je van beide hield [dat jou 'bevielen' beide].

Simona: Ik zeg niet dat [de] cinema me niet 'bevalt', maar [het] toneel is een heel andere zaak. Ik vind die zalen vol [van] lichten en luchters fijn, de pluchen zitjes, de pauze in de foyer, een glas schuimwijn [al] drinken(d); ik houd van het moment waarop het gordijn opengaat en op de scène acteurs van vlees en bloed [botten] verschijnen. Wil je dat vergelijken [zetten] met de celluloidsterren uit de cinema?

Ludovico: Kijk 's aan! Wie zou dat ooit gedacht [gezegd] hebben? Mij leek dat je heel vaak naar de bioscoop 'was' gegaan…

Simona: En ik ben erheen gegaan! Maar meestal [het meeste deel van-de keren] kom ik teleurgesteld buiten, misschien omdat ik er te veel van verwacht [me verwacht te veel].

Ludovico: Maar ja, eigenlijk moet naar de bioscoop gaan ook een tijdverdrijf zijn, toch?

Simona: Dat zal (wel), maar ík voel de behoefte om mijn hersenen te laten werken, ook in mijn vrije tijd. Ik heb het niet zo voor [de] zogezegde ontspanningsfilms en zoek altijd naar geëngageerde films te gaan kijken, die iets 'willen' zeggen. Helaas is de grote Italiaanse auteurscinema dood en zijn er geen grootmeesters van het neorealisme of van de Italiaanse komedie meer. En hoewel ik tracht niet pessimistisch te zijn, zie ik geen enkele huidige regisseur [van] die grote namen waardig.

Ludovico: Kortom, geen bioscoop vanavond…

Simona: Nee, alsjeblieft niet! Ik zei dit echt niet opdat je zou veranderen van ['veranderde'] idee! Integendeel, ik zou graag hebben dat je me liet kennismaken met ['deed' kennen] een andere regisseur, die me echt 'bevalt'!

Ludovico: Om de waarheid te zeggen, ik wou je een romantische komedie met Sauro Perdone voorstellen…

Simona: Het is [zal zijn] toch niet *Wie niet waagt, niet wint*? Het zal wel een van die "panettonifilms" zijn vol acteurs en tv-persoonlijkheden die de stijl van tv-series imiteren en daarbij [in meer met] heel wat vulgariteit en stomme grapjes. Nee, dank je!

Ludovico: Ok, ik was er zeker van…

Simona: Ík zou je eerder *Zonder verleden* van Paolo Correntino voorstellen, dat de misdaden van de mafia in de (periode) na (de) oorlog aanklaagt.

Ludovico: Wat leuk! Ok, uit vriendschap kom ik met je mee. In het ergste geval [Slecht dat 'gaat'] eet ik een kilo popcorn (en) keer dan terug naar huis…

▶ 26 CINEMA IMPEGNATO O CINEMA DI EVASIONE?

Ludovico: Ti andrebbe di andare al cinema stasera?

Simona: Dipende dal film; sai bene che preferisco il teatro.

Ludovico: Ah sì? Credevo che ti piacessero entrambi.

Simona: Non dico che il cinema non mi piaccia, ma il teatro è tutta un'altra cosa. Mi piacciono quelle sale piene di luci e di lampadari, le poltroncine di velluto, l'intervallo nel ridotto a bere un bicchiere di spumante; amo il momento in cui si apre il sipario e sul palcoscenico appaiono attori in carne ed ossa; vuoi mettere con le star di celluloide del cinema?

Ludovico: Ma guarda! Chi l'avrebbe mai detto! Mi sembrava che fossi andata al cinema un sacco di volte…

Simona: E ci sono andata! Ma la maggior parte delle volte esco delusa, forse perché mi aspetto troppo.

Ludovico: Ma sì, in fondo andare al cinema deve essere anche un passatempo, no?

Simona: Sarà, ma io sento il bisogno di fare funzionare il cervello anche nel mio tempo libero. Non mi piacciono i cosiddetti film d'evasione, e cerco sempre di andare a vedere film impegnati, che vogliano dire qualcosa. Purtroppo il grande cinema d'autore italiano è morto, e non ci sono più i grandi maestri del neorealismo o della commedia all'italiana. E nonostante io cerchi di non essere pessimista, non vedo nessun regista attuale degno di quei grandi nomi.

Ludovico: Insomma niente cinema stasera…

Simona: No, per carità! Non dicevo mica questo perché tu cambiassi idea! Anzi, mi piacerebbe che tu mi facessi conoscere un regista diverso, che mi piaccia davvero!

Ludovico: A dire la verità, volevo proporti una commedia sentimentale con Sauro Perdone…

Simona: Non sarà mica *Chi non risica non rosica*? Sarà uno di quei "cinepanettoni" pieni di attori e personaggi televisivi, che imitano lo stile degli sceneggiati, ed in più con tanta volgarità e battute stupide. No, grazie!

Ludovico: Va bene, ne ero sicuro…

Simona: Io ti proporrei invece *Senza passato* di Paolo Correntino, che denuncia i crimini della mafia nel dopoguerra.

Ludovico: Che allegria! Va bene, per amicizia vengo con te. Male che vada, mangio un chilo di popcorn poi me ne torno a casa…

■ DE DIALOOG BEGRIJPEN

ENTRAMBI

Entrambi (m.) /**entrambe** (v.) betekent *beide, allebei*: **Mi piacciono entrambe le cose.** *Ik vind beide zaken mooi/lekker/leuk, heb ze allebei graag.*

ONZEKER, DUBBELZINNIG, TWIJFEL ENZ. → CONJUNCTIEF

Het herkennen van conjunctiefvormen begint stilaan te lukken. De dialogen bevatten voorbeelden van het gebruik van deze wijs, nl. telkens wanneer er sprake is van iets onzekers, subjectiefs, zoals bij **Non dico che il cinema non mi piaccia.** *Ik zeg niet dat cinema me niet 'bevalt'* (o.t.t.-conj.) om Simona's dubbelzinnige houding uit te drukken (je weet niet met zekerheid of ze nu van film houdt of niet…). Ook in **male che vada** *in het ergste/slechtste geval*, lett. erg/slecht dat (het) 'gaat' (o.t.t.-conj.), wordt de aanvoegende wijs gebruikt om de mogelijkheid (niet de zekerheid) dat het misgaat uit te drukken.

SARÀ

Sarà, te verstaan **sarà vero**, vergelijkbaar met *het zal wel (waar zijn)*.

NIENTE

Niente *niets* betekent voor een zelfstandig naamwoord *geen*: **No, niente febbre.** *Nee, geen koorts* (les 12), **Niente panico!** *Geen paniek!* (les 20), **Niente cinema stasera.** *Geen bioscoop vanavond.*

CULTURELE INFO

De Italiaanse neorealistische cinema ontwikkelde zich in de jaren na de Tweede Wereldoorlog dankzij films van Vittorio De Sica (**Ladri di biciclette** *De fietsendief*, 1948), Roberto Rossellini (**Roma città aperta** *Rome, open stad*, 1945), Luchino Visconti (**La terra trema** *De aarde beeft*, 1948). Het neorealisme, gekenmerkt door politiek en sociaal engagement, wilde films over de realiteit brengen, het door het recente conflict erg verzwakte gewone volk in beeld brengen, met niet alleen beroepsacteurs. De Italiaanse komedie is dan weer een commerciëler genre, maar daarom niet minder artistiek: vanaf de jaren 1950 schetsten regisseurs als Pietro Germi (**Divorzio all'italiana** *Scheiding op z'n Italiaans*, 1962), Mario Monicelli (**I soliti ignoti** *De onbekende daders*, 1958) en Dino Risi (**I mostri** *De monsters*, 1963) de Italiaanse maatschappij, hun blik vol zwarte humor. Door acteurs zoals Ugo Tognazzi, Alberto Sordi, Marcello Mastroianni en Vittorio Gassmann raakten deze films wereldwijd beroemd. Komisch en bijzonder commercieel is **il cinepanettone**, gecreëerd in de jaren 1990 door Vittorio De Sica's zoon, Christian De Sica. De term komt van de typische 'kerstcake' **il panettone**, omdat dergelijke komedies uitkomen rond die feestperiode, wanneer mensen makkelijker een bioscoopbezoek plannen.

GRAMMATICA EN VERVOEGING
O.V.T. EN V.V.T. IN DE CONJUNCTIEF

Deze tijden worden gebruikt in een bijzin wanneer in de hoofdzin het werkwoord iets in het verleden of in de voorwaardelijke wijs uitdrukt.

ONVOLTOOID VERLEDEN TIJD IN DE CONJUNCTIEF
• De o.v.t.-conjunctief wordt gebruikt voor een onzekerheid in het verleden over iets dat gebeurde of kon gebeurd zijn op hetzelfde moment als de actie in de hoofdzin (die vaak een werkwoord als denken, geloven, vrezen enz. bevat): **Credevo che ti piacessero entrambi.** *Ik geloofde/dacht dat ze je allebei 'bevielen'.*
• Vorming:

	avere	essere	-are-werkwoorden parlare	-ere-werkwoorden prendere	-ire-werkwoorden finire
(io)	avessi	fossi	parlassi	prendessi	finissi
(tu)	avessi	fossi	parlassi	prendessi	finissi
(lui, le)	avesse	fosse	parlasse	prendesse	finisse
(noi)	avessimo	fossimo	parlassimo	prendessimo	finissimo
(voi)	aveste	foste	parlaste	prendeste	finiste
(loro)	avessero	fossero	parlassero	prendessero	finissero

De meeste onregelmatige werkwoorden hebben een regelmatige vervoeging in de o.v.t.-conjunctief, d.w.z. door toevoeging van bovenstaande uitgangen aan de stam, bv. **andare: andassi, andassi, andasse, andassimo, andaste, andassero**.

VOLTOOID VERLEDEN TIJD IN DE CONJUNCTIEF
• De v.v.t.-conjunctief wordt gebruikt voor een onzekerheid in het verleden over iets in de hoofdzin dat eerder gebeurde: **Pensavo che tu avessi fatto un errore.** *Ik dacht dat je een fout 'had' gemaakt.*
• Vorming: o.v.t.-conjunctief van het hulpwerkwoord + voltooid deelwoord van het hoofdwerkwoord, bv. **scegliere** *kiezen*: **avessi scelto, avessi scelto, avesse scelto, avessimo scelto, aveste scelto, avessero scelto**.

Staat het werkwoord in de hoofdzin in de voorwaardelijke wijs, dan moet het werkwoord in de bijzin in de o.v.t.-conjunctief of de v.v.t.-conjunctief:

Vorrei che tu non facessi questo errore. *Ik zou willen dat je deze fout niet 'maakte'.*
Mi piacerebbe che tu non avessi fatto questo errore. *Ik zou graag hebben (Mij zou (het) bevallen] dat je deze fout niet 'had' gemaakt.*

Dit lijkt ingewikkelder dan het is, dus gieten we alles even in een overzichtelijke tabel met eenzelfde zin in verschillende tijden:

hoofdzin	bijzin	hoofdzin	bijzin
in het heden			
Spero che tu stia bene.		Spero che tu sia stato/-a bene.	
o.t.t.-indicatief	o.t.t.-conjunctief	o.t.t.-indicatief	v.t.t.-conjunctief
Ik hoop dat je ok 'bent'.		Ik hoop dat je ok 'bent' geweest.	
in het verleden			
Speravo che tu stessi bene.		Speravo che tu fossi stato/-a bene.	
o.v.t. -indicatief (of andere verleden tijd)	o.v.t.-conjunctief	o.v.t. -indicatief (of andere verleden tijd)	v.v.t.-conjunctief
Ik hoopte dat je ok 'was'.		Ik hoopte dat je ok 'was' geweest.	

MEER OVER HET GEBRUIK VAN DE CONJUNCTIEF

De conjunctief wordt gebruikt bij subjectieve toestanden, onzekerheden, dus ook:
• in doelaanwijzende bijzinnen (of dat doel bereikt wordt, staat niet vast), na voegwoorden als **perché** in de betekenis van *zodat, opdat* en **affinché** *teneinde*: **Non dicevo questo perché tu cambiassi idea.** *Ik zei dit niet opdat je van idee zou veranderen ['veranderde'].*
• in bijzinnen ingeleid met termen als **benché** of **nonostante** *(al)hoewel, ofschoon ondanks (het feit dat), niettegenstaande.* **nonostante lo cerchi di non essere pessimista** *hoewel ik 'probeer, zoek' niet pessimistisch te zijn.*
• zoals eerder gezegd, na het voegwoord **che** wanneer het onderwerp verandert: **Cerco di andare a vedere film che vogliano dire qualcosa.** *... films die iets 'willen', 'als doel hebben' iets te zeggen, vertellen... ;* **un regista diverso, che mi piaccia davvero** *... (het gaat hier telkens over Simona's verwachtingen, die niet noodzakelijk realistisch zijn...)*

WOORDENSCHAT

l'allegria *de vrolijkheid, opgewektheid*
l'amicizia *de vriendschap*
l'autore/l'autrice *de auteur*
la battuta *het grapje* (**le battute** mv.)
il bicchiere *het (drink)glas*
la carità *de naastenliefde, liefdadigheid, barmhartigheid;* **per carità** *in 's hemelsnaam, voor geen goud,...*
in carne ed ossa *van vlees en bloed, in levenden lijve* (**la carne** *het vlees;* **l'ossa** *het bot,* **le ossa** *de botten, beenderen*)
la celluloide *het celluloid*
cercare *zoeken,* **cercare di** *zoeken te, proberen, trachten om*
il cervello *het brein, de hersenen*
la commedia *de komedie*
il crimine *de misdaad* (**i crimini** mv.)
degno/-a *waard(ig), die het verdient*
deluso/-a *teleurgesteld, ontgoocheld*
denunciare *aangeven, -klagen, melden*
il dopoguerra *de naoorlogse periode*
l'evasione *de ontspanning, afleiding, ontsnapping*
imitare *imiteren, nadoen*
impegnato/-a *geëngageerd*
l'intervallo *de pauze*
il lampadario *de (kroon)luchter* (**i lampadari** mv.)
il maestro *de meester* (**i maestri** mv.)
il neorealismo *het neorealisme*
il palcoscenico *de scène, het toneel*
il passatempo *het tijdverdrijf, de verstrooiing*
il passato *het verleden*
il personaggio *het personage, de persoonlijkheid* (**i personaggi** mv.)
pessimista *pessimist/-e/-isch*
la poltroncina *het zitje, leunstoeltje, parterreplaats* (**le poltroncine** mv., *verkleinvorm van* **le poltrone**)
il/la regista *de regisseur*
il ridotto *de foyer*
la sala *de zaal*
lo sceneggiato *de tv-serie* (**gli sceneggiati** mv.)
sentimentale *sentimenteel*
il sipario *het gordijn*
lo spumante *de schuimwijn*
stasera *vanavond*
lo stile *de stijl*
stupido/-a *stom, dwaas*
il teatro *het theater, toneel*
televisivo/-a *televisie-*
uscire *naar buiten gaan/komen*
il velluto *het fluweel, de pluche*
la verità *de waarheid*
la volgarità *de vulgariteit, platvloersheid* (**le volgarità** mv.)

⬢ OEFENINGEN

1. VUL DE ZIN IN DE VERLEDEN TIJD AAN MET DE JUISTE WERKWOORDSVORM IN DE O.V.T.-CONJUNCTIEF OF V.V.T.-CONJUNCTIEF:

a. Spero che veniate da me. Speravo ....

b. Sono contento che tu sia arrivata così presto. Ero contento ....

c. Ci sembra che siate stati molto chiari. Ci sembrava ....

d. Dubito che dicano la verità. Dubitavo ....

2. HERSCHRIJF DE ZIN MET DE BIJZIN IN DE PERSOON TUSSEN HAAKJES:

a. Speravo che loro fossero andati a lavorare. (tu)

→ ....

b. Credevo che lei avesse fatto un buon acquisto. (voi)

→ ....

c. Mi faceva piacere che tu fossi venuta a Milano. (voi)

→ ....

d. Mi sembrava che lui avesse mangiato troppo. (loro)

→ ....

3. VERTAAL DE VOLGENDE ZINNEN:

a. Ze zullen maken. → ....

b. Je zou kiezen. → ....

c. We doen. → ....

d. Jullie zullen zien. → ....

e. Jullie zouden zien. → ....

🔴 4. BELUISTER DE OPNAME EN VUL DE ZINNEN AAN:

a. Preferisci il cinema o il teatro? – Mi piacciono ....

b. Non mi piacciono i film commerciali, preferisco il cinema d'..............

c. Volevo andare al cinema, ma ho cambiato ....: niente cinema, resto a casa.

d. Quel film è di un .... molto bravo: ha ottime recensioni sui giornali.

25.
EEN UITSTAP ONDER VRIENDEN ORGANISEREN

ORGANIZZARE UNA GITA TRA AMICI

DOELSTELLINGEN	BEGRIPPEN
- EEN UITJE VOORBEREIDEN - WOORDENSCHAT OVER ACTIVITEITEN BUITENSHUIS, WAARONDER PICKNICKEN	- BELANGRIJKE VOORZETSELS - VOLTOOID VOORWAARDELIJKE WIJS OM EEN TOEKOMSTIGE GEBEURTENIS IN HET VERLEDEN UIT TE DRUKKEN

PAASMAANDAGUITSTAP

Renato: Eindelijk paasweekend: we [ons] kunnen gedurende drie dagen uitrusten!

Aurora: Om de waarheid te zeggen, we hadden aan Susanna en aan Federico gezegd dat we met hen op [de] paasmaandaguitstap zouden gaan [zouden-zijn gegaan te doen].

Renato: Prima! Maar het is ook rust(gevend) om te gaan wandelen door de bossen in de heuvel(s), na een week in het stadsverkeer.

Aurora: Ja, maar waar gaan we heen?

Renato: We hadden gedacht aan de Larioberg, omdat je vanop de top een prachtig uitzicht hebt [ziet] en daarbij is het een vrij korte wandeling, in hooguit drie uur zullen we daarboven [daarop] zijn.

Aurora: Dat [Haar] noem je kort! Denk eraan [Kijk] dat je achteraf ook naar beneden moet! En met al wat jullie mannen eten en drinken bij picknicks, zal de afdaling zwaar zijn!

Renato: À propos, we moeten boodschappen gaan doen om de broodjes (klaar) te maken.

Aurora: Ík heb ze vanmorgen al gedaan, en (iets) anders dan broodjes! Federico wou dat we twee kippen aan het spit 'kochten' en chips, en zelfs wijn! Stel je voor hoe jullie in vorm zullen zijn daarna om [van] de Larioberg af te dalen.

Renato: En wie brengt wegwerpbare [van papier] borden en glazen, bestek en servetjes (mee)?

Aurora: We waren [van] akkoord [gebleven] dat zij ze zouden meebrengen [hebben gebracht], maar ik vertrouw het [me] beter niet en heb ze zelf ook meegenomen. We zullen de rugzakken de avond voordien klaarzetten… Heb je eerder aan de route gedacht?

Renato: Ja, ik herinner mij ze goed, we moeten er twintig keer geweest zijn… We gaan met de wagen tot aan het Cantinivoorplein, van daar trekken we te voet naar de Mazziniberghut en daar, in plaats van door te lopen op de hoogvlakte, nemen we het pad door de bossen, dat wat naar het Tanadal leidt; bij de Nenapas steken we [men snijdt] rechts door en komen recht op de Larioberg uit.

Aurora: Maar maken we het zo niet te lang? Van de Mazziniberghut is er een heel handige kortere weg naar de Nenapas, zonder door de bossen te hoeven [passeren]: dat pad ligt in de schaduw en het is er vreselijk koud.

Renato: Ik wist [was] zeker dat je niet via de bossen zou zijn willen [gewild] gaan, met als [het] excuus [van] de koude: zeg liever dat je schrik hebt van de adders, want een keer, 10 jaar geleden, hebben we er een gezien… Mij, daarentegen, bevallen de bossen net omdat het [er] koel is en vol eekhoorns, marmotten en schattige diertjes.

Aurora: Ok, laten we dus die weg nemen bij de heenreis, maar je zal zien dat we hem bij de terugreis zullen inkorten, omdat met al wat jullie gegeten zullen hebben, jullie ongetwijfeld de kortere weg zullen willen nemen. En als het dan in het bos koud is, dreigt dat jullie spijsvertering te belemmeren!

Blijf, zonder de systematische hulp van de haakjes, letten op het soms verschillend gebruik van lidwoorden, voorzetsels, tijden…!

GITA DI PASQUETTA

Renato: Finalmente il fine settimana di Pasqua: ci possiamo riposare per tre giorni!

Aurora: A dire il vero, avevamo detto a Susanna e a Federico che saremmo andati a fare con loro la gita di Pasquetta.

Renato: Certo! Ma è riposo anche andare a passeggiare per i boschi in collina, dopo una settimana nel traffico della città.

Aurora: Sì, ma dove andiamo?

Renato: Avevamo pensato al monte Lario, perché dalla cima si vede un bellissimo panorama, poi è una camminata abbastanza corta, al massimo in tre ore saremo lassù.

Aurora: Chiamala corta! Guarda che poi bisogna anche scendere! E con tutto quello che mangiate e bevete voi uomini ai picnic, la discesa sarà dura!

Renato: A proposito, dobbiamo andare a fare la spesa per fare i panini.

Aurora: L'ho già fatta io stamattina, ed altro che panini! Federico ha voluto che comprassimo due polli allo spiedo e le patatine, e anche il vino! Figurati come sarete in forma poi per scendere dal monte Lario.

Renato: E chi porta piatti e bicchieri di carta, posate e tovagliolini?

Aurora: Eravamo rimasti d'accordo che li avrebbero portati loro, ma preferisco non fidarmi e li ho presi anch'io. Prepareremo gli zaini la sera prima… Piuttosto, hai pensato all'itinerario?

Renato: Sì, me lo ricordo bene, ci saremo stati venti volte… Andiamo in macchina fino al piazzale Cantini, da lì saliamo a piedi al rifugio Mazzini e là, invece di continuare sull'altopiano prendiamo il sentiero tra i boschi, quello che va in Val Tana; al passo della Nena, si taglia a destra e si arriva dritti al monte Lario.

Aurora: Ma così non la si allunga troppo? Dal rifugio Mazzini c'è una scorciatoia comodissima per il passo della Nena, senza passare per i boschi: quel sentiero è all'ombra e ci fa un freddo terribile.

Renato: Ero sicuro che non saresti voluta passare per i boschi, con la scusa del freddo: di' piuttosto che hai paura delle vipere, perché una volta dieci anni fa, ne abbiamo vista una… A me invece il bosco piace proprio perché è fresco e pieno di scoiattoli, di marmotte e di animaletti bellissimi.

Aurora: Va bene, facciamo pure quella strada all'andata, ma vedrai che al ritorno l'accorceremo, perché con tutto quello che avrete mangiato, vorrete per forza prendere la scorciatoia. E poi, se nel bosco fa freddo, rischia di bloccarvi la digestione!

■ DE DIALOOG BEGRIJPEN
NOG EEN GEBRUIK VAN HET WERKWOORD *CHIAMARE*
We zagen **chiamare** als *(op)roepen, (op)bellen* en **chiamarsi** als *heten, zich noemen*; **chiamare** is dus ook *noemen*: **Ho mangiato pochi spaghetti. – Chiamali pochi! Ne avrai mangiato mezzo chilo!** *Ik heb weinig spaghetti gegeten. – Noem je dat weinig?! Je moet er een halve kilo van gegeten hebben!*

CULTURELE INFO
Paasmaandag heet **il lunedì dell'Angelo**, verwijzend naar de engel die in het evangelie de verrijzenis van Christus aankondigt, al zeggen veel Italianen doorgaans **Pasquetta** *"Kleine Pasen".* Traditioneel organiseert men die dag een picknick in de vrije natuur. Het is niet ongewoon om dan tientallen families op een grasplein te zien zitten **panini**… en veel meer lekkers eten!

◆ GRAMMATICA
VOLTOOID VOORWAARDELIJKE WIJS OM EEN TOEKOMSTIGE GEBEURTENIS IN HET VERLEDEN UIT TE DRUKKEN
In les 19 zagen we de voltooid voorwaardelijke wijs, bv.: **Avremmo mangiato tutto!** *We zouden alles hebben opgegeten!*
Deze tijd wordt in het Italiaans gebruikt voor het uitdrukken van iets toekomstigs, bekeken vanuit het verleden; wij doen dit meestal in de 'gewone', 'tegenwoordige' voorwaardelijke wijs (voor de liefhebbers: voltooid verleden toekomende tijd versus onvoltooid verleden toekomende tijd), bv.: **Avevamo detto che saremmo andati a fare una gita**. *We hadden gezegd dat we een uitstap zouden doen, op uitstap zouden gaan [zouden-zijn gegaan te doen een uitstap].*

BELANGRIJKE VOORZETSELS
Zoals al dikwijls is gebleken, worden voorzetsels soms van taal tot taal anders of zelfs niet gebruikt, en kan je ze niet altijd 'een op een' vertalen, bv.:
• **dire qualcosa a qualcuno** *iemand iets zeggen, iets aan/tegen iemand zeggen* (het voorzetsel **a** moet de aangesprokene(n) inleiden)
• **andare a passeggiare** *gaan wandelen,* **andare a fare la spesa** *boodschappen gaan doen* (tussen (een vorm van) het werkwoord **andare** en een infinitief moet **a** ingelast worden, vergelijkbaar met 'beginnen te + infinitief' in het Nederlands…)
• **cerchi di essere ottimista** *ik probeer (om) optimist te zijn* (**di** hier als *(om) te*).

Ziehier een tabel van belangrijke voorzetsels en hun courante gebruik:

a	di	da	in
Richting van een beweging: **Vado a Roma, a lezione, a letto.** *Ik ga naar Rome, naar de les, naar bed.* **A più tardi.** *Tot later.* Tijdstip, *om*: **A che ora? Alle otto.** *Hoe laat? Om 8 u.*	Bezit: **la macchina di Giulia** *de auto van Giulia*	Oorsprong, afstand: **Vengo da Milano.** *Ik kom uit/van Milaan.* **Abito a tre chilometri da Milano.** *Ik woon 3 km van Milaan vandaan.* **Siamo lontani da Torino?** *Zijn we ver van Turijn?*	Plaats: **Abito in Italia.** *Ik woon in Italië.* **nella città, in centro, in via della Luna** *in de stad, in het centrum, in de Maanstraat*
Locatie, vnl. stad: **Abito a Roma.** *Ik woon in Rome.*	Omschrijving: **un libro di storia** *een boek over geschiedenis, geschiedenisboek*	Inleiden van wie/wat handelt: **È stato visto da tutti.** *Het is/werd door iedereen gezien.*	Duur van een actie: **L'ho fatto in due ore.** *Ik heb het in twee uur, er twee uur over gedaan.*
Concreter situeren: **vicino a** *dichtbij* **davanti a** *voor, aan de voorzijde van* **di fronte a** *tegenover, aan de overkant van* **in mezzo a** *in het midden van* **intorno a** *om(heen), rondom* **di fianco a** *langs(heen)*	Inhoud, hoeveelheid: **una tazza di caffè** *een kop(je) koffie* Na bijwoorden: **prima di** *voor, alvorens* **invece di** *in plaats van*	Bestemd, bedoeld voor: **una tazza da caffè** *een koffiekop(je)* *sinds, al* **Ti aspetto da due ore.** *Ik wacht al twee uur op je.*	Aantal: **Veniamo in due.** *We komen met twee.*
		bij (iemand thuis) **Vieni a mangiare da noi?** *Kom je bij ons eten?*	Middel: **Sono venuta in treno.** *Ik ben per trein, met de trein gekomen.*
aan **Grazie a te.** *Dank aan jou.*	In uitdrukkingen: **Credo di no.** *Ik geloof van niet.* **Dico di sì.** *Ik zeg ja.* In tijdsuitdrukkingen: **di giorno, di sera, di domenica** *overdag, 's avonds, op zondag*	Doel van een actie: **È una cosa da fare.** *Het is iets wat gedaan moet worden, te doen iets.*	

con	su	per	tra, fra
met **Abito con Paolo**. *Ik woon (samen) met Paolo*. **Lavora con cura**. *Hij werkt met zorg*.	Plaats: **sul tavolo** *op de tafel* **una città sul mare** *een stad bij de, aan zee* **sul giornale** *in de krant*	Oorzaak en doel: **Sono tornato a casa per il gran freddo**. *Ik ben naar huis teruggekeerd wegens de barre koude*. **Sono venuto per questo**. *Ik ben hiervoor gekomen*.	*tussen* **fra me e te** *tussen jou en mij*
Middel, manier: **Sono arrivata con il treno delle due e mezzo**. *Ik ben aangekomen met de trein van 2u30*.	over (m.b.t.): **un film sulla sua vita** *een film over zijn leven*	Bestemming: **Ho preso il treno per Roma**. *Ik heb de trein naar Rome genomen*. Beweging binnen een zone: **Passeggiamo per la città**. *We wandelen door de stad*	*onder* leden van: **fra noi tutti** *onder ons allen* *over* (na een tijd): **Vengo tra due ore**. *Ik kom over twee uur*.

◆ OEFENINGEN

1. VUL AAN MET HET PASSENDE VOORZETSEL OF DE PASSENDE SAMENTREKKING VAN VOORZETSEL + LIDWOORD:

a. .... che ora parte il tuo treno?

b. Vivo .... la mia famiglia.

c. Abita e lavora .... Inghilterra (*Engeland*).

d. Siamo partiti molto presto, ... cinque.

e. Sono partito con degli amici, eravamo .... cinque.

f. Sono stato molto tempo lontano .... Italia.

g. Vieni a cenare .... noi, abitiamo qui vicino.

h. Questo film è stato realizzato .... un bravissimo regista.

i. Sto partendo ora da casa, arriverò .... un'ora.

WOORDENSCHAT

accorciare *inkorten, korter maken*
allungare *verlengen, langer maken*
l'altopiano *de hoogvlakte*
l'andata *de heenreis*
l'animale *het dier (***gli animali** *mv.;* **gli animaletti** *de diertjes)*
a proposito *à propos, trouwens*
bloccare *blokkeren, belemmeren*
il bosco *het bos (***i boschi** *mv.)*
la camminata *de wandeling*
la carta *het papier*
la cima *de top*
la collina *de heuvel*
corto/-a *kort*
la digestione *de spijsvertering*
la discesa *de afdaling*
la forma *de vorm*
fresco/-a *fris, koel*
la gita *de uitstap*
l'itinerario *de (reis)route, het parcours*
lassù *daarboven, boven op*
la marmotta *de marmot (***le marmotte** *mv.)*
il monte *de berg*
l'ombra *de schaduw*
il panino *het broodje (***i panini** *mv.)*
il panorama *het panorama, uitzicht*
passeggiare *wandelen*
il passo *de (berg)pas*
le patatine *de chips, frieten*
la paura *de schrik, angst*
il piatto *het bord (***i piatti** *mv.)*
il piazzale *het voorplein, groot plein*
il picnic *de picknick*
il pollo *de kip (***i polli** *mv.)*
la posata *het bestek (***le posate** *mv.)*
il rifugio *de berg-, schuilhut, schuilplaats*
rimanere d'accordo *afspreken*
riposarsi *uitrusten*
il riposo *de rust*
rischiare *riskeren, dreigen te*
lo scoiattolo *de eekhoorn (***gli scoiattoli** *mv.)*
la scorciatoia *de kortere weg*
la scusa *het excuus, de smoes, uitvlucht*
il sentiero *het pad*
lo spiedo *het spit*
tagliare *snijden*
terribile *vreselijk, verschrikkelijk*
il tovagliolo *het servet (***i tovaglioli** *mv.;* **i tovagliolini** *de servetjes)*
il vino *de wijn*
la vipera *de adder (***le vipere** *mv.)*
lo zaino *de rugzak (***gli zaini** *mv.)*

2. VORM DE ZINNEN OM ZODAT ZE EEN MOGELIJKHEID IN DE TOEKOMST UITDRUKKEN (WAARVOOR IN HET ITALIAANS DE VOORWAARDELIJKE WIJS IN DE VERLEDEN TIJD NODIG IS):

a. Decidiamo che faremo una gita insieme.

→ Avevamo deciso ....

b. È sicuro che andrà a Napoli.

→ Era sicuro ....

c. Mi dicono che partiranno (m.) per l'America.

→ Mi dicevano ....

d. Racconta che studierà all'estero.

→ Raccontava ....

3. BELUISTER DE OPNAME EN VUL DE ZINNEN AAN:

a. Dalla .... del monte Lario si vede un bellissimo panorama.

b. Per fare prima, invece di prendere il sentiero normale, prenderemo una ....

c. Faremo una strada all' .... ed una diversa al ritorno.

26.
EEN KUNST-TENTOONSTELLING BEZOEKEN

VISITARE UNA MOSTRA D'ARTE

DOELSTELLINGEN

- PRATEN OVER KUNST
- JE INTERESSE VOOR EN MENING OVER KUNST UITDRUKKEN
- EEN VERONDERSTELLING UITDRUKKEN

BEGRIPPEN

- "ALS-ZINNEN" (INLEIDING)
- ONREGELMATIGE WERK-WOORDEN AFGELEID VAN *TRARRE*

HET LEVEN VAN EEN ARTIEST

Caterina: Deze tentoonstelling is werkelijk prachtig: wat een geluk dat we gekomen zijn, niet?

Alessandro: Wat een geluk dat we het wisten; wie weet hoeveel tentoonstellingen we wel [ons] gemist hebben bij gebrek aan informatie.

Caterina: Als we vaker de kranten 'lazen', zouden we misschien beter [meer] geïnformeerd zijn.

Alessandro: 't Is waar: ook deze keer, als we niet per toeval de krant 'hadden' gelezen in het café, zouden we het niet geweten hebben.

Caterina: Of, zoals gewoonlijk, zouden we het geweten [geleerd] hebben een maand na de sluiting en zouden we gezegd hebben: wat jammer [zonde]!

Alessandro: Overigens, als ik de krant lees 's morgens op kantoor, of als ik alleen nog maar een minuut afgeleid ben, scheldt mijn baas me de huid vol! En in de namiddag, wanneer ik terugkeer naar huis, wie heeft (dan) zin om te beginnen lezen [zich-zetten aan lezen]?

Caterina: Komaan, laten we niet over droevige zaken praten, laten we [ons] genieten van deze wonderlijkheden! In elk geval, als je (iets) te weten zou (zal) komen over andere tentoonstellingen zoals deze, zeg [zal zeggen] het me en (dan) zullen we er zeker naartoe gaan. Deze schilder kan echt van alles maken: portretten, landschappen, stillevens, zelfs abstracte schilderijen, ook al verkies ík (nog) altijd figuratieve schilderkunst.

Alessandro: In de vorige zaal waren er ook zijn sculpturen, zowel bas-reliëfs als vrijstaande beeldhouwwerken.

Caterina: Ik vind hem vooral goed als schilder: hij heeft een echt heel rijk palet, met brede penseelstreken die een dikke kleurlaag [-dikte] op het doek leggen [laten]: een werkelijk ontroerend schilderij, vind je niet?

Alessandro: Ook in zijn sculpturen lijkt het alsof [dat] hij het blok [van] marmer 'aanvalt' met zijn beitel en in elk geval laat hij het altijd ruw, zonder het (te) polijsten, zoals een getuigenis van zijn strijd met de materie.

Caterina: In zijn begin(jaren) werd [is geweest] hij veel bekritiseerd, weet je, omdat hij beschouwd werd als [was] een conservatieve kunstenaar, net door zijn sterke band met de traditie van de grote kunstenaars uit de renaissance en uit de Italiaanse barok. Het waren de jaren van de conceptuele kunst en van de arte povera, waarin men de dood van de kunst verkondigde en men het bescheiden werk van de kunstenaar in zijn atelier kritisch beoordeelde, de uren besteed aan schetsen en studies maken op papier met een simpel potlood of aan bij zonsopgang naar het platteland gaan met doek en ezel om onderwerpen te zoeken om natuurgetrouw weer te geven [uit-het echt te schilderen].

Alessandro: Het lijkt dat je aan het praten 'bent' over het leven van een heilige martelaar!

Caterina: Maar besef je uit hoeveel opofferingen het leven van een artiest bestaat [is gemaakt]?

Alessandro: Kijk, als het zo is, dan zit ik niet zo slecht op kantoor: mijn baas lijkt me plots [wordt weer] sympathiek!

VITA D'ARTISTA

Caterina: Questa mostra è davvero bellissima; meno male che siamo venuti, vero?

Alessandro: Meno male che l'abbiamo saputo; chissà quante mostre ci siamo persi per mancanza di informazione.

Caterina: Se leggessimo più spesso i giornali, forse saremmo più informati.

Alessandro: È vero: anche questa volta, se non avessimo letto il giornale per caso al bar, non l'avremmo saputo.

Caterina: O come al solito l'avremmo imparato un mese dopo la chiusura, e avremmo detto: che peccato!

Alessandro: Del resto, se leggo il giornale alla mattina in ufficio, o anche solo se mi distraggo un minuto, il mio capo me ne dice di tutti i colori! E al pomeriggio, quando torno a casa, chi ha voglia di mettersi a leggere?

Caterina: Dai, non parliamo di cose tristi, godiamoci queste meraviglie. In ogni caso, se verrai a sapere di altre mostre come questa, me lo dirai e ci andremo di sicuro. Questo pittore sa fare proprio di tutto: ritratti, paesaggi, nature morte, persino quadri astratti, anche se io preferisco sempre la pittura figurativa.

Alessandro: Nella sala precedente c'erano anche sue sculture, sia bassorilievi che statue a tutto tondo.

Caterina: A me piace soprattutto come pittore: ha una tavolozza veramente ricchissima, con larghe pennellate che lasciano sulla tela un grosso spessore di colore: una pittura davvero emozionante, non trovi?

Alessandro: Anche nelle sculture sembra che aggredisca il blocco di marmo con lo scalpello, ed in ogni caso lo lascia sempre grezzo, senza lucidarlo, come una testimonianza della sua lotta con la materia.

Caterina: Ai suoi esordi è stato tanto criticato, sai, perché era considerato un artista conservatore, proprio per il suo legame forte con la tradizione dei grandi artisti del Rinascimento e del barocco italiano. Erano gli anni dell'arte concettuale e dell'arte povera, in cui si proclamava la morte dell'arte e si criticava il lavoro umile dell'artista nel suo studio, le ore passate a fare schizzi e studi su carta con una semplice matita o ad andare all'alba per la campagna con tela e cavalletto a cercare soggetti da dipingere dal vero.

Alessandro: Sembra che tu stia parlando della vita di un santo martire!

Caterina: Ma ti rendi conto di quanti sacrifici è fatta la vita di un artista?

Alessandro: Guarda, se è così non sto poi così male in ufficio: il mio capo mi ridiventa simpatico!

■ DE DIALOOG BEGRIJPEN
WEDERKERENDE VORM TER VERSTERKING

In het Italiaans wordt een werkwoord soms wederkerend gebruikt om het te versterken, zoals in **ci siamo persi una mostra** i.p.v. het neutrale **abbiamo perso una mostra** *we hebben een tentoonstelling gemist*. (Even herhalen: **p**e**rdere** betekent zowel *missen* als *verliezen*: **perdo la mem**o**ria** *ik verlies mijn geheugen, raak mijn geheugen kwijt*; **perdersi** op zich is *verdwalen, de weg kwijt zijn*: **ci siamo persi** *we zijn verdwaald, de weg kwijt*.)

Bij versterkend gebruik van wederkerende werkwoorden volgt er altijd een lijdend voorwerp op: **godi**a**moci queste meraviglie** *laten we van deze wonderlijkheden genieten;* **mi faccio** (van **fare, farsi**) **una bella vacanza** *ik beleef een heerlijke vakantie.*

VENIRE A SAPERE

Let op de woordvolgorde: **venire a sapere** *te weten komen,* lett. 'komen te weten'*:* **Come lo sei venuto a sapere?** *Hoe ben je het te weten gekomen?*

CULTURELE INFO

L'arte po**vera** is een kunststroming die in het Italië van de jaren 1960 opkwam als reactie tegen de principes en technieken in de academische kunst. Ze gebruikte "povere", eenvoudige, aardse materialen zoals hout, ijzer, aarde en vaak industrieel afval in haar kritiek op de gevestigde waarden en toenmalige maatschappij. Ondanks de gelijkenissen met de "art brut, outsiderkunst", omvat **l'arte p**o**vera** geen naïef primitivisme, maar biedt het erg geïntellectualiseerd werk van avant-garde artiesten die tot de elite behoren, zoals Michelangelo Pistoletto, Giovanni Anselmo en Giulio Paolini.

◆ GRAMMATICA
"ALS-ZINNEN" (INLEIDING)

In een "als-zin" of "hypothetische zin" beschrijft de hoofdzin de situatie die bereikt wordt als aan de voorwaarde in de bijzin (het "als-gedeelte") is voldaan:

bijzin	hoofdzin
Se domani farà bello	**andremo al mare.**
Als het morgen mooi weer is [zal zijn],	*[zullen] gaan we naar zee.*

De graad van uitkomst – reëel, mogelijk of irreëel – bepaalt het gebruik van tijden en wijzen. We bekijken dit aan de hand van vier "als-zinnen" uit de dialoog.

- Hypothetische toestand voorgesteld als een feit, waarbij het een realiteit wordt: o.t.t.-indicatief in beide zinsdelen:

Se leggo il giornale in ufficio, il mio capo me ne dice di tutti i colori.
o.t.t.-indicatief   o.t.t.-indicatief
Als ik de krant lees op kantoor, slingert mijn baas me allerlei verwijten naar het hoofd.
o.t.t.-indicatief   o.t.t.-indicatief
→ aan de voorwaarde wordt voldaan

- Hypothetische toestand in de toekomst met reële uitkomst: verschillende combinaties van de o.t.t. en toekomende tijd (in de indicatief) mogelijk, bv.:

Se verrai a sapere di altre mostre, me lo dirai e ci andremo.
toek.t.-indicatief   toek.t.-indicatief
Als je over andere expo's hoort, zeg het me en (dan) gaan we erheen / zullen we gaan.
o.t.t.-indicatief   imperatief   o.t.t.-indicatief   toek.t.-indicatief
→ aan de voorwaarde zal vrijwel zeker voldaan worden

- Hypothetische toestand met mogelijke, maar onzekere uitkomst: bijzin met **se** in de o.v.t.-conjunctief, hoofdzin in de (gewone) voorwaardelijke wijs

Se legge**ssimo i giornali, saremmo più informati.**
o.v.t.-conjunctief   voorwaardelijke wijs
Als we de kranten 'lazen', zouden we beter geïnformeerd zijn.
o.v.t.-indicatief   voorwaardelijke wijs
→ aan de voorwaarde kan voldaan worden, afhankelijk van het al dan niet lezen van de krant

- Hypothetische toestand in het verleden met onmogelijke, onbereikbare, irreële uitkomst: bijzin met **se** in de v.v.t.-conjunctief, hoofdzin in de voltooid voorwaardelijke wijs:

Se ave**ssimo letto il giornale, l'avremmo saputo.**
v.v.t.-conjunctief   voltooid voorwaardelijke wijs
Als we de krant hadden gelezen, zouden we het geweten hebben.
v.v.t.-indicatief   voltooid voorwaardelijke wijs
→ aan de voorwaarde kan niet voldaan worden vermits de krant niet werd gelezen

▲ VERVOEGING
ONREGELMATIGE WERKWOORDEN AFGELEID VAN *TRARRE*

In de dialoog zagen we het onregelmatig werkwoord **distrarre** *verstrooiing verschaffen, afleiden*. De wederkerende vorm is **distrarsi** *zich ontspannen/ vermaken*: **mi distraggo** *ik ontspan/vermaak me*. We nemen **distrarre** als model voor de vervoeging van een aantal onregelmatige werkwoorden die **trarre** *trekken* als basis hebben, bv. **attrarre** *aantrekken*, **contrarre** *samentrekken*, **sottrarre** *aftrekken*:

- o.t.t.-indicatief:

distraggo	**distraiamo**
distrai	**distraete**
distrae	**distraggono**

- voltooid deelwoord: **distratto**; gerundium: **distraendo**
- onregelmatig in de toekomende tijd (**(io) distrarrò**), voorwaardelijke wijs (**(io) distrarrei**) en o.t.t.-conjunctief (**(io/tu/lui/lei) distragga**).

● OEFENINGEN

1. VUL AAN MET HET PASSENDE VOORZETSEL OF DE PASSENDE SAMENTREKKING VAN VOORZETSEL + LIDWOORD:

a. Abitiamo .... Italia.

b. Vivete .... Milano.

c. Vivo qui .... tre anni e questa città mi piace molto.

d. La mia casa è proprio di fronte .... museo archeologico.

2. VUL DE ALS-ZINNEN AAN MET DE JUISTE VERVOEGINGSVORM VAN HET WERKWOORD TUSSEN HAAKJES:

a. Se .... per Roma, veniamo di certo da voi. (passare)

b. Se .... comprare una macchina nuova, lo faranno di sicuro. (potere)

c. Se ....ricco, mi comprerei una macchina sportiva. (essere)

d. Se .... quel film entrambi, ora potremmo parlarne. (vedere)

3. VERTAAL DE VOLGENDE ZINNEN:

a. Als je me wil spreken, kom ik bij jou.

→ ....

b. Als ik het geweten had, zou ik niet gekomen zijn.

→ ....

c. Als jullie naar Frankrijk gaan volgend jaar, zullen we met jullie meekomen.

→ ....

d. Als je hier was, zouden we erover kunnen praten.

→ ....

WOORDENSCHAT

aggredire *aanvallen*
l'alba *de zonsopgang*
l'arte *de kunst*
l'artista *de artiest(e), kunstenaar/-nares* (**gli artisti** *mv.*)
astratto/-a *abstract*
barocco *barok*
il bassorilievo *het bas-reliëf*
il blocco *het blok*
la campagna *het platteland*
il capo *de baas, chef, het hoofd*
il cavalletto *de (schilders)ezel*
chissà *wie weet*
la chiusura *de sluiting*
concettuale *conceptueel*
conservatore *conservatief*
considerare *beschouwen*
criticare *bekritiseren*
dipingere *schilderen*
emozionante *ontroerend*
l'esordio *het begin* (**gli esordi** *mv.*)
figurativo/-a *figuratief*
godersi *genieten;* **godere** *genieten*
grezzo/-a *ruw*
largo/-a *breed* (**larghe** *v. mv.*)
il legame *de band, het verband*
la lotta *de strijd*
lucidare *polijsten*
la mancanza *het gebrek*
il marmo *het marmer*
il martire *de martelaar*
la materia *de materie*
la matita *het potlood*
la mostra *de tentoonstelling*
la natura morta *het stilleven* (**la natura** *de natuur;* **morto/-a** *dood*)
il paesaggio *het landschap* (**i paesaggi** *mv.*)
peccato *jammer* (**il peccato** *de zonde*)
la pennellata *de penseelstreek* (**le pennellate** *mv.*)
la pittura *het schilderij*
povero/-a *pover, arm*
proclamare *proclameren, verkondigen*
il Rinascimento *de renaissance*
il ritratto *het portret* (**i ritratti** *mv.*)
il sacrificio *de opoffering* (**i sacrifici** *mv.*)
il santo *de heilige*
lo scalpello *de beitel*
lo schizzo *de schets* (**gli schizzi** *mv.*)
la scultura *de sculptuur, het beeldhouwwerk* (**le sculture** *mv.*)
il soggetto *het onderwerp* (**i soggetti** *mv.*)
lo spessore *de dikte*
la statua *het beeld(houwwerk)*
lo studio *de studio, het atelier*
la tavolozza *het palet*
la tela *het doek*
la testimonianza *de getuigenis*
tondo/-a *rond;* **a tutto tondo** *allround, 360°*
la tradizione *de traditie*
triste *triest(ig), droevig*
umile *nederig, bescheiden*
la voglia *de zin, het verlangen*

4. VUL DE ALS-ZINNEN AAN MET DE JUISTE VORM VAN HET WERKWOORD TUSSEN HAAKJES:

a. Se mi scriverai, io di certo ti .... (rispondere)

b. Se mi avessi scritto, io di certo ti .... (rispondere)

c. Se foste venuti a quella mostra, ... dei quadri bellissimi. (vedere)

d. Se abitaste più vicini a casa nostra, noi .... più spesso da voi. (venire)

5. BELUISTER DE OPNAME EN VUL DE ZINNEN AAN:

a. Io e mio marito ci siamo .... molte mostre per mancanza di informazione.

b. L'abbiamo imparato un mese dopo la chiusura, e ci siamo detti: che .... !

c. C'è chi ama l'arte astratta, ma io preferisco la pittura ....

d. Se mi .... anche solo un minuto, il mio capo me ne dice di tutti i colori!

27.
IN HET RESTAURANT
AL RISTORANTE

DOELSTELLINGEN

- GERECHTEN OP EEN MENU BESPREKEN EN KIEZEN
- PRATEN OVER WAT JE (NIET) GRAAG EET EN DRINKT
- WOORDENSCHAT OVER RESTAURANTBEZOEK EN GERECHTEN

BEGRIPPEN

- "ALS-ZINNEN" (VERVOLG)

IN HET EETHUIS

<u>Elena</u>: Dit eethuis is prachtig! Kijk, zelfs de vorken, messen en lepels lijken kunstvoorwerpen! Hoe heb je het gevonden [gekend]?

<u>Roberto</u>: Ik heb de review gelezen in een culinair tijdschrift.

<u>Elena</u>: Ik wist niet dat je culinaire tijdschriften 'las'!

<u>Roberto</u>: Ach, weet je, het is wat een mode: men heeft het er zoveel over dat ik nieuwsgierig werd [me is gekomen de nieuwsgierigheid]. Ik ben beginnen [heb begonnen] te kijken naar uitzendingen op tv, dan heb ik geprobeerd om een paar gerechten te koken volgens [volgend] het recept. Maar eigenlijk ga ik liever naar goede restaurants zoals dit! Wat denk je ervan om een blik te werpen [geven] op het menu? Ik zou niet willen dat de ober 'komt' en dat wij niet klaar 'zijn' om te bestellen.

<u>Elena</u>: Zeker! Wat raad je me aan als 'voorgerecht'? Wat vertelde jouw magazine?

<u>Roberto</u>: Kijk, gewoonlijk, als een review een specialiteit in (het) bijzonder aanbeveelt, neem ik die altijd, maar deze keer sprak hij alleen van een heerlijke lever op z'n Vicenzaans, en (zei) niets over 'voorgerechten'. Neem dus waar je zin in hebt, daarna zullen ook wíj oordelen, precies alsof we twee journalisten 'waren' die een review moeten schrijven.

<u>Elena</u>: In elk geval, als de krant een gerecht 'aanraadde' dat me niet aanstaat, zou ik het toch niet nemen! Ik heb van d(i)e vrij simpele smaken: ik neem de *penne al ragù*.

<u>Roberto</u>: Ík heb liever de *farfalle* met haassaus. Misschien is het echt wild. Ze hebben net vorige week de jacht geopend.

<u>Elena</u>: Wat afschuw(elijk)! Ik ben voor het afschaffen van deze barbarij! Zie je? Als jouw krant een gerecht op basis van wild 'had' aanbevolen, zou ík zeker zijn raad niet (op)gevolgd hebben!

<u>Roberto</u>: Ok, ok, rustig [kalmeer je]… Ik neem een noedelsoep als je wilt… Dus ik veronderstel dat je als 'hoofdgerecht' geen everzwijnragout zal willen…

<u>Elena</u>: Maar zelfs niet in een droom! En trouwens, ik heb niet voldoende honger om ook een 'tweede gerecht' te eten. Gewoonlijk lunch ik met een bord pasta.

<u>Roberto</u>: Wil je dat we een antipasto nemen, eventueel vegetarisch?

<u>Elena</u>: Nee, nee, jouw wild heeft [me] mijn honger doen overgaan … In de plaats [compensatie] heb ik dorst, laten we een fles mineraalwater brengen?

<u>Roberto</u>: Wil je het bruisend [gazeus] of plat [naturel]?

<u>Elena</u>: Zoals jij wilt.

<u>Roberto</u>: Welke wijn kiezen we? Gewoonlijk drinkt men rode bij vlees en witte bij vis, maar jij [niet] eet noch het ene noch het andere…

<u>Elena</u>: Ik drink niet, dank je, ik ben geheelonthoudster.

<u>Roberto</u>: Wat leuk! En misschien in plaats van het dessert wat bicarbonaat om te verteren?

IN TRATTORIA

Elena: Questa trattoria è bellissima! Guarda: perfino le forchette, i coltelli e i cucchiai sembrano oggetti d'arte! Come l'hai conosciuta?

Roberto: Ho letto la recensione su una rivista di cucina.

Elena: Non sapevo che leggessi riviste di cucina!

Roberto: Oh, sai, è un po' una moda: se ne parla tanto che mi è venuta la curiosità. Ho cominciato a guardare delle trasmissioni alla televisione, poi ho provato a cucinare qualche piatto seguendo la ricetta. Ma per dire la verità, mi piace di più andare nei buoni ristoranti come questo! Che ne dici di dare un'occhiata al menù? Non vorrei che il cameriere arrivasse e che noi non fossimo pronti a ordinare.

Elena: Certo! Che cosa mi consigli come primo? Che cosa raccontava la tua rivista?

Roberto: Guarda, di solito, se una recensione consiglia una specialità in particolare, io la prendo sempre, ma questa volta parlava solo di un'ottimo fegato alla vicentina, e niente sui primi. Prendi pure quello che ti piace, poi giudicheremo anche noi, come se fossimo due giornalisti che devono scrivere una recensione, appunto.

Elena: In ogni caso, se il giornale consigliasse un piatto che non mi piace, io non lo prenderei! Ho dei gusti abbastanza semplici: prendo le penne al ragù.

Roberto: Io preferisco le farfalle al sugo di lepre. Magari è vera cacciagione. Hanno aperto la caccia proprio la settimana scorsa.

Elena: Che orrore! Io sono per l'abolizione di questa barbarie! Vedi? Se il tuo giornale avesse consigliato un piatto a base di cacciagione, io non avrei di certo seguito il suo consiglio!

Roberto: Va bene, va bene, calmati… Prendo una minestra in brodo, se vuoi… Quindi immagino che come secondo non vorrai lo spezzatino di cinghiale…

Elena: Ma neanche per sogno! E poi non ho abbastanza fame per mangiare anche il secondo. Di solito io pranzo con un piatto di pasta.

Roberto: Vuoi che prendiamo un antipasto, magari vegetariano?

Elena: No, no, la tua cacciagione mi ha fatto passare l'appetito… In compenso ho sete, facciamo portare una bottiglia d'acqua minerale?

Roberto: La vuoi gasata o naturale?

Elena: Come vuoi tu.

Roberto: Quale vino scegliamo? Di solito si beve rosso con la carne e bianco con il pesce, ma tu non mangi nè l'una nè l'altro…

Elena: Io non bevo, grazie, sono astemia.

Roberto: Che allegria! E magari al posto del dolce un po' di bicarbonato per digerire?

◼ DE DIALOOG BEGRIJPEN
RESTAURANTS EN ITALIAANSE GASTRONOMIE

Om de Italiaanse keuken te proeven, kan je naar verschillende eetgelegenheden gaan: **il ristorante** *het restaurant* waar ze meer verfijnde gerechten serveren; **la trattoria**, vaak een familiezaak, een eethuis waar ook lokale specialiteiten aangeboden worden en, kleinschaliger, eenvoudiger, **l'osteria**. Sommige ervan stellen **il menù fisso** of ook **il menù turistico** voor, met een aantal gerechten tegen een vooraf vastgestelde prijs. Een **menù** start met **l'antipasto**, een *assortiment koude groenten, vleeswaren, kaas* enz., dan komt **il primo**, niet echt een *'voor'gerecht* maar *'eerste' gerecht, gang,* meestal pasta in saus (**il primo** is soms ook **la minestra** *de soep,* zoals in de dialoog **la minestra in brodo**, *kleinere pastasoort in bouillon*), vervolgens **il secondo** *het 'hoofd'gerecht'* of *de 'tweede' gang,* vlees of vis, en tot slot **il dolce** *het dessert.*

COME SE...

Na **come se** *alsof* moet het werkwoord vervoegd worden in de o.v.t.- of v.v.t.-conjunctief, zoals bij andere **se**-zinnen, bv. in het heden: **Me lo chiedi come se fosse una cosa facile!** *Je vraagt het me alsof het iets gemakkelijks was [ware]!* en in het verleden: **Parlava fortissimo come se fossimo stati lontani.** *Hij sprak heel luid alsof we veraf [geweest] 'waren'.*

NÈ... NÈ

Het voegwoord **nè** *noch* wordt in een zin altijd dubbel gebruikt, bv. **nè l'una nè l'altro** *(noch) het ene noch het andere,* ook in een ontkennende zin, bv. **Tu non mangi nè l'una nè l'altro.** *Je eet het ene niet en het andere ook niet, evenmin;* **Tu non bevi nè rosso nè bianco.** *Je drinkt geen rode en ook geen witte.*

CULTURELE INFO

Vlinders (**farfalle**) en *veren, 'pennen'* (**penne**) in je bord? Inderdaad, wie vertrouwd is met de Italiaanse keuken weet dat er pasta in allerlei vormen (meer dan 200!) bestaat, met beeldrijke namen al naargelang hun structuur of geschiedenis. Zo zijn er **le orecchiette** *oortjes,* **le linguine** *tongetjes,* **le reginette** *koninginnetjes,* **i cavatappi** *kurkentrekkers,* **le conchiglie** *schelpen,* **le creste di gallo** *hanenkammen,* **le fisarmoniche** *accordeons,* **le lumache** *slakken* en zelfs **gli strozzapreti** *'priesterwurgers'*!

◆ GRAMMATICA
"ALS-ZINNEN" (VERVOLG)

De dialoog in het restaurant bevat drie "als-zinnen". Kijk naar de werkwoordsvormen: tijd en wijs hangen af van hoe groot de kans is dat het hypothetische gerealiseerd wordt, hier voor Roberto of Elena:

Se una recensione consiglia una specialità in particolare, io la prendo sempre.
Roberto zegt gewoon wat hij doet (o.t.t.) wanneer iets zich voordoet (o.t.t.) → reële situatie: *Als een review een specialiteit in het bijzonder aanraadt, neem ik ze altijd.*

Se il giornale consigliasse un piatto che non mi piace, io non lo prenderei!
Elena zegt wat ze niet zou doen (voorw. wijs) wanneer iets mocht gebeuren (o.v.t.-conj.) → mogelijkheid (de krant kan al dan niet zo'n gerecht aanbevelen...): *Als de krant me een gerecht 'aanraadde' dat me niet bevalt, zou ik het niet nemen!*

Se il tuo giornale avesse consigliato un piatto a base di cacciagione, io non avrei di certo seguito il suo consiglio! Elena beschrijft wat ze niet zou gedaan hebben (volt. voorw. wijs) wanneer iets mocht gebeurd zijn (v.v.t.-conj.) → irreële situatie (voorwaarde niet vervuld, uitkomst onmogelijk): *Als jouw krant een gerecht op basis van wild 'had' aangeraden, zou ik zijn raad zeker niet opgevolgd hebben!*

Er zijn dus drie types "als-zinnen":

1. de uitkomst is reëel of zeer waarschijnlijk
het gaat om een gewone veronderstelling, neutraal voorgesteld zonder positie in te nemen betreffende de graad van de uitkomst → indicatief in beide zinsdelen (o.t.t./o.t.t., o.t.t./toek.t. of toek.t./toek.t.)

bijzin	hoofdzin
Se fai presto	**arriverai in tempo.**
o.t.t.-indicatief	toekomende tijd
Als je snel handelt,	*zal je op tijd aankomen.*

2. de uitkomst is mogelijk maar onzeker
de spreker die de hypothese uitdrukt, is niet zeker van de uitvoering ervan → werkwoord in de bijzin in de o.v.t.-conjunctief, dat in de hoofdzin in de voorwaardelijke wijs:

bijzin	hoofdzin
Se facessi presto	**arriveresti in tempo.**
o.v.t.-conjunctief	voorwaardelijke wijs
Als je snel 'handelde',	*zou je op tijd aankomen.*

3. de uitkomst is irreëel of onbereikbaar

• **in het heden**: voor een niet realiseerbare (of ingebeelde) hypothese in het heden of in de toekomst → bijzin in de o.v.t.-conjunctief, hoofdzin in de voorwaardelijke wijs:

bijzin	hoofdzin
Se io fossi in te	**non accetterei la sua proposta.**
o.v.t.-conjunctief	voorwaardelijke wijs
Als ik jou, in jouw plaats 'was',	*zou ik zijn voorstel niet aanvaarden.*

Je bent nooit iemand anders…

• **in het verleden**: voor een niet gerealiseerde hypothese (aan de voorwaarde werd niet voldaan, er was geen uitkomst) → bijzin in de v.v.t.-conjunctief, hoofdzin in de verleden tijd van de voorwaardelijke wijs:

bijzin	hoofdzin
Se avessi fatto presto	**saresti arrivato in tempo.**
v.v.t.-conjunctief	voltooid voorwaardelijke wijs
Als je snel 'had' gehandeld,	*zou je op tijd aangekomen zijn.*

◆ OEFENINGEN

1. VUL AAN MET HET PASSENDE VOORZETSEL OF MET DE PASSENDE SAMENTREKKING VAN VOORZETSEL + LIDWOORD:

a. È molto bravo, lavora .... molta cura (*zorg*).

b. Siamo andati .... un ristorante cinque stelle.

c. Mi piace leggere riviste .... cucina.

d. Ieri hanno guardato un bel film ....televisione.

e. La recensione non diceva niente .... primi di questa trattoria.

f. Avete mai mangiato le penne .... ragù?

g. .... solito, pranzo con un piatto di pasta e nient'altro.

WOORDENSCHAT

l'abolizione *de afschaffing*
l'appetito *de eetlust, trek, honger*
la barbarie *de barbarij, barbaarsheid*
il bicarbonato *het bicarbonaat*
la bottiglia *de fles*
il brodo *de bouillon*
la caccia *de jacht*
la cacciagione *het wild*
calmarsi *kalmeren, bedaren*
il cameriere *de ober, kelner*
la carne *het vlees*
il cinghiale *het everzwijn*
il coltello *het mes* **(i coltelli** mv.*)*
il cucchiaio *de lepel (***i cucchiai** mv.*)*
cucinare *koken, eten klaarmaken*
la curiosità *de nieuwsgierigheid*
digerire *verteren*
la fame *de honger*
il fegato *de lever*
la forchetta *de vork (***le forchette** mv.*)*
gasato/-a *gazeus, koolzuurhoudend*
giudicare *oordelen*
in particolare *in het bijzonder*
la lepre *de haas*
il menù *het menu, de kaart*
minerale *mineraal*
la moda *de mode*
l'occhiata *de blik, oogopslag*
l'oggetto *het voorwerp*
   (gli oggetti mv.*)*
ordinare *bestellen*
l'orrore *de afschuw(elijkheid)*
il piatto *het bord, gerecht*
raccontare *vertellen*
il ragù *de tomaten-vleessaus,* vgl.
   bolognesesaus
la ricetta *het recept*
la rivista *de review*
la sete *de dorst*
il sogno *de droom*
la specialità *de specialiteit*
lo spezzatino *de ragout, stoofpot*
il sugo *de jus, saus*
la trasmissione *de uitzending*
   (le trasmissioni mv.*)*
vegetariano *vegetarisch*
il vino *de wijn*

2. VUL DE ALS-ZINNEN AAN MET DE JUISTE VERVOEGINSVORM VAN DE WERKWOORDEN TUSSEN HAAKJES:

a. Te lo prometto (van promettere *beloven*): se domani lo .... gliene .... di sicuro. (incontrare – parlare)

b. Se io .... in te, ... meno. (essere – lavorare)

c. Se invece di perdere sempre il vostro tempo a giocare voi .... di più, ... ottimi risultati a scuola. (studiare – avere)

d. L'anno scorso, se invece di perdere il vostro tempo a giocare voi .... di più, ... ottimi risultati a scuola. (studiare – avere)

3. VERTAAL DE VOLGENDE ZINNEN:

a. Als ik bij jullie mag komen, zal ik zeker komen.

→ ....

b. Ik heb deze auto gekozen omdat hij me erg bevalt.

→ ....

c. Je beoefent (doet) geen enkele sport, maar je zou moeten.

→ ....

d. Ze beklimmen de bergtop.

→ ....

4. BELUISTER DE OPNAME EN VUL DE ZINNEN AAN:

a. Come .... prendo spaghetti al ragù.

b. Poi come .... uno spezzatino.

c. Ho letto una recensione di questa trattoria su una .... di cucina.

d. Con questo caldo non ho molta fame, ma ho ....

28. WINKELEN

FARE SHOPPING

DOELSTELLINGEN

- WOORDENSCHAT OVER KLEREN EN MODE
- NAAR EEN WINKELCENTRUM GAAN
- MENINGEN TOETSEN EN VOORKEUREN UITSPREKEN

BEGRIPPEN

- HERHALINGSOEFENINGEN

IN HET WINKELCENTRUM

Marco: Ik haat deze afschuwelijke winkelcentra [commerciële centra], waar je onder neonlichten gedurende kilometers (rond)wandelt en je een half salaris uitgeeft aan het kopen (van) nutteloze zaken. Intussen is het buiten mooi weer, staat er een stralende [magnifieke] zon, fluiten [zingen] de vogeltjes in [op] de bomen en zitten wíj hier binnen te stikken.

Elsa: Ach, Marco, wat een brompot! Alleen omdat, een keer in de maand, ik je vraag me te vergezellen om wat te winkelen [inkopen doen]… De mannen van mijn collega's gaan mee [er] zonder al dat gedoe… Laten we met de roltrap [mobiele trappen] naar de 2e verdieping gaan, ik wil de nieuwe collectie van Maletton gaan bekijken, ik vind er altijd heel leuke kleren.

Marco: We zouden ook de lift kunnen nemen: ik ben al een ton tassen en zakjes aan het dragen…

Elsa: Komaan, kom hierlangs mee met mij, knorpot [antipathieke]! Ik wil gewoon deze winkel binnen gaan omdat ik er vorig jaar [van d(i)e] heel kleurrijke zomerjurkjes, lange wat zigeunerachtige rokken en fantasie topjes heb gezien. Kijk, dit lederen jack zou je goed staan [gaan]: vind je het niet leuk?

Marco: Maar stel je voor! De "zwarte leren jekker" zoals James Dean! Zie je me nou rond(lopen) met dat ding aan [op-rug]?

Elsa: Zeker dat ik je ermee zie! Je zou wat minder luguber overkomen [zijn], je lijkt altijd in (de) rouw gekleed…

Marco: Komaan, kijk naar kleren voor jou: jij bent het die je garderobe wil vernieuwen [herdoen], niet ík!

Elsa: Je hebt gelijk. Ik wil deze T-shirts met lange mouwen passen. Waar zijn de paskamers?

Marco: Daar zijn ze, ze zijn ginder achteraan, maar er staat een waanzinnig(lang)e rij!

Elsa: Hoe staat deze me? Vind je niet dat hij te groot 'is' voor mij?

Marco: Ja, misschien is het beter dat je een kleinere maat past, ik ga ze wel voor je halen in de afdeling. Ziezo, deze staat je heel goed, zit perfect. Je bent heel knap zo gekleed.

Elsa: O, wat 'n compliment! Is je slecht humeur [je] voorbij[gegaan] door met mij naar het winkelcentrum te [zijn ge]komen?

Marco: Ja, wel, eigenlijk vind ik het fijn om je gezelschap te houden [maken]. Daarbij, ik beken het je: terwijl ik het T-shirt voor je ging halen, heb ik door het raam gekeken en het is aan het regenen. Wanneer het slecht (weer) is, is het beter binnen [in de geslotenheid zijn]. Misschien zouden ook de vogeltjes, als ze 'konden', graag komen winkelen [shopping doen] als het regent!

30 NEL CENTRO COMMERCIALE

Marco: Odio questi orridi centri commerciali, dove si cammina sotto le luci al neon per chilometri e si spende mezzo stipendio comprando cose inutili.
Intanto fuori fa bel tempo, c'è un sole magnifico, gli uccellini cantano sugli alberi e noi siamo qui dentro a soffocare.

Elsa: Uffa, Marco, che brontolone! Solo perché una volta al mese ti chiedo di accompagnarmi a fare un po' di compere; i mariti delle mie colleghe ci vanno senza fare tutte queste storie… Saliamo con le scale mobili al secondo piano, voglio andare a vedere la nuova collezione di Maletton, ci trovo sempre vestiti carinissimi.

Marco: Potremmo anche prendere l'ascensore: sto già portando una tonnellata di borse e sacchetti…

Elsa: Dai, sali di qua con me, antipatico! Voglio andare in quel negozio proprio perché l'anno scorso ci ho visto dei vestitini estivi coloratissimi, gonne lunghe un po' zingaresche e canottiere fantasia. Guarda, questo giubbotto di pelle ti andrebbe bene: non ti piace?

Marco: Ma figurati! Il "chiodo" alla James Dean! Ma mi ci vedi, in giro con quel "coso" addosso?

Elsa: Certo che ti ci vedo! Saresti un po' meno lugubre, sembri sempre vestito a lutto…

Marco: Dai, guarda i vestiti per te: sei tu che vuoi rifarti il guardaroba, mica io!

Elsa: Hai ragione; voglio provarmi queste magliette a manica lunga. Dove sono le cabine di prova?

Marco: Eccole, sono là in fondo, ma c'è una fila pazzesca!

Elsa: Come mi sta questa? Non trovi che sia troppo grande per me?

Marco: Sì, forse è meglio che provi una taglia più piccola, te la vado a prendere io nel reparto. Ecco, questa ti sta benissimo, è perfetta; sei molto carina vestita così.

Elsa: Uh, che complimento! Ti è passato il malumore per essere venuto con me nel centro commerciale?

Marco: Sì, dai, in fondo mi fa piacere farti compagnia. E poi, te lo confesso: mentre andavo a prenderti la maglietta, ho guardato dalla finestra e sta piovendo. Quando fa brutto, è meglio stare al chiuso. Forse anche gli uccellini, se potessero, verrebbero volentieri a fare shopping, quando piove!

DE DIALOOG BEGRIJPEN

HET TUSSENWERPSEL *DAI*

Dai kwam in de vorige lessen een paar keer voor. In deze laatste les willen we dit tussenwerpsel dan ook even toelichten. Het is de imperatief in de 2e persoon enkelvoud (**tu**) van het werkwoord **dare** *geven* en wordt gebruikt om iemand aan te sporen, uit te nodigen enz. om iets al dan niet te doen: **Dai, non ti arrabbiare!** *Komaan, niet boos worden!* Vermits het een **tu**-vorm is, kan hij alleen in informele situaties gebruikt worden.

IL "COSO", LA ROBA

Il coso is de (foute) vermannelijkte vorm van **la cosa** *de zaak, het ding*. Het wordt in de omgangstaal vaak gebruikt om iets vaags aan te duiden zoals *het ding, spul* of om iets te geringschatten zoals *dinges, je-weet-wel, huppeldepup*. Zo werd in de dialoog de leren jas **un coso…**

Hier had ook **la roba** gekund (zie les 11 en 23): **Che roba è?** *Wat voor een ding is dit?* Dit woord staat altijd in het enkelvoud, dus let erop het erbij horende bijvoeglijk naamwoord en werkwoord ook in het vrouwelijk enkelvoud te zetten.

Noteer ook de uitdrukking **Roba da matti!** *Niet te geloven! Waanzinnig!* (**un matto** *een gek, halvegare*)

CULTURELE INFO

De eerste **centri commerciali** *winkelcentra* verschenen in Italië, net als in andere Europese landen, in het begin van de jaren 1970, aanvankelijk in het noorden. Meestal bestonden ze uit een heel groot warenhuis met errond verschillende kleinere winkels. Pas in de jaren 1980 zag men dergelijke winkelcomplexen verspreid over heel het land opduiken. Tegenwoordig zijn er meer dan 1.000 van, met meer dan 300.000 werknemers. Jaarlijks doen zowat twee miljoen bezoekers er hun inkopen, velen gaan er een paar keer per maand naartoe. Daarnaast zijn er in Italiaanse steden en dorpen uiteraard ook heel wat kleinere winkels en boetieks, familie- en ambachtelijke zaken,…

WOORDENSCHAT

l'**a**lbero *de boom* (**gli a**lberi *mv.*)
camminare *wandelen*
la canottiera *het topje (mouwloos T-shirt)* (le canottiere *mv.*)
cantare *zingen (van vogels: fluiten)*
carino/-a *mooi, knap, leuk enz.*
il chiodo *de spijker, nagel; het 'perfecte' (zwart) leren jack met... klinknagels*
la collezione *de collectie*
colorat**i**ssimo/-a *heel kleurrijk*
le c**o**mpere *de aan-, inkopen*
il complimento *het compliment*
confessare *bekennen, (op)biechten*
est**i**vo/-a *zomer-, zomers*
fantasia *fantasie (met motiefjes)*
il giubbotto *het jack, de jekker*
il guardaroba *de garderobe, kleerkast*
intanto *terwijl*
in**u**tile *nutteloos*
l**u**gubre *luguber, naargeestig*
il lutto *de rouw*
magn**i**fico/-a *magnifiek, prachtig enz.*
il malumore *het slecht humeur*
la m**a**nica *de mouw* (le m**a**niche *mv.*)
il neon *het neon*
odiare *haten, een hekel hebben aan*
orrido/-a *afschuwelijk*
pazzesco/-a *waanzinnig(e)*
la pelle *het leder, vel, de huid*

perfetto/-a *perfect*
pi**o**vere *regenen*
provare *proberen, (aan)passen;* provarsi *(aan)passen*
rifare *her-, vernieuwen*
le scale m**o**bili *de roltrap(pen)*
soffocare *stikken*
il sole *de zon*
la tonnellata *het ton*
l'uccello *de vogel,* gli uccellini *de vogeltjes*
il vestito *het kledingstuk, het kleed, de jurk*
zingaresco/-a *zigeuner-, zigeunerachtig, gipsy*

⬢ OEFENINGEN

1. VUL AAN MET HET PASSENDE VOORZETSEL, TE KIEZEN UIT *A – DI – PER – CON – IN* (ELK VOORZETSEL KAN SLECHTS ÉÉN KEER GEBRUIKT WORDEN):

a. Ho preso il treno .... mezzogiorno.

b. Ho telefonato .... tuo fratello per dirgli di venire da me.

c. I tuoi genitori hanno fatto tanti sacrifici .... te.

d. A quarant'anni, Carlo vive ancora .... sua madre.

e. Siamo vissuti a lungo .... Inghilterra.

2. VUL AAN MET DE PASSENDE SAMENTREKKING VAN VOORZETSEL + LIDWOORD:

a. Siamo entrati .... sua bellissima casa.

b. Siete saliti .... cima della collina.

c. Questo prodotto viene .... Francia.

d. La grammatica .... italiano mi sembra difficile.

e. Mi piace il canto .... uccelli.

3. ZET DE ZINNEN IN HET MEERVOUD:

a. La grande città non può essere silenziosa. → ....

b. La sua mano era grande e forte. → ....

c. Il mio amico sceglie una scuola difficile. → ....

d. Vorrebbe un uovo fresco. → ....

e. Avresti potuto incontrare un compagno simpatico. → ....

f. Affitterà un monolocale spazioso. → ....

🔊 4. BELUISTER DE OPNAME EN SCHRIJF DE GETALLEN IN LETTERS:

a. 14 → ....　　　e. 11 → ....

b. 93 → ....　　　f. 172 → ....

c. 130 → ....　　　g. 888 → ....

d. 84 → ....

5. BELUISTER DE OPNAME EN SCHRIJF DE RANGTELWOORDEN IN LETTERS:

a. 34° → ....
b. 67° → ....
c. 12° → ....
d. 602° → ....
e. 1000° → ....
f. 15° → ....
g. 8° → ....

6. VERTAAL DE VOLGENDE ZINNEN:

a. Volgend jaar zullen mijn ouders de Italiaanse steden gaan bezoeken.
→ ....

b. Hij zou er heen hebben willen [zou hebben gewild] gaan, maar hij heeft niet gekund.
→ ....

c. Mevrouw, u had ons gezegd dat u zou aankomen [zou zijn aangekomen] om 5 uur.
→ ....

d. We moesten vroeg opstaan om bij onze grootouders te gaan.
→ ....

e. Ze zullen je een huurappartement voorstellen.
→ ....

f. Jullie waren een film aan het bekijken toen Carlo jullie heeft gebeld.
→ ....

g. Als ik het hem niet 'had' gevraagd, zou hij het me niet gezegd hebben.
→ ....

h. Toen ik je hoorde praten, heb ik meteen begrepen dat je niet van hier was.
→ ....

i. Neem mijn auto, ga erheen en zeg het hem.
→ ....

7. ZET DE O.V.T.-WERKWOORDSVORMEN IN DE TOEKOMENDE TIJD:

a. facevamo → ....

b. bevevi → ....

c. proponevate → ....

d. sapevo → ....

e. volevano → ....

f. veniva → ....

g. potevamo → ....

8. ZET DE V.T.T.-VERVOEGINGEN IN DE VOORWAARDELIJKE WIJS (TEGENW. TIJD):

a. ho fatto → ....

b. siete rimasti → ....

c. abbiamo visto → ....

d. sono venute → ....

e. ha vissuto → ....

f. hanno tenuto → ....

g. hai dato → ....

9. VUL AAN MET DE JUISTE O.T.T.-CONJUNCTIEFVORM VAN DE WERKWOORDEN TUSSEN HAAKJES:

a. Credo che Luisa .... troppi dolci. (mangiare)

b. Pensate che io .... troppo? (parlare)

c. Spero che Carlo .... con cura. (lavorare)

d. Non è possibile che voi .... a queste storie! (credere)

e. Speriamo che Filippo ci .... presto! (scrivere)

f. Mi sembra che il treno .... alle dodici e trenta. (partire)

g. È meglio che tu non gli .... la porta. (aprire)

10. VUL DE ZINNEN AAN MET DE JUISTE V.T.T.-CONJUNCTIEFVORM:

a. Marta pensa che io non le creda.
 → Marta pensa che ieri io non le ....

b. Sono contento che Lea venga a casa mia.
 → Sono contento che ieri Lea .... a casa mia.

c. Giorgio teme che suo figlio mangi troppi dolci.
 → Giorgio teme che ieri suo figlio .... troppi dolci.

BIJLAGEN

OPLOSSINGEN VAN DE OEFENINGEN

OPMERKING

Op de volgende bladzijden vind je de oplossingen van de oefeningen over de uitspraak en die uit de lessen. De oefeningen waar een opname bijhoort zijn aangeduid met het pictogram 🔊 en het nummer van de track op je audio streaming. Op een track hoor je eerst de dialoog en dan de oefeningen van een les, vandaar dat ze hetzelfde tracknummer hebben.

UITSPRAAK, P. 13

KLANK	[k]	[tsj]	[sj]	[G]	[dzj]
parchi	x				
porci		x			
giardino					x
prosciutto			x		
fischiare	x				
piccolo	x				
lasciare			x		
lanciare		x			
lunghissimo				x	

UITSPRAAK, P. 14
🔊 02

Fir_e_nze – canz_o_ne – Feder_i_co – cant_a_vano – cantav_a_mo – felicit_à_ – m_a_cchina – fant_a_stico – raccont_a_temelo – racc_o_ntamelo

1. ZICH VOORSTELLEN EN MENSEN BEGROETEN

1. a. la **b.** lo **c.** l' **d.** l' **e.** le

2.

Mannelijk enkelvoud	Mannelijk meervoud	Vrouwelijk enkelvoud	Vrouwelijk meervoud
il vicino siciliano	i vicini siciliani	la vicina siciliana	le vicine siciliane
il ragazzo bello	i ragazzi belli	la ragazza bella	le ragazze belle

 03 **3. a.** chiamo **b.** sono – piacere **c.** da **d.** sono **e.** arrivederci **f.** prossima

4. a. sono **b.** siamo **c.** siete **d.** sono – sei **e.** è

2. OVER ZICHZELF PRATEN

1. **a.** una **b.** dei **c.** uno **d.** una **e.** degli **f.** delle
2. **a.** abbiamo **b.** ha **c.** avete **d.** hai
🔊 04 3. **a.** a **b.** accomodati **c.** lavoro **d.** Faccio **e.** Quanti **f.** Ho
4.

Mannelijk enkelvoud	Mannelijk meervoud	Vrouwelijk enkelvoud	Vrouwelijk meervoud
uno scandinavo	degli scandinavi	una scandinava	delle scandinave
un ragazzo bravissimo	dei ragazzi bravissimi	una ragazza bravissima	delle ragazze bravissime

3. DE AANSPREEKVORMEN *TU* EN *LEI*

1. **a.** disturbo **b.** desidera **c.** passano arrivano **d.** desiderate **e.** chiamo **f.** chiami
2.

Mannelijk enkelvoud	Mannelijk meervoud	Vrouwelijk enkelvoud	Vrouwelijk meervoud
l'insegnante canadese	gli insegnanti canadesi	l'insegnante canadese	le insegnanti canadesi
il francese gentile	i francesi gentili	la francese gentile	le francesi gentili

🔊 05 3. **a.** dov'è **b.** Sono – da **c.** bisogno **d.** desidera **e.** da
4. **a.** nella **b.** sulla **c.** dall' **d.** al **e.** colla

261

4. OM INFORMATIE EN UITLEG VRAGEN

1. a. Non abitiamo a Bologna. **b.** Non riflettete un po'. **c.** Non vendono scarpe.
🔊 06   **2. a.** Vuole vedere le scarpe nere? **b.** Hai capito la nostra offerta? **c.** C'è un posto libero vicino a te?
3. a. i prezzi convenienti **b.** le offerte eccezionali **c.** i clienti fortunati
4. a. la cliente siciliana **b.** la commessa gentile **c.** la vicina canadese
5. a. chiudono **b.** vede **c.** rifletto **d.** prendiamo

5. ADMINISTRATIEVE PROCEDURES

1. a. le mie amiche greche **b.** le città ricche **c.** i tuoi amici simpatici
2. a. le studentesse simpatiche **b.** la dottoressa canadese **c.** la principessa siciliana
3. a. preferiamo **b.** parte **c.** capisce **d.** soffri
4. a. mio **b.** le vostre **c.** la sua **d.** la tua
🔊 07   **5. A** come Ancona, **S** come Savona, **S** come Salerno, **I** come Imola, **M** come Milano, **I** come Imola, **L** come Livorno: **ASSIMIL**.

6. MENSEN BESCHRIJVEN

1. a. le tue foto piccole **b.** questi maglioni rossi **c.** quei bei bar **d.** quegli studenti magri **e.** i tuoi cappelli gialli **f.** quelle estati calde
2. a. Questo – quella **b.** Quella **c.** questa **d.** quel
3. a. sta   Sto **b.** vanno **c.** do **d.** faccio
🔊 08   **4. a.** caldo – freddo **b.** spiaggia – mare **c.** sinistra **d.** faccio – vacanza

7. DE DAGELIJKSE ACTIVITEITEN

🔊 09   **1. a.** quattrocentoquattro **b.** novantuno **c.** millenovecentocinquantasette **d.** ventidue **e.** settantatré
2. a. Cenano alle diciannove e trenta (alle sette e mezza). **b.** Ci svegliamo alle sette e un quarto (e quindici). **c.** Faccio la doccia alle nove e venti. **d.** Vado in piscina alle diciassette e trenta (alle cinque e mezza).
3. a. rimango **b.** ci sediamo – beviamo **c.** vuole – può **d.** sa – può **e.** dovete
4. a. che **b.** di **c.** come **d.** che

8. EEN WOONRUIMTE ZOEKEN

🔊 10 **1. a.** quarantaquattresimo **b.** ottocentoquarantacinquesimo **c.** quinto **d.** settantatreesimo **e.** sedicesimo

2. a. molto bella / bellisima **b.** il più caro **c.** la più buona / la migliore **d.** molto piccolo / piccolissimo

3. a. esco **b.** vieni **c.** salgono **d.** dite

🔊 10 **4. a.** stanze – piano **b.** ci – solo **c.** camera – fondo **d.** propongo – condividere

9. AFSPREKEN MET EEN VRIEND

1.

Mannelijk	Vrouwelijk
l'attore famoso	l'attrice famosa
gli scrittori americani	le scrittrici americane
il dottore simpatico	la dottoressa simpatica
i pittori milanesi	le pittrici milanesi

2.

Enkelvoud	Meervoud
l'uovo fresco	le uova fresche
il mio braccio	le mie braccia
il muro della casa	i muri della casa
la nostra mano	le nostre mani

3. a. veniamo **b.** propone **c.** deve **d.** Stiamo

🔊 11 **4. a.** andando **b.** imparando **c.** leggendo **d.** facendo

10. DE WEG VRAGEN

1. a. le **b.** mi **c.** lo **d.** li
2. a. Ho studiato l'italiano per il mio lavoro. **b.** Luisa e Carla sono partite presto per evitare il traffico. **c.** Avete ringraziato il vigile per l'informazione.
🔊 12 **3. a.** ho letto **b.** è stata **c.** avete visto **d.** abbiamo chiesto

11. BOODSCHAPPEN DOEN

1. a. te **b.** voi **c.** loro **d.** lei
2. a. Facevate la spesa al supermercato. **b.** Bevevano solamente acqua. **c.** Non diceva niente. **d.** Eri a Firenze?
3. a. Bevevi. **b.** Mangiavano. **c.** Dicevate. **d.** Prendevamo. **e.** Finivo.

12. NAAR DE DOKTER GAAN

1. a. tieni **b.** Andiamo **c.** venga **d.** sentite **e.** leggere
2. a. Andiamoci. **b.** Prendine tre. **c.** Non farlo. **d.** Fallo.
3. a. Mia sorella è andata/andava in vacanza al mare. **b.** Abbiamo bevuto / Bevevamo caffè per non dormire. **c.** Marco e Luca si sono preoccupati / si preoccupavano troppo. **d.** Hai preso / Prendevi la mia macchina ogni mattina.
🔊 14 **4. a.** medicine **b.** cucchiaio **c.** peggiorare

13. NAAR DE BANK GAAN

1. a. apriremo **b.** firmerà **c.** chiuderà **d.** arriveranno
2. a. potrai **b.** verrò **c.** dovrete **d.** vedremo
3. a. Gli parleremo. **b.** Ci andrete. **c.** Lo firmerà, signore. **d.** Lo dovranno fare.
🔊 15 **4. a.** prelevare **b.** firmare **c.** bolletta

14. EEN KLACHT INDIENEN (BIJ HET POSTKANTOOR)

1. a. Ce l'avete mandato. **b.** Gliela chiedo. **c.** Ve ne parliamo. **d.** Glielo verseranno.
2. a. Sto per fare un lavoro difficile. **b.** Stai per spiegarmi la tua situazione. **c.** Stavamo per arrivare a casa sua. **d.** Stanno per andare a lavorare.
3. a. Non me l'ha detto. **b.** Ce li mettete. **c.** Ve ne hanno parlato. **d.** Glielo compreremo.
4. a. Ce li hanno dati. **b.** Ve le hanno prese. **c.** Glieli hanno letti. **d.** Me l'hanno comprata.

15. HET SOLLICITATIEGESPREK

1. a. parlartene **b.** chiedervela **c.** preparartela **d.** Portateceli.
2. a. A quest'ora dormiranno. **b.** Sarà già arrivata a casa. **c.** Avrai preso il raffreddore. **d.** Non parleranno italiano.
3. a. Diglielo. **b.** Me lo dica. **c.** Dicendotelo... **d.** Dagliela.
4. a. sarò tornato/-a **b.** avremo ricevuto **c.** avranno trovato **d.** avrete finito

16. DEELNEMEN AAN EEN WERKVERGADERING

1. a. Ti spiego il problema per cui sono venuto. **b.** Ti ho portato il libro che mi avevi prestato. **c.** Voglio vedere il lavoro di cui mi avete tanto parlato.
2. a. La mia casa in montagna è stata affittata da turisti francesi. **b.** L'inglese è parlato da molti. **c.** Roma è visitata da turisti di tutto il mondo.
3. a. Questo lavoro va fatto. **b.** Ecco la cosa di cui abbiamo parlato. **c.** Si dorme poco. **d.** È una città da vedere / che va vista.
4. a. è stata scritta **b.** è stata fondata **c.** è stato capito

17. AAN DE TELEFOON

🔊 19 **1. a.** A che ora arriva l'autobus? **b.** Che cosa volete mangiare? **c.** Quali sono le tue città preferite?
2. a. Per fare questo lavoro, ci vuole la macchina. **b.** Ci vorranno molte ore. **c.** Con quel freddo, ci voleva il maglione.
3. a. Ci vogliono delle scarpe. **b.** Ci vorrà un anno. **c.** Con quanti amici venite? **d.** Che bella città!
🔊 19 **4. a.** Pronto **b.** sono **c.** chiamata **d.** riattacco

18. INFORMATICA EN INTERNET

1. a. quello che **b.** quella che **c.** quelli che
2. a. Esco solo con chi mi è simpatico. **b.** Chi è andato in quella scuola parla bene italiano. **c.** Chi non ha diciotto anni non può guidare la macchina.
3. a. Vorremmo. **b.** Sarebbero. **c.** Avreste. **d.** Sapresti.
4. a. Mi piacerebbe andare in Italia. **b.** Mi potrebbe dire che ore sono? **c.** Potremmo arrivare un po' più tardi?

19. EEN E-MAIL SCHRIJVEN

1. a. Con il mio operatore queste cose non sarebbero successe. **b.** In treno avremmo viaggiato molto più comodi. **c.** Carla avrebbe preferito andarci lunedì. **d.** Carla ci sarebbe andata più volentieri lunedì.
2. a. stranamente **b.** professionalmente **c.** solitamente **d.** fortunatamente
3. a. Avremmo voluto. **b.** Sarebbero state. **c.** Avrebbe potuto. **d.** Sareste venute.
4. a. lentissimamente **b.** fortissimo **c.** pianissimo **d.** tardissimo
🔊21 **5. a.** campo **b.** connette **c.** successo **d.** regalato

20. PRAKTISCHE INSTRUCTIES GEVEN

1. a. lavato **b.** viaggiato **c.** dimenticati **d.** messa
2. a. ha saputo **b.** ha dovuto **c.** siamo potuti **d.** è saputa
3. a. Si sono messi le scarpe. **b.** Si sono lavate i denti. **c.** Ci siamo dimenticati il nostro appuntamento. **d.** Si è ricordata di te.
🔊22 **4. a.** allarme **b.** codice **c.** tastiera

21. EEN HOTELKAMER BOEKEN

1. a. c'era **b.** c'è **c.** ci sono **d.** ci sarebbe
2. a. tengo **b.** sceglie **c.** piace **d.** valgono
3. a. Sceglie. **b.** Abbiamo scelto. **c.** Non mi piaceva il mare. **d.** Non ci tengono.
🔊23 **4. a.** prenotare **b.** sono **c.** matrimoniale **d.** vista

22. IN HET STATION EN OP DE LUCHTHAVEN

1. a. venga **b.** mangiate **c.** perda **d.** prendano

2. a. Spero che tu vada al mare. **b.** Credo che voi siate inglesi. **c.** Mi fa piacere che voi veniate a Milano. **d.** Non so a che ora voi finiate di lavorare.

3. a. verrò **b.** avrai aperto **c.** sono state **d.** scelga

🔊 24 **4. a.** decollo **b.** sportello **c.** binario **d.** volo

23. SPORT EN VRIJE TIJD

1. a. Mi dispiace che tu non sia venuto da noi. **b.** Ci sembra che voi abbiate mangiato troppo. **c.** Spero che lei non abbia perso il treno. **d.** Credo che Carla e Paolo abbiano preso l'aereo delle quattordici.

2. a. Spero che tu sia andato a lavorare. **b.** Credo che voi abbiate fatto un buon acquisto. **c.** Mi fa piacere che voi siate venuti a Milano. **d.** Mi sembra che loro abbiano mangiato troppo.

3. a. hanno tolto **b.** posso **c.** spengo **d.** produrrà

🔊 25 **4. a.** paio **b.** palestra **c.** invernali

24. BIOSCOOP EN THEATER

1. a. che veniste da me. **b.** che tu fossi arrivata così presto. **c.** che foste stati molto chiari. **d.** che dicessero la verità.

2. a. Speravo che tu fossi andato a lavorare. **b.** Credevo che voi aveste fatto un buon acquisto. **c.** Mi faceva piacere che voi foste venute a Milano. **d.** Mi sembrava che loro avessero mangiato troppo.

3. a. Faranno. **b.** Sceglieresti. **c.** Facciamo. **d.** Vedrete. **e.** Vedreste.

🔊 26 **4. a.** entrambi **b.** autore **c.** idea **d.** regista

25. EEN UITSTAP ONDER VRIENDEN ORGANISEREN

1. a. A **b.** con **c.** in **d.** alle **e.** in **f.** dall' **g.** da **h.** da **i.** tra

2. a. che avremmo fatto una gita insieme. **b.** che sarebbe andato a Napoli. **c.** che sarebbero partiti per l'America. **d.** che avrebbe studiato all'estero.

🔊 27 **3. a.** cima **b.** scorciatoia **c.** andata

26. EEN KUNSTTENTOONSTELLING BEZOEKEN

1. a. in **b.** a **c.** da **d.** al
2. a. passiamo **b.** potranno **c.** fossi **d.** avessimo visto
3. a. Se vuoi parlarmi, vengo da te. **b.** Se l'avessi saputo, non sarei venuto. **c.** Se andrete in Francia l'anno prossimo, verremo con voi. **d.** Se tu fossi qui, potremmo parlarne.
4. a. risponderò **b.** avrei risposto **c.** avreste visto **d.** verremmo
🔊 28 **5. a.** persi **b.** peccato **c.** figurativa **d.** distraggo

27. IN HET RESTAURANT

1. a. con **b.** in **c.** di **d.** alla **e.** sui **f.** al **g.** Di
2. a. incontro – parlo **b.** fossi –lavorerei **c.** studiaste – avreste **d.** aveste studiato – avreste avuto
3. a. Se potrò venire da voi, verrò di sicuro. **b.** Ho scelto questa macchina perché mi piace molto. **c.** Non fai nessuno sport, ma dovresti. **d.** Salgono sulla cima della montagna.
🔊 29 **4. a.** primo **b.** secondo **c.** rivista **d.** sete

28. WINKELEN

1. a. di **b.** a **c.** per **d.** con **e.** in
2. a. nella **b.** sulla **c.** dalla **d.** dell' **e.** degli
3. a. Le grandi città non possono essere silenziose. **b.** Le sue mani erano grandi e forti. **c.** I miei amici scelgono scuole difficili. **d.** Vorrebbero uova fresche. **e.** Avreste potuto incontrare compagni simpatici. **f.** Affitteranno monolocali spaziosi.
🔊 30 **4. a.** quattordici **b.** novantatré **c.** centotrenta **d.** ottantaquattro **e.** undici **f.** centosettantadue **g.** ottocentoottantotto
🔊 30 **5. a.** trentaquattresimo **b.** sessantasettesimo **c.** dodicesimo **d.** seicentoduesimo **e.** millesimo **f.** quindicesimo **g.** ottavo
6. a. L'anno prossimo i miei genitori andranno a visitare le città italiane. **b.** Avrebbe voluto andarci, ma non ha potuto **c.** Signora, ci aveva detto che sarebbe arrivata alle cinque. **d.** Dovevamo alzarci presto per andare dai nostri nonni. **e.** Ti proporranno un appartamento in affitto. **f.** Stavate guardando un film, quando Carlo vi ha

chiamati. **g.** Se io non gliel'avessi chiesto, non me l'avrebbe detto. **h.** Sentendoti parlare, ho capito subito che non eri di qui. **i.** Prendi la mia macchina, vacci e diglielo.
7. a. faremo **b.** berrai **c.** proporrete **d.** saprò **e.** vorranno **f.** verrà **g.** potremo
8. a. farei **b.** rimarreste **c.** vedremmo **d.** verrebbero **e.** vivrebbe **f.** terrebbero **g.** daresti
9. a. mangi **b.** parli **c.** lavori **d.** crediate **e.** scriva **f.** parta **g.** apra
10. a. abbia creduto **b.** sia venuta **c.** abbia mangiato

GRAMMATICALE BIJLAGE

◆ UITSPRAAK

Het Italiaans alfabet bevat 21 letters:

Letter	Uitspraak	Mogelijke referentie-woorden bij het spellen
A	[a]	Ancona
B	[bi]	Bologna Bari
C	[tsji]	Como
D	[di]	Domodossola
E	[ee]	Empoli
F	[èffè]	Firenze
G	[dzji]	Genova
H	[akka]	hotel
I	[i]	Imola Imperia
L	[èllè]	Livorno
M	[èmmè]	Milano
N	[ènnè]	Napoli
O	[o]	Otranto
P	[pi]	Palermo Padova
Q	[koe]	Quarto
R	[èrrè]	Roma
S	[èssè]	Savona Salerno
T	[ti]	Torino Taranto
U	[oe]	Udine
V	[vi/voe]	Venezia
Z	[dzeta]	Zara

De letters **j, k, w, x, y** behoren niet standaard tot het Italiaans alfabet. Als ze al gebruikt worden, dan is dat in leenwoorden. Hun naam bij het spellen: **i lunga** (j), **cappa** (k), **vu doppia** (w), **ics** (x), **ipsilon** of **i greca** (y).

OPMERKING

In deze bijlage geven we een overzicht van de belangrijkste grammmaticale elementen en werkwoordsvormen uit deze cursus. Meer uitleg en voorbeelden zijn terug te vinden in de lessen waarnaar we verwijzen.

◆ GRAMMATICA

BEPAALD LIDWOORD (LES 1)

	MANNELIJK			VROUWELIJK	
	Voor een medeklinker (behalve **s** + medeklinker, **gn, ps, z**)	Voor **s** + medeklinker, **gn, ps, z**	Voor een klinker	Voor een medeklinker	Voor een klinker
ENKELVOUD	**il** **il** mio autobus	**lo** **lo** studente	**l'** **l'**autobus	**la** **la** vicina	**l'** **l'**amica
MEERVOUD	**i** **i** miei	**gli** **gli** studenti, **gli** autobus		**le** **le** vicine, **le** amiche	

ONBEPAALD LIDWOORD (LES 2)

	MANNELIJK		VROUWELIJK	
	Voor een medeklinker (behalve **s** + medeklinker, **gn, ps, z**) of voor een klinker	Voor **s** + medeklinker, **gn, ps, z**	Voor een medeklinker	Voor een klinker
ENKELVOUD	**un** **un** posto **un** amico	**uno** **uno** studente	**una** **una** studentessa	**un'** **un'**amica
	Voor een medeklinker (behalve **s** + medeklinker, **gn, ps, z**)	Voor **s** + medeklinker, **gn, ps, z** of voor een klinker	Voor een medeklinker of een klinker	
MEERVOUD	**dei** **dei** colleghi	**degli** **degli** studenti, **degli** amici	**delle** **delle** ottime scuole, **delle** amiche	

SAMENTREKKING VAN VOORZETSEL EN BEPAALD LIDWOORD (LES 3)

	il	lo	l'	la	i	gli	le
a	al	allo	all'	alla	ai	agli	alle
di	del	dello	dell'	della	dei	degli	delle
da	dal	dallo	dall'	dalla	dai	dagli	dalle
in	nel	nello	nell'	nella	nei	negli	nelle
con	col	collo	coll'	colla	coi	cogli	colle
su	sul	sullo	sull'	sulla	sui	sugli	sulle

NAAMWOORDEN OP *-O/-A* EN HUN MEERVOUD (LES 1)

	MANNELIJK	VROUWELIJK
ENKELVOUD	-o il silician**o** bell**o**	-a la silician**a** bell**a**
MEERVOUD	-i i silician**i** bell**i**	-e le silician**e** bell**e**

NAAMWOORDEN OP *-E* EN HUN MEERVOUD (LES 3)

	MANNELIJK	VROUWELIJK
ENKELVOUD	-e il canades**e** gentil**e**	-e la canades**e** gentil**e**
MEERVOUD	-i i canades**i** gentil**i**	-i le canades**i** gentil**i**

ZELFSTANDIGE NAAMWOORDEN MET DEZELFDE VORM IN HET ENKELVOUD EN IN HET MEERVOUD

Sommige zelfstandige naamwoorden hebben dezelfde vorm in het enkelvoud en in het meervoud: leenwoorden (**lo sport** *sport* → **gli sport**), naamwoorden met beklemtoonde eindlettergreep (**la città** *stad* → **le città**), eenlettergrepige naamwoorden (**il re** *koning* → **i re**), verkorte naamwoorden (**il cinema** *bioscoop* → **i cinema**) en naamwoorden op **-i** (**l'analisi** *analyse* → **le analisi**).

ZELFSTANDIGE NAAMWOORDEN MET EEN BIJZONDERE MEERVOUDS- OF VROUWELIJKE VORM

• Sommige mannelijke naamwoorden op **-o** worden in het meervoud vrouwelijk met de uitgang **-a**, bv. **l'uovo** *ei* (m. ev.) → **le uova** (v. mv.), **il paio** *paar* → **le paia**.

• Sommige naamwoorden eindigen zowel in de mannelijke als vrouwelijke vorm enkelvoud op **-a**, bv. **il/la giornalista** *journalist/-e*, **il/la collega** *collega*, maar het genderonderscheid blijft behouden in het meervoud: **i giornalisti / le giornaliste**.

• Bij sommige naamwoorden is de vrouwelijke uitgang **-essa**: bepaalde beroepsnamen (bv. **lo studente** *student* → **la studentessa**, **il dottore** *dokter* → **la dottoressa**), bepaalde dieren (bv. **il leone** *leeuw* → **la leonessa**), bepaalde adellijke titels (bv. **il conte** *graaf* → **la contessa**).

• Bij sommige naamwoorden is de vrouwelijke uitgang **-trice**: veel beroepsnamen zoals **attore** *acteur* → **attrice**, **pittore** *schilder* → **pittrice**.

• Onthoud ook dat **la mano** *hand* vrouwelijk is, ondanks de **-o**, met als meervoud **le mani**.

COMPARATIEF (LES 7)

• Bij het vergelijken van zelfstandige naamwoorden of voornaamwoorden wordt de vergrotende/verkleinende trap gevormd met **più/meno ... di** (of de samengetrokken vorm van het voorzetsel **di** + bepaald lidwoord) *meer/minder ... dan*: **Il pantalone è più lungo della gonna.** *De broek is langer dan de rok.*

• Om bijvoeglijke naamwoorden, bijwoorden of werkwoorden te vergelijken of wanneer voor de comparatief een voorzetsel staat of wanneer die een hoeveelheid aanduidt, wordt voor ons *dan* **che** gebruikt: **A Milano fa meno caldo che a Roma.** *In Milaan is het minder warm dan in Rome.*

• Bij gelijkheid volstaat het om voor het tweede element van de vergelijking **come** (of **quanto**) te zetten: **Gennaio è freddo come febbraio.** *Januari is even koud als februari.*

SUPERLATIEF (LES 8)

• De relatieve superlatief wordt gevormd met **il/la/i/le più/meno...** (**di**) *de/het ... (van)*: **il grattacielo più alto (della città)** *de hoogste wolkenkrabber (van de stad)*.

• De absolute superlatief kan op twee manieren gevormd worden:
- met het bijwoord **molto** voor een bijvoeglijk naamwoord of ander bijwoord: **Molto bene!** *Heel goed!.*
- met het suffix **-issimo**:
een bijvoeglijk naamwoord krijgt het suffix **-issimo/-issima/-issimi/-issime** i.p.v. **-o/-a/-i/-e**, bv. **una piccolissima cucina** *een heel kleine, piepkleine keuken* in een bijwoord, bv. **Bene** → **Benissimo!** *Heel goed, keigoed!*

BIJZONDERE COMPARATIEF- EN SUPERLATIEFVORMEN (LES 8)

BIJVOEGLIJK NAAMWOORD	COMPARATIEF	ABSOLUTE SUPERLATIEF
buono *goed*	**migliore** *beter*	**ottimo** *uitstekend, heerlijk,...*
cattivo *slecht*	**peggiore** *slechter*	**pessimo** *erg slecht, vreselijk,...*
grande *groot*	**maggiore** *groter*	**massimo** *maximum, uiterst,...*
piccolo *klein*	**minore** *kleiner*	**minimo** *minimum, kleinst,...*

BIJWOORD	COMPARATIEF	SUPERLATIEF
bene *goed*	**meglio** *beter*	**ottimamente, molto bene** *optimaal, heel goed*
male *slecht, erg*	**peggio** *slechter, erger*	**pessimamente, molto male** *vreselijk, heel slecht*

BEZITSVORM (LES 5)

	mannelijk enkelvoud	vrouwelijk enkelvoud	mannelijk meervoud	vrouwelijk meervoud
mijn de/het mijne	**il mio**	**la mia**	**i miei**	**le mie**
jouw de/het jouwe	**il tuo**	**la tua**	**i tuoi**	**le tue**
zijn/haar / uw (ev.) de/het zijne/hare/ uwe	**il suo**	**la sua**	**i suoi**	**le sue**
ons, onze de/het onze	**il nostro**	**la nostra**	**i nostri**	**le nostre**
jullie die/dat van jullie	**il vostro**	**la vostra**	**i vostri**	**le vostre**
hun / uw (mv.) de/het hunne/uwe	**il loro**	**la loro**	**i loro**	**le loro**

AANWIJZENDE VOORNAAMWOORDEN (LES 6)

- **Questo** verwijst naar iets/iemand in de nabijheid van de aangesprokene (*deze, dit*),
- **quello** verwijst naar iets/iemand verwijderd van de aangesprokene (*die, dat*).

Ze kunnen zowel zelfstandig als bijvoeglijk gebruikt worden en verschillende vormen aannemen:

- **questo** neemt de uitgangen aan van naamwoorden (**-o/-a/-i/-e**),
- **quello** houdt bovendien bij bijvoeglijk gebruik rekening met de beginletter van het zelfstandig naamwoord dat erop volgt:

	MANNELIJK			VROUWELIJK	
	voor een medeklinker (behalve **s** + medeklinker, **gn, ps**)	voor **s** + medeklinker, **gn, ps**	voor een klinker	voor een medeklinker	voor een klinker
ENKELVOUD	**quel** **quel** cappello *die hoed*	**quello** **quello** studente *die student*	**quell'** **quell'**amico *die vriend*	**quella** **quella** foto *die foto*	**quell'** **quell'**amica *die vriendin*
MEERVOUD	**quei** **quei** cappelli	**quegli** **quegli** studenti **quegli** amici		**quelle** **quelle** foto **quelle** amiche	

PERSOONLIJKE VOORNAAMWOORDEN ALS LIJDEND/ MEEWERKEND VOORWERP (LES 10)

Onderwerp	Lijdend voorwerp	Meewerkend voorwerp
io *ik*	mi	mi
tu *jij*	ti	ti
lui *hij*, **lei** *zij*, *u* (ev.)	**lo** (m.), **la** (v. en beleefdheidsvorm)*	**gli** (m.), **le** (v. en beleefdheidsvorm)
noi *wij*	ci	ci
voi *jullie*	vi	vi
loro *zij*, *u* (mv.)	**li** (m.), **le** (v.)	gli

* **lo** en **la** kunnen **l'** worden voor een klinker of **h**

Let op: de beleefdheidsvorm *u* (ev.) staat in het Italiaans in de 3e persoon enkelvoud
→ **lei** (onderwerp), **la** (lijdend voorwerp), **le** (meewerkend voorwerp) .

BEKLEMTOONDE PERSOONLIJKE VOORNAAMWOORDEN ALS LIJDEND/MEEWERKEND VOORWERP (LES 11)

Onderwerp	Lijdend/Meewerkend voorwerp in beklemtoonde vorm
io	me
tu	te
lui, lei	**lui** (m.), **lei** (v. en beleefdheidsvorm)
noi	noi
voi	voi
loro	**loro** (m. en v.)

GEGROEPEERDE PERSOONLIJKE VOORNAAMWOORDEN ALS LIJDEND/MEEWERKEND VOORWERP (LES 14)

Meewerkend voorwerp	Lijdend voorwerp				
	lo	la	li	le	ne
mi	me lo	me la	me li	me le	me ne
ti	te lo	te la	te li	te le	te ne
gli, le	glielo	gliela	glieli	gliele	gliene
ci	ce lo	ce la	ce li	ce le	ce ne
vi	ve lo	ve la	ve li	ve le	ve ne
gli	glielo	gliela	glieli	gliele	gliene

BETREKKELIJKE VOORNAAMWOORDEN (LES 16)

OMGANGSTAAL	FORMELE TAAL
che	il quale (m. ev.)
cui (na een voorzetsel)	la quale (v. ev.) i quali (m. mv.) le quali (v. mv.) eventueel na een voorzetsel dat dan samengetrokken wordt met het bepaald lidwoord

BELANGRIJKE VOORZETSELS

a	di	da	in
Richting van een beweging: **Vado a Roma, a lezione, a letto**. *Ik ga naar Rome, naar de les, naar bed.* **A più tardi**. *Tot later.* Tijdstip, *om* **A che ora? Alle otto**. *Hoe laat? Om 8 u.*	Bezit: **la macchina di Giulia** *de auto van Giulia*	Oorsprong, afstand: **Vengo da Milano**. *Ik kom van/uit Milaan.* **Abito a tre chilometri da Milano**. *Ik woon 3 km van Milaan vandaan.* **Siamo lontani da Torino?** *Zijn we ver van Turijn (vandaan)?*	Plaats: **Abito in Italia**. *Ik woon in Italië.* **nella città, in centro, in via della Luna** *in de stad, in het centrum, in de Maanstraat*
Locatie, vnl. stad: **Abito a Roma**. *Ik woon in Rome.*	Omschrijving: **un libro di storia** *een boek over geschiedenis, geschiedenisboek*	Inleiden van wie/wat handelt: **È stato visto da tutti**. *Hij is/werd door iedereen gezien.*	Duurtijd van een actie: **L'ho fatto in due ore**. *Ik heb het in twee uur, er twee uur over gedaan.*
Concreter situeren: **vicino a** *dichtbij* **davanti a** *voor, aan de voorzijde van* **di fronte a** *tegenover, aan de overkant van* **in mezzo a** *in het midden van* **intorno a** *om(heen), rondom* **di fianco a** *langs(heen)*	Inhoud, hoeveelheid: **una tazza di caffè** *een kop(je) koffie*	Bestemd, bedoeld voor: **una tazza da caffè** *een koffiekop(je)*	Aantal: **Veniamo in due**. *We komen met twee.*
	Na bijwoorden: **prima di** *voor, alvorens* **invece di** *in plaats van*	sinds, al **Ti aspetto da due ore**. *Ik wacht al twee uur op je.*	
	In uitdrukkingen: **Credo di no**. *Ik geloof van niet.* **Dico di sì**. *Ik zeg ja.*	bij (iemand thuis) **Vieni a mangiare da noi?** *Kom je bij ons eten?*	Middel: **Sono venuta in treno**. *Ik ben per trein, met de trein gekomen.*
aan **Grazie a te**. *Dank aan jou.*	In tijdsuitdrukkingen: **di giorno, di sera, di domenica** *overdag, 's avonds, op zondag*	Doel van een actie: **È una cosa da fare**. *Het is iets wat gedaan moet worden, te doen iets.*	

con	su	per	tra, fra
met **Abito con Paolo.** *Ik woon (samen) met Paolo.* **Lavora con cura.** *Hij werkt met zorg.*	Plaats: **sul tavolo** *op de tafel* **una città sul mare** *een stad bij de, aan zee* **sul giornale** *in de krant*	Oorzaak en doel: **Sono tornato a casa per il gran freddo.** *Ik ben naar huis teruggekeerd wegens de barre koude.* **Sono venuto per questo.** *Ik ben hiervoor gekomen.*	*tussen*: **fra me e te** *tussen jou en mij*
Middel, manier: **Sono arrivata con il treno delle due e mezzo.** *Ik ben aangekomen met de trein van 2u30.*	over (m.b.t.): **un film sulla sua vita** *een film over zijn leven*	Bestemming: **Ho preso il treno per Roma.** *Ik heb de trein naar Rome genomen.*	*onder* leden van: **fra noi tutti** *onder ons allen*
		Beweging binnen een zone: **Passeggiamo per la città.** *We wandelen door de stad.*	*over* (na een tijd): **Vengo tra due ore.** *Ik kom over twee uur.*

VERVOEGING

HET WERKWOORD *ESSERE* (ZIJN)

	o.t.t. indicatief	o.v.t. indicatief	imperatief
(io)	sono	ero	
(tu)	sei	eri	sii
(lui,lei)	è	era	sia
(noi)	siamo	eravamo	siamo
(voi)	siete	eravate	siate
(loro)	sono	erano	siano

toek.t.	voorwaarde- lijke wijs	o.t.t. conjunctief	o.v.t. conjunctief
sarò	sarei	sia	fossi
sarai	saresti	sia	fossi
sarà	sarebbe	sia	fosse
saremo	saremmo	siamo	fossimo
sarete	sareste	siate	foste
saranno	sarebbero	siano	fossero

voltooid deelwoord **stato**

v.t.t.-indicatief **sono stato** enz. (les 10)

v.v.t.-indicatief **ero stato** enz.

volt. toek. tijd **sarò stato** enz. (les 15)

volt. voorw. wijs **sarei stato** enz. (les 19)

v.t.t.-conjunctief **sia stato** (les 23)

C'È EN CI SONO

o.t.t. indicatief	v.t.t. indicatief	o.v.t. indicatief	toek.t.
c'è *er is*	**c'è stato/-a** *er is geweest*	**c'era** *er was*	**ci sarà** *er zal zijn*
ci sono *er zijn*	**ci sono stati/-e** *er zijn geweest*	**c'erano** *er waren*	**ci saranno** *er zullen zijn*

volt.toek.t.	voorwaardelijke wijs	volt. voorwaardelijke wijs
ci sarà stato/-a *er zal geweest zijn*	**ci sarebbe** *er zou zijn*	**ci sarebbe stato/-a** *er zou geweest zijn*
ci saranno stati/-e *er zullen geweest zijn*	**ci sarebbero** *er zouden zijn*	**ci sarebbero stati/-e** *er zouden geweest zijn*

HET WERKWOORD *AVERE* (HEBBEN)

	o.t.t. indicatief	o.v.t. indicatief	imperatief	toek.t.
(io)	**ho**	avevo		**avrò**
(tu)	**hai**	avevi	**abbi**	**avrai**
(lui,lei)	**ha**	aveva	**abbia**	**avrà**
(noi)	**abbiamo**	avevamo	**abbiamo**	**avremo**
(voi)	**avete**	avevate	**abbiate**	**avrete**
(loro)	**hanno** av̱evano	**abbiano**	**avranno**

voorw. wijs	o.t.t. conjunctief	o.v.t. conjunctief
avr**ei**	**abbia**	avessi
avr**esti**	**abbia**	avessi
avr**ebbe**	**abbia**	avesse
avr**emmo**	**abbiamo**	av̱essimo
avr**este**	**abbiate**	aveste
avr**ebbero**	**abbiano**	av̱essero

voltooid deelwoord **avuto**

v.t.t.-indicatief **ho avuto** enz. (les 10)

v.v.t.-indicatief **avevo avuto** enz.

volt. toek. t. **avrò avuto** enz. (les 15)

volt. voorw. wijs **avrei avuto** enz. (les 19)

v.t.t.-conjunctief **abbia avuto** enz. (les 23)

REGELMATIGE WERKWOORDEN OP -ARE (1E GROEP): PARLARE (PRATEN, SPREKEN)

o.t.t. indicatief	o.v.t. indicatief	imperatief	toek.t.
parlo	parlavo		parlerò
parli	parlavi	parla	parlerai
parla	parlava	parli	parlerà
parliamo	parlavamo	parliamo	parleremo
parlate	parlavate	parlate	parlerete
parlano	parlavano	parlino	parleranno

voorw. wijs	o.t.t. conjunctief	o.v.t. conjunctief
parlerei	parli	parlassi
parleresti	parli	parlassi
parlerebbe	parli	parlasse
parleremmo	parliamo	parlassimo
parlereste	parliate	parlaste
parlerebbero	parlino	parlassero

voltooid deelwoord **parl**a*to*

v.t.t.-indicatief **ho parlato** enz. (les 10)

v.v.t.-indicatief **avevo parlato** enz.

volt. toek. t. **avrò parlato** enz. (les 15)

volt. voorw. wijs **avrei parlato** enz. (les 19)

v.t.t.-conjunctief **abbia parlato** enz. (les 23)

REGELMATIGE WERKWOORDEN OP -*ERE* (2E GROEP): *VENDERE* (VERKOPEN)

o.t.t. indicatief	o.v.t. indicatief	imperatief	toek.t.
vend**o**	vend**evo**		vend**erò**
vend**i**	vend**evi**	vend**i**	vend**erai**
vend**e**	vend**eva**	vend**a**	vend**erà**
vend**iamo**	vend**evamo**	vend**iamo**	vend**eremo**
vend**ete**	vend**evate**	vend**ete**	vend**erete**
v**e**nd**ono**	vend**evano**	v**e**nd**ano**	vend**eranno**

voorw. wijs	o.t.t. conjunctief	o.v.t. conjunctief
vend**erei**	vend**a**	vend**essi**
vend**eresti**	vend**a**	vend**essi**
vend**erebbe**	vend**a**	vend**esse**
vend**eremmo**	vend**iamo**	vend**essimo**
vend**ereste**	vend**iate**	vend**este**
vend**er**e**bbero**	v**e**nd**ano**	vend**essero**

voltooid deelwoord **venduto**
v.t.t.-indicatief **ho venduto** enz. (les 10)
v.v.t.-indicatief **avevo venduto** enz.
volt. toek. t. **avrò venduto** enz. (les 15)
volt. voorw. wijs **avrei venduto** enz. (les 19)
v.t.t.-conjunctief **abbia venduto** enz. (les 23)

REGELMATIGE WERKWOORDEN OP -IRE (3E GROEP): PARTIRE (VERTREKKEN) EN CAPIRE (VERSTAAN, BEGRIJPEN)

o.t.t. indicatief		o.v.t. (zelfde model)	imperatief	
parto	capisco	capivo		
parti	capisci	capivi	parti	capisci
parte	capisce	capiva	parta	capisca
partiamo	capiamo	capivamo	partiamo	capiamo
partite	capite	capivate	partite	capite
partono	capiscono	capivano	partano	capiscano

toek.t. (zelfde model)	voorw. wijs (zelfde model)	o.t.t. conjunctief		o.v.t. conjunctief (zelfde model)
capirò	capirei	parta	capisca	capissi
capirai	capiresti	parta	capisca	capissi
capirà	capirebbe	parta	capisca	capisse
capiremo	capiremmo	partiamo	capiamo	capissimo
capirete	capireste	partiate	capiate	capiste
capiranno	capirebbero	partano	capiscano	capissero

voltooid deelwoord: **partito**
v.t.t.-indicatief **sono partito** enz. (les 10), v.v.t.-indicatief **ero partito** enz.,
volt. toek. t. **sarò partito** enz. (les 15), volt. voorw. wijs **sarei partito** enz. (les 19),
v.t.t.-conjunctief **sia partito** enz. (les 23)

voltooid deelwoord **capito**
v.t.t.-indicatief **ho capito** enz. (les 10), v.v.t.-indicatief **avevo capito** enz.,
volt. toek. t. **avrò capito** enz. (les 15), volt. voorw. wijs **avrei capito** enz. (les 19),
v.t.t.-conjuctief **abbia capito** (les 23)

Voor de onregelmatige werkwoorden in andere tijden dan de o.t.t.-indicatief vermelden we alleen de afwijkende vormen (dus met afwijkende uitgang of niet vertrekkend van de stam in de infinitief).

BELANGRIJKE ONREGELMATIGE WERKWOORDEN OP -ARE

ANDARE *gaan*	**DARE** *geven*	**FARE** *doen, maken*	**STARE** *zijn, zich bevinden*
O.T.T.-INDICATIEF			
vado vai va andiamo andate vanno	do dai dà diamo date danno	faccio fai fa facciamo fate fanno	sto stai sta stiamo state stanno
imperatief **va'** toek.t. **andrò** enz. voorw. wijs **andrei** enz. o.t.t.-conjunctief **vada** enz.	imperatief **da'** toek.t. **darò** enz. voorw. wijs **darei** enz. o.t.t.-conjunctief **dia** enz.	voltooid deelwoord **fatto** imperatief **fa'** o.v.t.-indicatief **facevo** enz. toek.t. **farò** enz. voorw. wijs **farei** enz. o.t.t.-conjunctief **faccia** enz. o.v.t.-conjunctief **facessi** enz.	imperatief **sta'** toek.t. **starò** enz. voorw. wijs **starei** enz. o.t.t.-conjunctief **stia** enz.

BELANGRIJKE ONREGELMATIGE WERKWOORDEN OP -*ERE*

BERE *drinken*	**DOVERE** *moeten*	**POTERE** *kunnen, mogen*	**SAPERE** *weten, kennen*	**VOLERE** *willen*	**PROPORRE** *voorstellen*
O.T.T.-INDICATIEF					
bevo bevi beve beviamo bevete bevono	devo devi deve dobbiamo dovete devono	posso puoi può possiamo potete possono	so sai sa sappiamo sapete sanno	voglio vuoi vuole vogliamo volete vogliono	propongo proponi propone proponiamo proponete propongono
voltooid deelwoord **bevuto**, o.v.t.-indicatief **bevevo** enz., toek.t. **berrò** enz., voorw. wijs **berrei** enz., o.t.t.-conjunctief **beva** enz., o.v.t.-conjunctief **bevessi** enz.	toek.t. **dovrò** enz. voorw. wijs **dovrei** enz. o.t.t.-conjunctief **debba** enz.	toek.t. **potrò** enz. voorw. wijs **potrei** enz. o.t.t.-conjunctief **possa** enz.	imperatief **sappi** toek.t. **saprò** enz. voorw. wijs **saprei** enz. o.t.t.-conjunctief **sappia** enz.	toek.t. **vorrò** enz. voorw. wijs **vorrei** enz. o.t.t-conjunctief **voglia** enz.	voltooid deelwoord **proposto**, toek.t. **proporrò** enz., voorw. wijs **proporrei** enz. o.t.t-conjunctief **proponga** enz.

PIACERE *bevallen, graag ..., leuk, lekker,... vinden*	**SCEGLIERE** *kiezen*	**TENERE** *houden*	**VALERE** *waard zijn*
O.T.T.-INDICATIEF			
piaccio piaci piace piacciamo piacete piacciono	scelgo scegli sceglie scegliamo scegliete scelgono	tengo tieni tiene teniamo tenete tengono	valgo vali vale valiamo valete valgono
voltooid deelwoord **piaciuto** o.t.t.-conjunctief **piaccia** enz.	voltooid deelwoord **scelto** o.t.t.-conjunctief **scelga** enz.	toek.t. **terrò** enz., voorw. wijs **terrei** enz. o.t.t.-conjunctief **tenga** enz.	voltooid deelwoord **valso**, toek.t. **varrò** enz., voorw. wijs **varrei**, o.t.t.-conjunctief **valga** enz.

BELANGRIJKE ONREGELMATIGE WERKWOORDEN OP -*IRE*

DIRE *zeggen*	SALIRE *opgaan*	USCIRE *uitgaan*	VENIRE *komen*
\multicolumn{4}{c}{O.T.T.-INDICATIEF}			
dico **dici** **dice** **diciamo** **dite** **dicono**	**salgo** **sali** **sale** **saliamo** **salite** **salgono**	**esco** **esci** **esce** **usciamo** **uscite** **escono**	**vengo** **vieni** **viene** **veniamo** **venite** **vengono**
voltooid deelwoord **detto** imperatief **di'** o.v.t.-indicatief **dicevo** enz. o.t.t.-conjunctief **dica** enz. o.v.t.-conjunctief **dicessi** enz.	o.t.t.-conjunctief **salga** enz.	o.t.t.-conjunctief **esca** enz.	voltooid deelwoord **venuto** toek.t. **verrò** enz. voorw. wijs **verrei** enz. o.t.t.-conjunctief **venga** enz.

◆ GEBRUIK VAN TIJDEN EN WIJZEN

GEBRUIK VAN TIJDEN EN WIJZEN IN DE CONJUNCTIEF (LES 22-24)

hoofdzin	bijzin	hoofdzin	bijzin
in het heden				
Spero che tu **stia** bene. o.t.t. o.t.t. indicatief conjunctief *Ik hoop dat je ok 'bent'.*		**Spero** che tu **sia stato/-a** bene. o.t.t v.t.t. indicatief conjunctief *Ik hoop dat je ok 'bent' geweest.*	
in het verleden				
Speravo che tu **stessi** bene. o.v.t. o.v.t. indicatief conjunctief (of andere verleden tijd) *Ik hoopte dat je ok 'was'.*		**Speravo** che tu **fossi stato/-a** bene. o.v.t. v.v.t. indicatief conjunctief (of andere verleden tijd) *Ik hoopte dat je ok 'was' geweest.*	

GEBRUIK VAN TIJDEN EN WIJZEN IN "ALS-ZINNEN" (LES 26, 27)

Er zijn drie types hypothetische of "als-zinnen":

1. de uitkomst is reëel of zeer waarschijnlijk

het gaat om een gewone veronderstelling, neutraal voorgesteld zonder positie in te nemen betreffende de graad van de uitkomst

→ indicatief in beide zinsdelen (o.t.t./o.t.t., o.t.t./toek.t. of toek.t.):

bijzin	hoofdzin
Se fai presto	**arriverai in tempo.**
o.t.t.-indicatief	toekomende tijd
Als je snel handelt,	*zal je op tijd komen.*

2. de uitkomst is mogelijk maar onzeker

de spreker die de hypothese uitdrukt, is niet zeker van de uitvoering ervan
→ werkwoord in de bijzin in de o.v.t.-conjunctief, dat in de hoofdzin in de voorwaardelijke wijs:

bijzin	hoofdzin
Se facessi presto	**arriveresti in tempo.**
o.v.t.-conjunctief	voorwaardelijke wijs
Als je snel 'handelde',	*zou je op tijd aankomen.*

3. de uitkomst is ireëel of onbereikbaar

• **in het heden**: voor een niet realiseerbare (of ingebeelde) hypothese in het heden of in de toekomst → bijzin in de o.v.t.-conjunctief, hoofdzin in de voorwaardelijke wijs:

bijzin	hoofdzin
Se io fossi in te	**non accetterei la sua proposta.**
o.v.t.-conjunctief	voorwaardelijke wijs
Als ik jou, in jouw plaats 'was',	*zou ik zijn voorstel niet aanvaarden.*

• **in het verleden**: voor een niet gerealiseerde hypothese (aan de voorwaarde werd niet voldaan, er was geen uitkomst) → bijzin in de v.v.t.-conjunctief, hoofdzin in de voltooid voorwaardelijke wijs:

bijzin	hoofdzin
Se avessi fatto presto	**saresti arrivato in tempo.**
v.v.t.-conjunctief	voltooid voorwaardelijke wijs
Als je snel 'had' gehandeld,	*zou je op tijd aangekomen zijn.*

Ontwerp: Céladon éditions
www.celadoneditions.com
Grafisch design: Sarah Boris
Italiaanse review: Luciana Marchesi
Nederlandse vertaling: Carine Caljon, met dank aan Alessandra
Opmaak: Carine Caljon
Geluidstechnicus: Léonard Mule @ Studio du Poisson Barbu

© 2023 Assimil
Wettelijk depot: september 2023
Uitgavenummer: 4284
ISBN: 978-2-7005-0946-5
www.assimil.com

Drukwerk: Ganboa in Spanje